難読駅名を楽しむ，和食，糒，飯給は何と読みますか

クイズで挑戦

西東秋男編

筑波書房

はじめに

　島崎藤村（1872（明治5）〜 1943（昭和18））が1927（昭和2）年夏に，氏の秘書を務める19歳の次男鶏二（1907（明治40）〜 44（昭和19），洋画家，ボルネオで戦死）をともなって山陰地方を旅した時，「父さん柏原といふところへ來たよ」「柏原と書いて，かいばらか。讀めないなあ。」と記しています（『山陰土産』）。柏原は現兵庫県丹波市柏原町にある（JR西日本）福知山線の駅名です。国内には，現在，この他に柏原と名の付く駅が（JR西日本）関西本線・近畿日本鉄道（近鉄）道明寺線（大阪府柏原市）と（JR東海）東海道本線（滋賀県米原市柏原）にありますが，「読み方」はそれぞれ異なり，前者は「かしわら」，後者は「かしわばら」と読みます。

　このように，難読や紛らわしい読みの駅名が少なくありません。本書では，このような駅名1,500をクイズ形式で10駅名ずつ区切って掲載しました。いくつ読めるか，挑戦していただきたいと思います。日本語の多様性の一端をうかがうことができます。

　駅名の多くは風土や歴史的背景をもつ地名からつけられています。そこで，「読み」の後に地名や駅名の由来などを掲載しました。地形が由来となっているとみられる地名については，出来るだけ地図を掲載するように努めました。「読み」のヒントになるかもしれません。

　数次にわたる町村の合併などで多くの町村名や字名などが消滅しましたが，駅名としてその名を残しているものも少なくありません。そういう意味でも駅名は地名と並んで，極めて貴重な無形文化財といえると思います。

　本書が駅名（地名）を通じて地域の再認識や話題提供などで，地域活性化の一助となれば幸甚です。また，学生の地歴や国語の学習にいささかでもお役に立てれば有り難いと思っております。旅行や出張などの際に本書を携帯し，駅名を楽しんでいただきたいと思い

ます。

　地名の由来や起源等については，先学の多数の著書・論文，新聞さらにはインターネットなどを利用させていただきました。深く感謝の意を表する次第です。紙幅の関係で説明を簡略化した部分も少なくありません。さらに詳しくお知りになりたい方は巻末の文献をご覧いただきたいと思います。

　本書の特徴の一つは，第2章で難読駅名（第1章の駅名＋60余駅）の分類を試みたことです。

　これをもとに，クイズを自作するなど挑戦してみてください。例えば「神」の付く駅名（同字異読駅名）や普通名詞の駅名，駅名も読みも3文字の駅名，数字の付いた駅名，食に関連した駅名，難読駅名の多い路線を挙げる等々，様々なクイズが作成できるのではないかと思っております。お楽しみいただきたいと思います。

　最後になりましたが，本書の出版に当たり，ご尽力をいただい筑波書房鶴見治彦社長，編集部の方々に厚くお礼申し上げます。

2016（平成28）年7月

西　東　秋　男

凡例

■由来・語源等については，主に巻末の引用参考文献に依った。
■掲載の背景地図等データは，国土地理院の電子国土 Web システムから配信されたものであり，緯度・経度・標高は，同院の「標高がわかる Web 地図」から転載したものである。
■○○（電停）は駅名が電車停留所であることを示す。
■江戸期～明治 22 年（1889）の市制町村制施行までの村（幕藩体制下から続いてきた最小の自治組織）を「藩政村」と略記した。
■国字は，日本でつくられた漢字（峠，畑，喰，杁, 枘, 簗, 岻など）であり，訓だけで，原則として音はない。
■国訓とは，漢字本来の意味とは別に，日本で独自に用いられる意味で，訓で読む。例えば，塙, 岬, 柄, 迫, 鰍, 鵯など。
■呉音とは，漢音伝来以前に伝えられた音（有，金，所など）。
■駅の所在地が○○郡△△町の町を「まち」と読む場合は「ふりがな」を付けず，「ちょう」と読む場合は「ふりがな」を付けた。また，○○市△△町の町を「ちょう」と読む場合は「ふりがな」を付けず，「まち」と読む場合は「ふりがな」を付けた。
■駅所在地の難読地名には「ふりがな」を付けた。
■文中の敬称は略した。

目　次

はじめに ……………………………………………………………………… iii
凡例 …………………………………………………………………………… v

第1章　難読駅名を楽しむ，和食，糒，飯給は何と読みますか … 1

第2章　難読駅名（珍しい駅名などを含む）の分類 ………………… 153
1. 駅命名時に使用した地名は消滅したが，その名を残す無形文化財としての駅名 …………………………………………………………… 153
2. 珍しい駅名 ……………………………………………………………… 155
3. 読み違えやすい駅名 …………………………………………………… 156
4. 普通名詞の駅名 ………………………………………………………… 159
   (1)「読み方」が本来の名詞の読み方と同じ……**159**
   (2)「読み方」が本来の名詞の読み方と異なる駅名……**160**
5. 同じ漢字で，読み方が異なる駅名（同字異読駅名）………………… 161
6. 同じ読み方で，漢字が異なる駅名（同読異字駅名）………………… 164
7. 漢字も，読み方も同じ駅名（同字同読駅名）………………………… 166
8. 国字の入った駅名 ……………………………………………………… 166
9. 国訓の入った駅名 ……………………………………………………… 167
10. 呉音読みの駅名 ………………………………………………………… 167
11. 好字・佳字・瑞祥・願望地名に由来するとみられる駅名 ………… 168
12. 「生」の付く駅名（同字異読駅名）…………………………………… 170
13. 「神」の付く駅名（同字異読駅名）…………………………………… 171
14. 「谷」の付く駅名（同字異読駅名）…………………………………… 172
15. 冒頭に，画数の多い，または難読・珍しい漢字を含む駅名 ……… 173
16. 2字以降に画数の多い，または難読・珍しい漢字を含む駅名 …… 174
17. 一字駅名 ………………………………………………………………… 175
18. 駅名も読みも2文字の駅名 …………………………………………… 175
19. 駅名も読みも3文字の駅名 …………………………………………… 177

20. 駅名も読みも4文字の駅名 …………………………………………… 178
21. 漢字と漢字の間に読みの「の」が入る駅名 ………………………… 179
22. 数字の付いた駅名 ……………………………………………………… 181
23. 両地名をとった駅名 …………………………………………………… 183
24. 駅名が由来の町名 ……………………………………………………… 183
25. 食文化に関連する語が入った駅名 …………………………………… 183
26. 植物名が入った駅名 …………………………………………………… 184
27. 動物名が入った駅名 …………………………………………………… 186
28. 神仏に関連した駅名 …………………………………………………… 187
29. 人名由来の駅名 ………………………………………………………… 188
30. 東北地方のアイヌ語由来とみられる駅名 …………………………… 190
31. 同一路線の連続3駅が，それぞれ全て県が異なる駅名 …………… 192
32. 日本一短い駅名，長い駅名 …………………………………………… 192
33. 反対駅名 ………………………………………………………………… 192
34. 余部（歴史用語）に由来するとみられる駅名 ……………………… 193
35. 国府に由来するとみられる駅名 ……………………………………… 193
36. 合成地名が由来の駅名 ………………………………………………… 193
37. 難読駅名が多くある路線 ……………………………………………… 194

引用参考文献 …………………………………………………………………… 196
第1章の駅名索引 ……………………………………………………………… 199

第 1 章　難読駅名を楽しむ，和食，糯，飯給は何と読みますか

① 大嵐　（JR 東海）飯田線。静岡県浜松市天竜区水窪町奥領家
② 孝子　南海電鉄本線。大阪府泉南郡岬町孝子
③ 美袋　（JR 西日本）伯備線。岡山県総社市美袋
④ 榎原　（JR 九州）日南線。宮崎県日南市南郷町榎原
⑤ 府中　（JR 四国）徳島線。徳島市国府町府中
⑥ 太秦　（JR 西日本）山陰本線。京都市右京区太秦上ノ段町
⑦ 刑部　（JR 西日本）姫新線。岡山県新見市大佐小阪部
⑧ 艫作　（JR 東日本）五能線。青森県西津軽郡深浦町舮作
⑨ 漕代　（近鉄）山田線。三重県松阪市稲木町
⑩ 特牛　（JR 西日本）山陰本線。山口県下関市豊北町神田

----

① 成岩　（名鉄）河和線。愛知県半田市栄町
② 半家　（JR 四国）予土線。高知県四万十市西土佐半家
③ 替佐　（JR 東日本）飯山線。長野県中野市豊津
④ 仏子　西武鉄道池袋線。埼玉県入間市仏子
⑤ 贄川　（JR 東海）中央本線。長野県塩尻市贄川
⑥ 飯給　小湊鉄道。千葉県市原市飯給
⑦ 布忍　（近鉄）南大阪線。大阪府松原市北新町一丁目
⑧ 大畑　（JR 九州）肥薩線。熊本県人吉市大畑麓町
⑨ 早岐　JR 大村線・佐世保線。長崎県佐世保市早岐一丁目
⑩ 日生　（JR 西日本）赤穂線。岡山県備前市日生町寒河

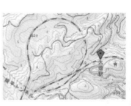

第1章　難読駅名を楽しむ．和食，糒，飯給は何と読みますか　**3**

①**おおぞれ**　ゾレには渓谷や岸壁が崩れる意があり，これが語源ではないかともいう。②**きょうし**　孝は呉音「キョウ」と読む。孝子伝説に由来。③**みなぎ**　高梁（たかはし）川左岸の古い氾濫原に位置。水流（みなかれ）が変化し，美嚢（みなふ）となり，嚢を袋に誤ったものという。④**よわら**　当地の榎原神社に因む旧榎原村名（明治22～昭和31）から。榎は木のエノキのことだが，何故，「よ」に榎の字を当てたのか不明。⑤**こう**　阿波国の国府の中心地であったとみられる。⑥**うずまさ**　渡来系の秦（はた）氏の一族・秦酒公（はたのさけのきみ）が雄略天皇に絹をうずたかく積み上げて献上したため，「禹豆麻佐（うずまさ）」の姓を与えたという。姓氏あり。⑦**おさかべ**　履仲（りちゅう）天皇の皇后，忍坂大中姫（オシサカオオナカツヒメ）の御名代（みなしろ，皇室の私有地）であることから，忍坂部（おさかべ）とし，小坂（阪）部と同音異字であるという。刑部氏または刑務や訴訟などと関係があるのかもしれない。姓氏あり。⑧**へなし**　昔朝鮮の船が漂着し，当所で壊れた艫（へさし＝船の前部）を作り直して無事に帰ったという伝説に因むともいう。＊所在地の舮作の舮は艫の俗字。⑨**こいしろ**　かつての「渭代（いて）郷」に因むという旧飯南郡漕代村名（明治22～昭和30）から。代は国訓。
⑩**こっとい**　特（こと）に強くて大きな雄牛のことで，普通名詞になっている。コットは朝鮮語の岬で朝鮮との関係もあるかもしれないという。長崎県対馬市に自然地名の特牛崎（こっといざき）がある。

---

①**ならわ**　外海からの荒波が岩にぶつかって鳴る波音，すなわち「鳴る岩」の転訛ともいう町名（明治22村制～23町制～昭和12）から。駅開設は昭和6年。町名は消滅したが，小・中学校や郵便局などにその名を残す。②**はげ**　「ハゲ」には崖の意があり，崖地に由来か。この地に住み着いた平家の落人が源氏方の追討を逃れるため，「平」の横線を下に移動させて「半」にしたという伝承がある。③**かえさ**　由来等は未詳。当駅では，列車が到着すると，当地出身の高野辰之が作詞した「春の小川」「故郷（ふるさと）」「朧（おぼろ）月夜」などのメロディーが流れる。④**ぶし**　入間川に臨む小平坦地に因むともいわれる。⑤**にえかわ**　諏訪神社の神事の御贄に川魚を供したことに因むとか，昔温泉があったので，熱川（にえかわ）といったからなどの説がある。＊贄は生け贄の贄。⑥**いたぶ**　壬申の乱で敗れた大友皇子が里人から「飯を給うた」という伝説に由来するともいう。⑦**ぬのせ**　白い布を敷いて阿麻美許曽（あまみこそ）神社の分神をお迎えしたという布忍神社に因む。⑧**おこば**　地名はかつて小畑とも書いた。「コバ」は焼畑の意ともいう。日本で唯一，ループ線の中にスイッチバックを併設した駅として知られる。⑨**はいき**　潮の流れが速いことから，速来（はやき）と呼ばれていたが，いつしか早岐になったという。
⑩**ひなせ**　日の出の景観が美しいことに由来するとも，瀬戸内海に臨む日向の良港の意ともいう。

① 柴島　（阪急）千里線。大阪市東淀川区柴島二丁目
② 畝傍　（JR 西日本）桜井線。奈良県橿原市八木町二丁目
③ 柘植　（JR 西日本）関西本線・草津線。三重県伊賀市柘植町(まち)
④ 枚岡　（近鉄）奈良線。大阪府東大阪市出雲井町(いずもい)
⑤ 函南　（JR 東海）東海道本線。静岡県田方郡函南町(ちょう)大竹
⑥ 動橋　（JR 西日本）北陸本線。石川県加賀市動橋町(まち)
⑦ 味鋺　（名鉄）小牧線。愛知県名古屋市北区東味鋺
⑧ 京終　（JR 西日本）桜井線。奈良市南京終町
⑨ 安食　（JR 東日本）成田線。千葉県印旛郡栄町安食
⑩ 放出　JR 片町線・おおさか東線。大阪市鶴見区放出東三丁目

---

① 御所　（JR 西日本）和歌山線。奈良県御所市国鉄御所駅前通り
② 越河　（JR 東日本）東北本線。宮城県白石市越河
③ 御陵　京都市営地下鉄東西線・京阪京津線。山科区御陵原西町
④ 郡家　JR 因美線・若桜鉄道。鳥取県八頭郡八頭町郡家
⑤ 木下　（JR 東日本）成田線。千葉県印西市木下
⑥ 朝来　JR 紀勢本線。和歌山県西牟婁郡(にしむろ)上富田町(かみとみたちょう)朝来
⑦ 生見　（JR 九州）指宿(いぶすき)枕崎線。鹿児島市喜入(きいれ)生見町
⑧ 栗田　京都丹後鉄道宮津線。京都府宮津市上司(じょうし)
⑨ 有年　（JR 西日本）山陽本線。兵庫県赤穂市有年横尾
⑩ 坂祝　（JR 東海）高山本線。岐阜県加茂郡坂祝町(ちょう)取組

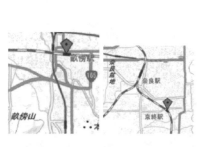

①**くにじま** 昔，茎（くき）島の名で呼ばれたが，後に茎が「くに」と訛ったと伝えられる。なぜ，「くに」に「柴」の字を当てたのか不明。②**うねび** 畝傍山に因む。ウネ（峰）・ビ（尾）の意で，山のすそが長く展開する地形地名ではないかといわれている。③**つげ** ツゲの木を産出する所といわれる。柘は一字でも「つげ」と読む。姓氏あり。④**ひらおか** 地内の枚岡神社に由来する旧中河内郡枚岡村名（明治22～昭和14町制～30市制～42）から。村名は消滅したが，小・中学校，警察署，郵便局などにもその名を残す。⑤**かんなみ** 箱根山の別称「函嶺（かんれい）」の南麓に由来。⑥**いぶりはし** 「いぶり」とは揺する，ゆり動かす，ゆすぶるの意の方言。ゆり動く橋があったことに因むという。⑦**あじま** 味鋺神社による。語源は，「あじ」は悪しで，悪地を意味し，「ま」は庄内川右岸の湿地帯をさすともいう。鋺は「エン」と読むが，国訓で「かなまり」と読み，金属性のわんの意。⑧**きょうばて** 平城京の南端に当たり，街が果てることから命名されたという。⑨**あじき** 水が豊かで五穀に恵まれ，人々が安心して食べられる地であるとする説や，応神天皇の御代，農耕技術をもたらしたとされる帰化人・阿自岐（あじき）の一族がこの地に居住していたとみられていたことなどに由来するともいわれる。阿自岐が住みついたとみられる茨城県，岐阜県，滋賀県にも同地名がある。⑩**はなてん** この地に河内湾の名残である湖沼の放出口があったことに由来する説や，樋をつくり，水を放出した説などがある。

---

①**ごせ** 天皇の仮御所があったとする説や「五瀬」の転訛説，「河瀬」の語源説などがある。②**こすごう** ゴウと音をたてる川（河）の渡し場近くに開けた集落に因むともいう。河を「ごう」と読む地名に高知市河ノ瀬町や茨城県日立市東河内（ごうど）町などがある。③**みささぎ** 駅の東400m ほどにある天智天皇（626～671）の陵（一字でも「みささぎ」と読む）に由来。④**こおげ** 古代に郡司の館跡があったことに由来するというが，異説がある。⑤**きおろし** 近隣の台地から杉の木を切り出し，利根川に下ろしたことに由来するという。また，運んできた木材を河港で下したことに因むともいう。近世から明治まで利根川水運で名高い木下河港として発展。⑥**あっそ** 但馬国朝来（あさこ）郡から移住した人々が開拓した地に由来するのではないかともいう。⑦**ぬくみ** 温泉地帯にあり，ヌクミ（温水）が転訛したたのではないかともいう。
⑧**くんだ** 南北朝期～戦国期にみえる荘園名に由来。現在，栗田という地名はないようである。⑨**うね** 播磨国赤穂郡の荘園・有年荘に由来か。語源は畝（うね）とみられるという。有は有頂天（うちょうてん）・有無（うむ）を言わせず・有為転変（ういてんぺん）などの有（う）（呉音）。姓氏あり。
⑩**さかほぎ** 坂祝神社に由来。坂歩危の転訛したもので通行の難所を表わすという。木曾川右岸域にあり，崖など危険個所があった。祝は言祝（ことほぎ）の祝。

①清児（みずま）　水間鉄道水間線。大阪府貝塚市清児
②穴太（あのう）　（京阪）石山坂本線。滋賀県大津市穴太二丁目
③上枝　（JR東海）高山本線。岐阜県高山市下切町
④私市　（京阪）交野線。大阪府交野市私市山手三丁目
⑤小塙　（JR東日本）烏山線。栃木県那須烏山市小塙
⑥男衾　東武鉄道東上本線。埼玉県大里郡寄居町富田
⑦美談　一畑電車北松江線。島根県出雲市美談町
⑧椥辻（くさかいどう）　京都市営地下鉄東西線。山科区椥辻草海道町
⑨頴娃（こおり）　（JR九州）指宿枕崎線。鹿児島県南九州市頴娃町郡
⑩九品仏　（東急）大井町線。東京都世田谷区奥沢七丁目

---

①筬島（ものまない）　（JR北海道）宗谷本線。中川郡音威子府村物満内字筬島
②撫牛子（せんざん）　（JR東日本）奥羽本線。青森県弘前市撫牛子一丁目
③愛子　JR仙山線。宮城県仙台市青葉区愛子中央一丁目
④柏原　（JR西日本）福知山線。兵庫県丹波市柏原町柏原
⑤雨晴（ひみ）　（JR西日本）氷見線。富山県高岡市渋谷
⑥古井　（JR東海）高山本線。岐阜県美濃加茂市森山町一丁目
⑦糒　平成筑豊鉄道伊田線。福岡県田川市糒
⑧河曲　（JR西日本）関西本線。三重県鈴鹿市木田町
⑨上牧（こうない）　（阪急）京都本線。大阪府高槻市神内二丁目
⑩学文路　南海電鉄高野線。和歌山県橋本市学文路

第1章　難読駅名を楽しむ，和食，糒，飯給は何と読みますか　**7**

①**せちご**　行基がこの地を訪れ，道に迷った時，16童児が現われて道案内をしたので，「清らかな稚児たちよ」といって称賛したことに因むという。
②**あのお**　安康天皇の御名代（みなしろ，私有地）の穴穂部に由来するのではないかという。行政上の町名は「あのう」。③**ほずえ**　郷名の川上郷と三枝郷の合成地名の旧上枝村名（明治22～昭和18）から。木の上の方の枝を意味する上枝（ほつえ）の転訛とみられる。なお，下枝は「しずえ」と読む。上枝の地名は消滅した。④**きさいち**　私部（きさべ）市（皇后（きさき）のために置かれた部で開かれた市場）の略で，隣接する私部と同様に，皇后領であったことに由来するという。⑤**こばな**　荒川が大きく曲折する左岸の突出した地形「はな」から名づけられ，「小」は接頭語という。⑥**おぶすま**　語源的には，オ・ブス・マは小伏間で，小台地の上に布団をかけたようななだらかな丘陵を指すともいう。⑦**みだみ**　美談神社（かつては彌太彌社＝三太三社）に因む。祭神は「御田を見る神」。好字二字令で美談となる。⑧**なぎつじ**　かつて村内にナギの大木があり，村の目印となっていたことに由来するという。梛は国字。
⑨**えい**　海浜・海岸などを意味する「江」に因んだ地名で，美しい海岸線に由来し，地名表記の好字化・二字化によるものであるともいう。何で書いても2文字の駅名（頴娃，エイ，EI）として知られる。頴は穀物の穂。娃は美しいの意。⑩**くほんぶつ**　駅近くにある九品仏浄真寺に因む。地名ではない。

---

①**おさしま**　アイヌ語「オタ・ニコル・ナイ」（細い砂浜を通っている川）と，「ピラキシマナイ」即ち「ピラ・ケシ・オマ・ナイ」（崖の端にある川）との両地名の混成形という。②**ないじょうし**　アイヌ語「ナイチャウシ」（スイバ，ギシギシ等が，川岸に，群生している所）の当て字という。③**あやし**　この地の子愛（こあやし）観音の「あやし」の語を「愛子」の文字に入れ替えて「あやし」と読むようになったともいう。④**かいばら**　柏の木が多かったから，柏の葉を宮中に献納したからなど諸説がある。⑤**あまはらし**　源義経が京都から東北へ逃亡中，この近くの岩陰（義経岩）でにわか雨にあい，晴れるのを待ったことに由来するという伝承がある。⑥**こび**　旧加茂郡古井村名（明治22～大正13町制～昭和29）から。「コイ」の転訛か。「コビ」は狭い土地の意か。
⑦**ほしい**　伝説によると，結婚に失敗した娘が流れ星の落下で土中に埋まった。その穴が池となったので，星の井戸と呼ばれるようになり，これが星井になり，糒になったという（『福岡県百科事典』）。糒は「ほしいい」（干した飯の意）。
⑧**かわの**　当地で鈴鹿川は少々曲がっているので，かつては「カワワ」と読んだという。これが転訛したものとみられる。⑨**かんまき**　昔摂津国管轄の牧が三牧あり，当地はこのうち一番上方にあったので「上牧（かみまき）」と呼んでいたのが転訛したのではないかといわれる。上を「カン」と読む地名に上林（かんばやし）などがある。⑩**かむろ**　禿の当て字「カブロ」，すなわち禿げていて樹木のない所や，剃髪した僧侶に由来するなど諸説がある。

① 日出　　（JR九州）日豊本線。大分県速見郡日出町川崎
② 夙川　　（阪急）神戸本線。兵庫県西宮市相生町
③ 羽咋　　（JR西日本）七尾線。石川県羽咋市川原町（かわら）
④ 厄神　　（JR西日本）加古川線。兵庫県加古川市上荘町国包（かみじょう）（くにかね）
⑤ 牟岐　　（JR四国）牟岐線。徳島県海部郡牟岐町中村（ちょう）
⑥ 石動　　あいの風とやま鉄道。富山県小矢部市石動町
⑦ 誉田　　（JR東日本）外房線。千葉市緑区誉田町二丁目
⑧ 小作　　（JR東日本）青梅線。東京都羽村市小作台五丁目
⑨ 左沢　　（JR東日本）左沢線。山形県西村山郡大江町左沢
⑩ 占冠　　（JR北海道）石勝線。勇払郡占冠村中央（せきしょう）

---

① 温泉津　　（JR西日本）山陰本線。島根県大田市温泉津町小浜（こはま）
② 英賀保　　（JR西日本）山陽本線。兵庫県姫路市飾磨区山崎（しかま）
③ 初田牛　　（JR北海道）根室本線（花咲線）。根室市初田牛
④ 安曇川　　（JR西日本）湖西線。滋賀県高島市安曇川町西万木（にしゆるぎ）
⑤ 椎柴　　（JR東日本）成田線。千葉県銚子市野尻町
⑥ 海山道　　（近鉄）名古屋線。三重県四日市市海山道二丁目
⑦ 交野市　　（京阪）交野線。大阪府交野市私部（駅は変形四角形印）（きさべ）
⑧ 麻植塚　　（JR四国）徳島線。徳島県吉野川市鴨島町牛島
⑨ 鑓見内　　（JR東日本）田沢湖線。秋田県大仙市鑓見内
⑩ 飯山満　　東葉高速鉄道。千葉県船橋市飯山満町二丁目

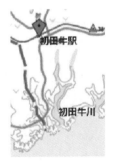

第1章　難読駅名を楽しむ，和食，櫛，飯給は何と読みますか　**9**

①**ひじ**　平安後期～戦国期は日出荘。江戸期の藩名（外様）。ヒジは泥地の意か。②**しゅくがわ**　夙川は地名ではなく，市の西部を南流する河川名。宿川とも書き，この川原を宿河原といった。昔，夙来僧が野宿して念仏を唱えたという（『河川辞典』）。夙は呉音読み。③**はくい**　垂仁天皇の皇子がこの地に生息していた怪鳥を射止めた時，愛犬が怪鳥の羽を食い破ったという伝説に由来するという。④**やくじん**　同駅から東南にある八幡（やはた）神社が「宗佐（そうさ）の厄神さん」と呼ばれることから。厄神は厄除けの神。⑤**むぎ**　麦の産地説。また，当地の海岸を牟岐浦と称したことから，「マキガウラ（曲ヶ浦）」が音韻変化したのではないかともいう。⑥**いするぎ**　能登国石動山の虚空蔵尊（こくうぞうそん）をこの地に移したことによるという。石動の語源は「石がゆらぐ」がなまって「いするぎ」になったともいう。⑦**ほんだ**　当地の鎮守八幡神社の祭神・誉田別命（わけのみこと）に由来。兵庫県たつの市誉田も「ほんだ」と読むが，大阪府羽曳野市誉田は「こんだ」と読む。⑧**おざく**　室町期にみえる小佐久（おざく）村の転訛ともみられる。⑨**あてらざわ**　旧西村山郡左沢町名（明治29～昭和34）から。アテラは日陰の意で，陽の当たらない沢に因む説，川の両岸を「あちら」「こちら」と呼んだとするなど諸説がある。⑩**しむかっぷ**　アイヌ語「sih-mukap，シ・ムカプ」（本流の・鵡川→鵡川源流，または，静かで平和な上流の場所）の当て字という。

****

①**ゆのつ**　温泉地の船着き場の意という。②**あがほ**　阿賀神社（伊和大神（いわのおおかみ）の子・英賀比古（ひこ）と英賀比売（ひめ）を祀る）に由来するとみられる旧飾磨（しかま）郡英賀保村名（明治22～昭和11）から。保は古代，五戸を一保とした末端組織。③**はったうし**　アイヌ語「ハッタラウシ」（河口が・淵になっている・所）の当て字という。ハッタラ（hattar）は淵（川の流れがよどんで深い所）の意。④**あどがわ**　海族である安曇（あずみ）族が居住していたことに由来するという。⑤**しいしば**　旧海上郡椎柴村名（明治24～昭和29）から。村名はこの地域の高原を椎芝野と称していたことによるという（『角川・千葉』）。⑥**みやまど**　「うみやまどう」の略転訛か。当地が平安期頃まで海浜で洲崎をなし，海と山の交通の要衝であったことに由来するという。⑦**かたのし**　淀川に沿った砂洲にあった野に由来するとも，昔海岸に近かったことから，「カタ」は潟の意ともいう。⑧**おえづか**　麻植の地名は阿波の斎部（いんべ）氏の祖神が麻を植えた所に由来するという。⑨**やりみない**　安倍貞任（1019～62）がこの地で源義家（1039異～1106）の「矢を止めた」という伝承に因む説やアイヌ語説などがある。⑩**はさま**　「米（飯）が山ほど出来て満ちた土地」に由来するとも伝えられている。しかし，当地は高低差が大きく，「狭い通路」「谷と谷に挟まれた場所」を意味する「ハサマ」から付けられた地形地名とみられ，これに瑞祥（ずいしょう）文字を当てはめたといわれている。

①尾頭橋　（JR東海）東海道本線。名古屋市中川区尾頭橋四丁目
②風合瀬　（JR東日本）五能線。青森県西津軽郡深浦町風合瀬
③中舟生　（JR東日本）水郡線。茨城県常陸大宮市舟生(ふにゅう)
④外城田　（JR東海）参宮線。三重県多気郡多気町(たき ちょう)土羽(とば)
⑤東浪見　（JR東日本）外房線。千葉県長生郡一宮町東浪見
⑥新ノ口　（近鉄）橿原(かしはら)線。奈良県橿原市新口町
⑦深郷田　津軽鉄道。青森県北津軽郡中泊町(なかどまり)
⑧志都美　（JR西日本）和歌山線。奈良県香芝市上中(かしば)(かみなか)
⑨信太山　（JR西日本）阪和線。大阪府和泉市池上町一丁目
⑩布施屋　（JR西日本）和歌山線。和歌山市布施屋

---

①喜連瓜破　大阪市営地下鉄谷町線。平野区喜連2丁目
②播磨徳久　（JR西日本）姫新線。兵庫県佐用郡佐用町(ちょう)下徳久
③小和清水　（JR西日本）越美北線。福井市小和清水町
④越前花堂　（JR西日本）北陸本線・越美北線。福井市花堂中一丁目
⑤薩摩高城　肥薩おれんじ鉄道。鹿児島県薩摩川内市湯田町
⑥上総興津　（JR東日本）外房線。千葉県勝浦市興津
⑦土佐久礼　（JR四国）土讃線。高知県高岡郡中土佐町(ちょう)久礼
⑧土佐一宮　（JR四国）土讃線。高知市一宮徳谷(いっく とくだに)
⑨頸城大野　（JR東日本）大糸線。新潟県糸魚川市大野
⑩下総神崎　（JR東日本）成田線。千葉県香取郡神崎町郡(こおり)

①おとうばし　駅の南東にある堀川に架かる橋に由来。尾頭については，元興寺の創建者が誕生した時，霊蛇が首筋に巻き付き，蛇の首と尾が並んで後ろにたれたことに起因するという。湯桶読み。②かそせ　この地域の海上が東西より吹く風の交差点に当たることに由来するという。③なかふにゅう　久慈川沿いに出来た舟形地形に由来するともいう。④ときだ　南北朝期〜戦国期に外城田郷（ときのごう）とみえる。城田は自然堤防や洪積台地を開いた田などを指すという。⑤とらみ　沖合１里ばかりの所に砂泥が堆積しており，泥海（どろうみ）の名が生じ，これが転訛したとみられるという。⑥にのくち　のどが渇いた聖徳太子がこの地の井戸で水を飲み「口中これ新なり」と言ったことに由来する説などがある。⑦ふこうだ　藩政村名。由来は未詳。⑧しずみ　志都美神社に因む旧葛城郡志都美村名（明治22〜昭和31）による。志都美は清水の転訛という。⑨しのだやま　和泉丘陵の一部をなす地帯（標高50〜80m）を信太山と称していたことに因むという。⑩ほしや　かつて熊野街道の渡し場で旅人に布施（ふせ）する家屋（多くは僧侶により設けられた）があったことに由来するという。フセヤと読んでいたが，次第に「布」が漢音読みの「ホ」に変化したものとみられる（『角川・和歌山』）

---

①きれうりわり　駅の所在地は喜連２丁目であるが，駅は喜連と瓜破との間に作られたことから。②はりまとくさ　峠の際にあることに由来するとも，砥石に似て茎で物を研ぐことができる砥草（とくさ）が生えていたからともいう。「播磨」を冠したのは，山口線の徳佐（とくさ）駅との混乱を避けるため。
③こわしょうず　白山神社境内に湧水する霊水に因むという。
④えちぜんはなんどう　花堂は「北ノ庄城下の端なれば端道」の転訛という。
⑤さつまたき　旧薩摩郡高城村名（明治22〜昭和35町制〜40）から。タキはタカ（高）キ（城）の略。⑥かずさおきつ　興津は，深く奥（オク）に湾入する天然の良港（津）に由来するとか，奥山の木材を津出ししたことに由来するともいわれる。上総を冠したのは，JR東海道線の興津駅（静岡市清水区興津）と区別するため。⑦とさくれ　クレは中国の呉人（くれひと）の渡来地ではないかとも，中国からきた呉服部（くれはとりべ，機織工人集団）と関係があるのではないかともいう。土佐を冠したのは，呉線の呉駅（広島県呉市）と区別するためか。⑧とさいっく　土佐神社に由来。一宮を「いっく」と読む地名は，愛媛県新居浜市一宮町などがあるが，少ないようである。
⑨くびきおおの　頸城は古代〜近世の越後国の郡名。蝦夷（えみし）の侵入を防ぐために，杭（くい）を立てて防御柵を設けたとする杭柵説や「くびれた地」説などがある。大野は大きな野の意か。⑩しもうさこうざき　地内に鎮座する神崎神社に由来。利根川南岸に位置し，早場米地帯。古くから醸造工場があり，３月中旬には発酵の里こうざき「酒蔵まつり」でにぎわいをみせる。

①伯耆大山　JR 山陰本線・伯備線。鳥取県米子市蚊屋
②日向和田　（JR 東日本）青梅線。東京都青梅市日向和田三丁目
③伊予出石　（JR 四国）予讃線。愛媛県大洲市長浜町上老松
④木津用水　（名鉄）犬山線。愛知県丹羽郡扶桑町高雄（地図 10 頁）
⑤木場茶屋　JR 鹿児島本線。鹿児島県薩摩川内市木場茶屋町
⑥筑前垣生　（JR 九州）筑豊本線。福岡県中間市垣生
⑦越中八尾　（JR 西日本）高山本線。富山市八尾町福島
⑧筑前大分　（JR 九州）篠栗線。福岡県飯塚市大分
⑨売布神社　（阪急）宝塚本線。兵庫県宝塚市売布四丁目
⑩門戸厄神　（阪急）今津線。兵庫県西宮市下大市東町

----

①笠上黒生　銚子電気。千葉県銚子市笠上町
②伊勢治田　三岐鉄道三岐線。三重県いなべ市北勢町東村
③讃岐財田　（JR 四国）土讃線。香川県三豊市財田町財田上
④越後寒川　（JR 東日本）羽越本線。新潟県村上市寒川
⑤婦中鵜坂　（JR 西日本）高山本線。富山市婦中町西本郷
⑥常陸大子　（JR 東日本）水郡線。茨城県久慈郡大子町大子
⑦安芸幸崎　（JR 西日本）呉線。広島県三原市幸崎町能地
⑧上夜久野　JR 山陰本線。京都府福知山市夜久野町平野
⑨吉川美南　（JR 東日本）武蔵野線。埼玉県吉川市美南
⑩一日市場　（JR 東日本）大糸線。長野県安曇野市三郷明盛

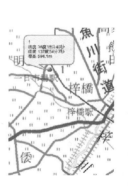

第1章　難読駅名を楽しむ．和食，樢，飯給は何と読みますか　**13**

①**ほうきだいせん**　南東にそびえる大山（1,729m）に因む．山（せん）は呉音．
②**ひなたわだ**　多摩川上流に位置．山の南面をヒナタということから，和田村が2村に分かれたとき命名されたという．③**いよいずし**　南西にある出石山への登山口から．出石は土中から石像の地蔵が出たことに由来するという．伊予を冠したのは，兵庫県出石郡（現在は豊岡市）があったからか．④**こつようすい**　駅の東側を通る木津用水から．木津用水は木曽川の水を取り入れるために開削された用水．木津は木曽川左岸に位置し，かつて固通と呼ばれ，この付近は木曽川の砂だまりとなり，多くの木が流れ着いたことなどが地名の由来となったといわれる．⑤**こばんちゃや**　山村にあった茶屋に因むともいう．
⑥**ちくぜんはぶ**　「ハブ」は赤土，粘土質のある地の意か．筑前を冠したのは，山陽本線の埴生駅との混乱を避けるため．⑦**えっちゅうやつお**　多くの山の尾根末が谷地の裾に拡がっている土地の意という．民謡「越中おわら節」や「風の盆」で知られる．⑧**ちくぜんだいぶ**　神功皇后がこの地で鎮西の政道を定め，陪従らを所々に分けて遣わしたという伝説に因むという（『角川・福岡』）．また，ダイ（台地）・ブ（在る所）の地形地名説がある（『JR・第三セ』）．
⑨**めふじんじゃ**　駅北側にある延喜式内社の売布神社による．
⑩**もんどやくじん**　駅の北西にある門戸厄神東光寺による．

---

①**かさがみくろはえ**　笠上町と隣接する黒生（くろはい）町の合成駅名．駅名は「くろはい」ではなく，「くろはえ」と読む．黒生町はかつて生産されていた「黒生瓦（銚子瓦）」による．②**いせはった**　ハッタは墾田（ハリタ，開墾された田）の転訛とみられる．伊勢を冠したのは，JR関西本線の八田駅と区別するためか．③**さぬきさいだ**　昔，大干ばつの際，この地だけに稲が生育し，朝廷に米を献上したことから，財田（たからだ）の郷名を賜った．これが後に「さいた」と読まれるようになったという．地名は「さいた」であるが，駅名は「さいだ」と読む．④**えちごかんがわ**　地内の蒲萄（ぶどう）川が冷たいからともいう．越後を冠したのは，JR相模線に寒川駅（さむかわ，神奈川県高座郡寒川町）があるため．⑤**ふちゅううさか**　平成19年11月，一般公募の中から選ばれた駅名．婦中は旧婦負（ねい）郡の中心の意．鵜坂は旧鵜坂村名（明治22～昭和17）で，駅周辺の地区名．⑥**ひたちだいご**　盆地の台状の平地に由来するという．⑦**あきさいざき**　神功皇后が三韓出兵の途中，この地の丘陵地を幸の岬と呼ばれという伝承に由来するという．安芸を冠したのは，日豊本線の幸崎駅（こうざき，大分市本神崎）と区別するため．⑧**かみやくの**　『和名抄』の天田郡夜久郷に由来．⇒下夜久野（114頁）⑨**よしかわみなみ**　区画整理事業で新町を新設した際，「南」に美称の「美」を付けたといわれている．⑩**ひといちば**　梓川扇状地の中央に位置し，南北に長い街村を形成する一日市場村名（藩政村）に由来．なお，富山県南砺市一日市は「していち」と読む．

①一分　（近鉄）生駒線。奈良県生駒市壱分町
②一身田　（JR東海）紀勢本線。三重県津市大里窪田町
③一貴山　（JR九州）筑肥線。福岡県糸島市二丈田中
④北一已　（JR北海道）留萌本線。深川市一已町
⑤二ツ杁　名鉄名古屋本線。清須市西枇杷島町芳野二丁目
⑥三潴　西鉄天神大牟田線。福岡県久留米市三潴町田川（写真）
⑦三厩　JR津軽線。青森県東津軽郡外ヶ浜町三厩東町（まち）
⑧三室戸　（京阪）宇治線。京都府宇治市菟道（とどう）出口
⑨三ッ境　相模鉄道本線。横浜市瀬谷区三ッ境
⑩四方津　（JR東日本）中央本線。山梨県上野原市四方津

①四辻　（JR西日本）山陽本線。山口市鋳銭司（すぜんじ）
②六田　（近鉄）吉野線。奈良県吉野郡大淀町（ちょう）北六田
③六会日大前　小田急電鉄江ノ島線。神奈川県藤沢市亀井野
④七飯　（JR北海道）函館本線。亀田郡七飯町（ちょう）
⑤八鹿　（JR西日本）山陰本線。兵庫県養父（やぶ）市八鹿町八鹿
⑥八橋　（JR西日本）山陰本線。鳥取県東伯郡琴浦町（ちょう）八橋
⑦八戸ノ里　（近鉄）奈良線。大阪府東大阪市小阪（こさか）三丁目
⑧九品寺交差点（電停）　熊本市電。中央区大江四丁目・九品寺一丁目
⑨九郎原　（JR九州）篠栗（ささぐり）線。福岡県飯塚市内住（ないじゅ）
⑩十三　（阪急）神戸・宝塚・京都本線。大阪市淀川区十三東二丁目

①**いちぶ** 平安後期の一乗院門跡領「生馬荘」が三分され，三分の一の一分（壱分）が地名として残ったという。駅所在地は壱分町。②**いしんでん** 一身田（いっしんでん）の転訛とみられる旧河芸（かわげ）郡一身田村名（明治22～44町制～昭和29）に由来。一身田は，一代に限って朝廷から賜った租税が免除された田。③**いきさん** 旧糸島郡一貴山村名（明治25～昭和30）から。④**きたいちやん** 一已はアイヌ語「ichan，イチャン」（鮭や鱒の産卵場所）の当て字。当駅は旧一已村の北方に位置することから「北」を冠した。一已村名は屯田兵を中心とする兵村なので威勢よく，「一にして已（や）む」という意味を込めて名付けられたものだという（『山田・アイヌ』）。⑤**ふたついり** 杁は国字で，水の入口，水門，用水を通す樋や盛り土をした小高台，湿地などをいう。⑥**みずま** 筑後川中下流左岸の低湿地に位置。『日本書紀』の水沼（みぬま）が起源という。当地は全国有数のクリーク網が無数に走る水田地帯。⑦**みんまや** 源義経の廐（うまや）といわれる三つの岩洞に由来するという。また，アイヌ語「メムマヤ」（沼のような潤（たにみず）のある海岸）の当て字ともいう。⑧**みむろど** 駅付近の西国三十三箇所第10番札所「三室戸寺」から。⑨**みつきょう** 明治22～昭和14年に存在した都筑（つづき）郡二俣川村，都岡（つおか）村下川井，鎌倉郡中川村の三村の境に由来する説などがある。⑩**しおつ** 四方は塩の当て字で，岩塩の産地。津は塩を運んだ桂川の「港」の意か。また，川の「港」が四方に通じる交通の要衝であったのではないか。

---

①**よつつじ** 「道の交差点」で四通に発達した町の意という。②**むだ** 湿地をさす「ムダ」に由来するという。③**むつあいにちだいまえ** 六会は六つの村が合併した（結び会った）旧高座郡六会村名（明治22～昭和17）から。④**ななえ** アイヌ語「ヌ・アン・ナイ」（魚のいる川）から「ナンナイ」となり，それに七重の字を当てた。その後，七重村が飯田村と合併したので，合成地名の七飯となる。⑤**ようか** 屋岡神社が変化したとも，「屋根が連なる岡・屋岡」に由来するともいう。八鹿町は国道9号と国道312号の分岐点で，かつては山陰と山陽を結ぶ物流の要衝として賑わった山陰道の宿場町。⑥**やばせ** 『和名抄』にみえる八橋郷に因む旧東伯郡八橋村名（明治32～昭和29）から。⑦**やえのさと** 江戸時代の初期，この地に入植した豊臣家旧臣達の家の数が8戸であったことに由来するともいう。⑧**くほんじこうさてん** 九品寺は有力豪族の氏寺「杁本寺（くほんじ）」に由来するのではないかともいわれる。品は呉音で，「ホン」と読む地名は少ない。東急大井町線に九品仏（くほんぶつ）駅（東京都世田谷区奥沢）がある。⑨**くろうばる** 旧九郎原村名（藩政村）に因む。九州では「原」を「ばる」や「はる」と読む地名が多い。⑩**じゅうそう** 旧摂津国西成郡の南端を一条とし，北へ順次数えて十三条の場所にあったという条里制に基づく説や，この地にあった淀川の渡し場が摂津国では上流から数えて13番目に当たるからとする説など諸説がある。

①五十島　（JR東日本）磐越西線。新潟県東蒲原郡阿賀町五十島
②五十猛　（JR西日本）山陰本線。島根県大田市五十猛町
③五十市　（JR九州）日豊本線。宮崎県都城市久保原町
④五十鈴川　（近鉄）鳥羽線。三重県伊勢市中村町
⑤六十谷　（JR西日本）阪和線。和歌山市六十谷
⑥百舌鳥　（JR西日本）阪和線。堺市堺区百舌鳥夕雲町二丁
⑦千厩　（JR東日本）大船渡線。岩手県一関市千厩町千厩
⑧千路　（JR西日本）七尾線。石川県羽咋市千路町
⑨南万騎が原　相模鉄道いずみ野線。横浜市旭区柏町
⑩越中三郷　富山地方鉄道本線。富山市水橋開発

---

①蓮　（JR東日本）飯山線。長野県飯山市蓮
②轟　えちぜん鉄道勝山永平寺線。福井県吉田郡永平寺町轟
③鼎　（JR東海）飯田線。長野県飯田市鼎中平
④楠　（近鉄）名古屋線。三重県四日市市楠町南川
⑤葛　（近鉄）吉野線。奈良県御所市戸毛
⑥開　（西鉄）天神大牟田線。福岡県みやま市高田町北新開
⑦鎧　（JR西日本）山陰本線。兵庫県美方郡香美町香住区鎧
⑧長　北条鉄道北条線。兵庫県加西市西長町
⑨陶　高松琴平電鉄琴平線。香川県綾歌郡綾川町陶
⑩栂・美木多　泉北高速鉄道。大阪府堺市南区桃山台二丁

第1章 難読駅名を楽しむ．和食，楢，飯給は何と読みますか 17

①いがしま 茨（いばら，とげのある低木類の総称）が繁茂していた洲に由来するともいう。②いそたけ 五十猛命（イソタケルノミコト）が当地の韓浦（かんのうら）に上陸したことに因むという。③いそいち 合併した藩政村の五十町村と横市村の合成地名の旧五十市村名（明治22～昭和11）から。④いすずがわ 近くを流れる五十鈴川から。川名は川のセセラギが，鈴の音に聞こえることに因むという。アイヌ語説 i-sus（われらの清浄な）（『山本・アイヌ』）。⑤むそた 墓所谷（むしょたに）と呼んでいたこの地をほぼ同音の六十谷に改め，転訛したと伝えられる。⑥もず モズが多くいた原野に由来。仁徳天皇が遊猟の際（自分の陵をつくった際ともいう），鹿が野原から飛び出して死んだが，その鹿の耳から百舌鳥が飛び出して去って行ったという伝承に因むともいう（『角川・大阪』）。⑦せんまや 八幡太郎義家＝源義家（1039 異～1106）が奥州へ出兵した際，馬千頭をこの地で繋いだことに因む説や，この地は古くからの馬の産地で千余の廐舎があったことに由来する説，アイヌ語説などがある。⑧ちじ 築地・釣地・血路などから転訛したともいわれる。⑨みなみまきがはら 町名「万騎が原」の南に位置していることから。「万騎が原」は畠山重忠が北条氏の一万騎兵に敗れた「万騎が原古戦場」に因むという。万騎とは，古くは馬牧などの牧のあった所ではないかという。⑩えっちゅうさんごう 旧中新井郡三郷村名（大正15～昭和29）から。越中を冠したのは，JR関西本線の三郷駅（奈良県三郷町）があるため。

①はちす はちすはハスの古語。蓮根の産地？に由来。蓮の果実の部分は蜂の巣のようにみえるので，「はちす」ともいう。蓮根の穴の数が，真ん中の穴を除き，主に八つあることと関係があるのかもしれない。②どめき 九頭竜川の水音が轟轟（ごうごう）と響くことに因むという。轟は会意文字（車＋車＋車）で，多くの車がひびき，とどろくの意。③かなえ 明治8年山村，名古熊村，一色村の3村が合併し，3本足の金属製の深い器で，食物などを煮るのに使用する「鼎」に因み，均整のとれた発展を願って命名されたという旧下伊那郡鼎村名に因む。④くす 鈴鹿川と鈴鹿川派川にはさまれていることから，渡し場の意の「国津」が転訛した説などがある。⑤くず 葛の産地である旧南葛城（かつらぎ）郡葛村名（明治22～昭和33）から。⑥ひらき 江戸期から広い干拓地が開けたことに由来する開拓地名。⑦よろい 彦坐命（ヒコイマスノミコト）がこの地を平定した時に，彦坐命の甲冑（鎧）が鳴動して光を発したという伝承に由来するともいう。⑧おさ 嘉吉の乱（1441年）で落城した善防山城主赤松氏の家臣・長谷川道院が当地に住み開拓したことから，その姓の頭文字をとって命名されたという旧長村名から（『兵庫難読』）。⑨すえ 陶器師が多く居住していたことによるという。⑩とが・みきた 当初，栂地区名をとって栂駅と命名する予定であったが，駅の設置所在地の一部が美木多地区であったため，両地区名を併記することとなったという。栂は国字。

①能生　えちごトキめき鉄道。新潟県糸魚川市能生
②晩生内　（JR北海道）札沼線。樺戸郡浦臼町晩生内(ちょう)
③石生　（JR西日本）福知山線。兵庫県丹波市氷上(ひかみ)町石生
④吉野生　（JR四国）予土線。愛媛県北宇和郡松野町(ちょう)吉野
⑤萩生　（JR東日本）米坂線。山形県西置賜(にしおきたま)郡飯豊(いいで)町萩生
⑥越生　JR八高線・東武鉄道越生線。埼玉県入間郡越生町越生
⑦麻生　札幌市営地下鉄南北線。北区北40条西5丁目
⑧相生　長良川鉄道越美南線。岐阜県郡上市八幡町相生
⑨折生迫　（JR九州）日南線。宮崎市折生迫
⑩武生　（JR西日本）北陸本線。福井県越前市府中一丁目

①幡生　JR山陽本線と山陰本線の分岐駅。山口県下関市幡生宮の下町
②柿生　小田急電鉄。神奈川県川崎市麻生区上麻生五丁目
③栄生　（名鉄）名古屋本線。名古屋市西区栄生二丁目
④粟生　JR加古川線・北条鉄道・神戸電鉄粟生線。兵庫県小野市粟生町
⑤貴生川　（JR西日本）草津線・信楽高原鐵道信楽線・近江鉄道本線。滋賀県甲賀市水口(みなくち)町虫生(むしょう)野(の)
⑥狩生　（JR九州）日豊本線。大分県佐伯市狩生
⑦福生　（JR東日本）青梅線。東京都福生市本町
⑧禾生　富士急行大月線。山梨県都留市古川渡(ふるかわど)
⑨丹生　（JR四国）高徳線。香川県東かがわ市土居(どい)
⑩壬生川　（JR四国）予讃線。愛媛県西条市三津屋

①のう　海岸の浜がまっすぐになっていることから、「ナホウミ（直海）」の転訛ともいう。②おそきない　アイヌ語「オ・ショキ・ナイ」（川尻が高くなっている川）、または「オ・ショシケ・ナイ」（川尻が崩れている川）の当て字という。③いそう　古代の磯部（イソヘ）部民が移住した地ともいう。駅の東側に水分（みわか）れ公園があり、「日本一低い標高（94.5m）の分水界」の標識がある（『兵庫難読』）。④よしのぶ　吉野・蕨生（わらびお）・吉野川の3村が合併して成立した合成地名の旧北宇和郡吉野生村名（明治22〜昭和30）から。⑤はぎゅう　空海の高弟真済（しんぜい）が当地を訪れた時に乗っていた牛が転倒し、蹄（ひづめ）が破れたことから、破牛と称した。その後、真済が再訪しており、牛を葬った塚に白萩が群生していたという伝承に因むともいう（『角川・山形』）。⑥おごせ　山を越す入口の通路に因む地名という。なお、越と生を逆にした生越も「おごせ」と読む地名が群馬県利根郡昭和村にある。
⑦あさぶ　かつてこの地に北海道初の亜麻工場があったことに因むという。
⑧あいおい　旧郡上郡相生村名（明治8〜昭和29）から。駅開設は昭和4年。
⑨おりゅうざこ　室町期からみえる地名。迫は国訓。⑩たけふ　竹が繁茂していたことに由来するという。古代越前国の国府があった武生市と今立郡今立町が平成17年4月、合併し越前市となり、武生の付いた地名は同市武生柳町のみとなる。

---

①はたぶ　神功（じんぐう）皇后がこの地で軍船の旗をあげたことに因むともいう。②かきお　平成19年「日本最古の甘柿」に国の登録記念物に指定された禅寺丸柿の原産地の旧都筑（つづき）郡柿生村名（明治22〜昭和14）から。伝承によると、禅寺丸柿は1214年（建保1）王禅寺で発見されたという。
③さこう　狭所（さこ）、または湿地・砂地を意味する砂古・砂子に由来するという。これに好字の「栄」を用いたともいわれる。栄を「さ」と読む漢字には、栄螺（さざえ、海産の巻貝）がある。④あお　粟の栽培が行われた朝廷の所有地に由来するという。＊何で書いても2文字の駅名（粟生、アオ、AO）。
⑤きぶかわ　内貴（ないき）村・北内貴村・虫生野（むしょうの）村・宇川村が合併した合成地名の旧甲賀郡貴生川村名（明治22〜昭和17）から。
⑥かりう　刈り生（ウ）の転訛で、焼畑農法で開墾された地の意ではないかともいう。
⑦ふっさ　麻の古語「総（房）」、多摩川沿いの「阜沙」の転訛説やアイヌ語起源説、市内に福生院があり、仏教と関係あるのではないかなど諸説がある。
⑧かせい　禾（稲）がよく産出されたことに因む旧南都留郡禾生村名（明治8〜昭和29）から。⑨にぶ　『和名抄』の入野（にゅのや）郷に因むとも、丹（に、朱色の砂土で水銀の原料など）の産地であったともいう。
⑩にゅうがわ　旧周桑郡壬生川町名（明治22〜昭和46）から。ニブの転訛で、「湿地」に由来か。あるいは、丹（に）の産地であったのか。

①雄信内　JR宗谷本線。天塩郡幌延町雄興字雄信内

②咲来　（JR北海道）宗谷本線。中川郡音威子府村咲来

③緋牛内　（JR北海道）石北本線。北見市端野町緋牛内

④美留和　（JR北海道）釧網本線。川上郡弟子屈町美留和

⑤比布　（JR北海道）宗谷本線。上川郡比布町西町2丁目

⑥秩父別　（JR北海道）留萌本線。雨竜郡秩父別町

⑦安平　（JR北海道）室蘭本線。勇払郡安平町安平

⑧古山　（JR北海道）室蘭本線。夕張郡由仁町古山

⑨国縫　（JR北海道）函館本線。山越郡長万部町国縫

⑩稀府　（JR北海道）室蘭本線。伊達市南稀府町

---

①笑内　秋田内陸縦貫鉄道。秋田県北秋田市阿仁笑内

②紋穂内　（JR北海道）宗谷本線。中川郡美深町紋穂内

③発寒　（JR北海道）函館本線。札幌市西区発寒

④妹背牛　（JR北海道）函館本線。雨竜郡妹背牛町妹背牛

⑤留辺蘂　（JR北海道）石北本線。北見市留辺蘂町東町

⑥問寒別　（JR北海道）宗谷本線。天塩郡幌延町問寒別

⑦恩根内　（JR北海道）宗谷本線。中川郡美深町恩根内

⑧熱郛　（JR北海道）函館本線。寿都郡黒松内町白井川

⑨南弟子屈　（JR北海道）釧網本線。川上郡弟子屈町熊牛原野

⑩音威子府　（JR北海道）宗谷本線。中川郡音威子府村音威子府

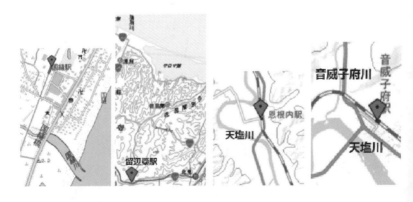

第1章　難読駅名を楽しむ．和食，糒，飯給は何と読みますか　**21**

①**おのっぷない**　アイヌ語「オ・ヌプ・ウン・ナイ」（川尻に原野のある川）が「o-nup-nai, オ・ヌプ・ナイ」になり，これに漢字を当てたという。
②**さっくる**　アイヌ語「sak-ru, サク・ル」（夏の通り道）の当て字という。かつて，オホーツク海岸で魚をとるために往来した夏の道があったという。咲は国訓。
③**ひうしない**　アイヌ語「シュシュ・ウシ・ナイ（ヤナギの群生する沢）」の転訛という。④**びるわ**　駅付近の美留和山名（401m）から。山名はアイヌ語「ペ・ルア」（泉が・岩から湧き出る）のなまりの当て字という。
⑤**ぴっぷ**　アイヌ語「pi-o-p, ピ・オ・プ」（石の多いところ），あるいは「pipi-pet, ピピ・ペッ」（石がごろごろしている・川）の転訛ではないかという。
⑥**ちっぷべつ**　アイヌ語「chi-kush-pet, チ・クシ・ペッ」（船が通る川），「チックシペッ」（泥炭地）などの転訛説がある。
⑦**あびら**　アイヌ語「ar-pira, アラ・ピラ」（一面の崖），または「ar-pira, アル・ピラ」（片側・崖）の転訛という。
⑧**ふるさん**　駅の傍らを流れる「振寒（ふるさむ）川」が変化。「振寒」はアイヌ語「hur-sam, フル・サム」（丘の・傍ら）に由来するという。湯桶読み。
⑨**くんぬい**　アイヌ語「kunne-nai, クンネ・ナイ」（黒い川）の当て字という。
⑩**まれっぷ**　アイヌ語「エマウリ・オマレ・プ」（イチゴのある沢）の一部当て字。エマウリ（emawri）はイチゴの意。なお，駅所在地は南稀府（みなみまれふ）町で，駅名と地名では読み方が違なる。

---

①**おかしない**　アイヌ語「o-kashi-nay, オ・カシ・ナイ」（川下に仮小屋のある川）の当て字という。カシは仮小屋の意。②**もんぽない**　アイヌ語「mo-nup-o-nai, モ・ヌプ・オ・ナイ」（小さい・野・にある・川）」，あるいは，「モン・ポ・ナイ」（静かな・小さな・川）の当て字という。③**はっさむ**　アイヌ語「ハッシャム・ペッ」（ムクドリのいる川）の当て字といわれているが，異説あり。重箱読み。④**もせうし**　アイヌ語「mose-ushi, モセ・ウシ」（イラクサの繁茂している処）の当て字という。⑤**るべしべ**　アイヌ語「re-peshpe, ル・ペシペ」（越えて下って行く道）の当て字という。佐呂間峠を下る所をさすという。⑥**といかんべつ**　アイヌ語「toy-kamu-pet, トイ・カム・ペッ」（土のかぶさる川）の当て字という。⑦**おんねない**　アイヌ語「onne-nai, オンネ・ナイ」（親なる川）の当て字という。⑧**ねっぷ**　アイヌ語「kunne-net-pet, クンネ・ネッ・ペッ」（黒い漂木の川）のなまりの当て字ともいう。＊郛（ふ）の字義は，くるわ，城の外囲い，城壁。⑨**みなみてしかが**　弟子屈はアイヌ語「tesh-ka-ka, テシ・カ・カ」（登り魚をとるヤナ（梁）の上，岸の上，または岩盤の上）の当て字という。⑩**おといねっぷ**　アイヌ語「o-toine-p, オ・トイネ・プ」（川尻が汚れている所）の当て字という。川はこの地を流れ，天塩川に合流する音威子府川を指す。

①顔戸　（名鉄）広見線。岐阜県可児郡御嵩町顔戸
②三苫　（西鉄）貝塚線。福岡市東区美和台４丁目
③轟木　（JR東日本）五能線。青森県西津軽郡深浦町轟木
④高擶　（JR東日本）奥羽本線。山形県天童市長岡
⑤湯檜曽　（JR東日本）上越線。群馬県利根郡みなかみ町湯桧曽
⑥現川　（JR九州）長崎本線。長崎市現川町
⑦伽羅橋　（南海）高師浜線。大阪府高石市羽衣五丁目
⑧岩峅寺　富山地方鉄道立山線・上滝線（不二越・上滝線）。富山県中新川郡立山町岩峅寺
⑨和邇　（JR西日本）湖西線。滋賀県大津市和邇中浜
⑩夜間瀬　長野電鉄長野線。長野県下高井郡山ノ内町夜間瀬

---

①香櫨園　（阪神）阪神本線。兵庫県西宮市松下町
②黄檗　JR奈良線・（京阪）宇治線。京都府宇治市五ケ庄
③東觜崎　（JR西日本）姫新線。兵庫県たつの市神岡町大住寺
④小手指　西武鉄道池袋線。埼玉県所沢市小手指町一丁目
⑤名手　JR和歌山線。和歌山県紀の川市名手市場
⑥松任　（JR西日本）北陸本線。石川県白山市相木町
⑦小牛田　（JR東日本）東北本線。宮城県遠田郡美里町藤ケ崎町
⑧佐志生　（JR九州）日豊本線。大分県臼杵市佐志生
⑨出目　（JR四国）予土線。愛媛県北宇和郡鬼北町出目
⑩布袋　（名鉄）犬山線。愛知県江南市布袋町

第1章 難読駅名を楽しむ，和食，橲，飯給は何と読みますか **23**

①**ごうど** 徒渉場の意の「カワド（川処）」の転訛ともいう。②**みとま** 神功（じんぐう）皇后西進の際，海神に航海の安全を祈願して，船の苫（とま，船を覆って雨露をしのぐために菅（すげ）や茅（かや）などで編んだむしろ）3つを海中に投じた。この苫の漂流地が当地の海岸であったという伝承がある。
③**とどろき** 日本海に面し，波の音がとどろく位置にあることに因むという。馬三頭がとどろく波の音に驚いて暴れ出したことから，「驫」の字をあてたという伝承もある。最も画数（30）の多い字を持つ駅名である。④**たかたま** 駅設置時（昭和27年）の旧高擶（たかだま）村に由来するが，駅名は「たかたま」と清音。この付近一帯は室町時代には「高楡」と書かれていたが，江戸期には「高擶」と記されるようになったという。この経緯について，吉田東伍は，「このあたりでは楡（ニレ）をタモやタマと呼んでいたことから，タカタマを"高楡"と記していた。それがいつしか誤って"高擶"と記されるようになり，現在まで続いている」としている（『大日本地名』）。擶は「セン」と読み，字義は矢の曲りを正しくするの意。⑤**ゆびそ** 湯は水上温泉，檜は檜のあるところ，曽は曽根（やせ地）の合成語ともいわれる。⑥**うつつがわ** 細長い地形を流れる川の意という。狭い谷間や崖になった場所を示すウツやウトと同義の地名という。⑦**きゃらばし** 古代朝鮮の南東部にあった加羅（から）の国から渡来した人々が作った橋ともいわれるが，橋や地名は残っていない。
⑧**いわくらじ** 岾（クラ）は国字で，断崖，岩場の意。同町に地名の芦岾寺（あしくらじ）がある。岾の付いた地名は，富山県以外にはないようである。
⑨**わに** 古代の雄族和邇氏に因むという。邇（ニ）は呉音。⑩**よませ** 諸説がある。(1)川の上流で温泉（湯）が「交ざる」の転訛。(2)四つの川が交わる意から。(3)牧場の馬を囲う馬柵（うませ）の転訛。

----

①**こうろえん** 大阪の商人・香野蔵治と櫨山（はぜやま）慶次郎の両氏が明治40年に2人の名前をとって造園した遊園地「香櫨園」に由来。②**おうばく** 駅のすぐ近くにある禅僧・隠元が建立した「黄檗山萬福寺」に因む。③**ひがしはしさき** 觜崎は揖保川と支流の栗栖川が合流する間の細長い土地に付けられたようで，東觜崎は揖保川を隔ててある觜崎の東側（左岸）に位置。④**こてさし** この地が合戦の舞台となったことから，武具である「篭手（こて）」に因むとする説や，日本武尊がこの地で小手をかざして前方を見たという伝承説などがある。⑤**なて** 『和名抄』に那賀郡名手郷とみえる。由来等は不明。
⑥**まっとう** 承平5年（935）この地を国司の松木氏に任（まか）せたことに因むという。合併で松任の地名は消滅した。⑦**こごた** 奈良朝期に水田郡の一部であったということから，小小田（こごだ）と呼ばれていたものが，牛飼（うしかい）の地名と結びついたとする説などがある。⑧**さしう** 藩政村の木佐村と志生木村が合併して成立した合成地名の旧北海部（あまべ）郡佐志生村名（明治22～昭和29）から。⑨**いずめ** イズは泉，メは狭い場所の意か。
⑩**ほてい** 旧小折村の通称布袋野によるといい，布袋野は果野（はての）の転声という。布は一般に「フ」（呉音）と読むが，漢音では「ホ」。

①原田　（JR九州）鹿児島本線・筑豊本線。福岡県筑紫野市原田
②田原坂　（JR九州）鹿児島本線。熊本市北区植木町　轟(とどろき)
③石原　（JR西日本）山陰本線。京都府福知山市石原一丁目
④原当麻　（JR東日本）相模線。神奈川県相模原市南区当麻
⑤為栗　（JR東海）飯田線。長野県下伊那郡天龍村平岡
⑥榛原(うだ)　（近鉄）大阪線。奈良県宇陀市榛原萩原
⑦陣原　（JR九州）鹿児島本線。北九州市八幡西区陣原一丁目
⑧新田原　（JR九州）日豊本線。福岡県行橋市道場寺(ゆくはし)
⑨木知原　樽見鉄道樽見線。岐阜県本巣市木知原(もとす)
⑩中原　（JR九州）長崎本線。佐賀県三養基郡みやき町原古賀(みやき)(ちょうはるこが)

---

①開発　富山地方鉄道上滝線。富山市月岡町(まち)
②築城　（JR九州）日豊本線。福岡県築上郡築上町東築城(ちくじょう)
③瑞江　東京都営地下鉄新宿線。江戸川区瑞江二丁目
④大物　（阪神）阪神本線・なんば線。兵庫県尼崎市大物町二丁目
⑤内部　四日市あすなろう鉄道内部線。三重県四日市市小古曽三丁目(おごそ)
⑥日当　樽見鉄道樽見線。岐阜県本巣市日当
⑦鮎喰　（JR四国）徳島線。徳島市南島田町四丁目
⑧養父　（JR西日本）山陰本線。兵庫県養父市堀畑字石郡
⑨古里　（JR東日本）青梅線。東京都西多摩郡奥多摩町小丹波(こたば)
⑩出馬　（JR東海）飯田線。静岡県浜松市天竜区佐久間町浦川

①**はるだ** ハル(墾)ダ(田)。開墾して出来た田の意。「はらだ」ではない。
②**たばるざか** 近くにある西南戦争最大の激戦地・田原坂から。坂道を登り詰めた台地に戦没者慰霊碑がある。③**いさ** 石原(isihara)の短略化(isa)か。
④**はらたいま** 当麻の由来には諸説がある。(1)源範頼(のりより,義朝の六男)の家臣当麻太郎の居所があったとする説。(2)一遍上人がこの地に滞在した際,大和国当麻をしのび,その住山を当麻山とした説。(3)アイヌ語の湿地を意味する語から出たとする説。⑤**してぐり** 栗林が多く,栗をためて生活の資としたとする説(『丹羽・難読』)や,水でえぐられた地とする説がある。
⑥**はいばら** 諸説がある。(1)萩の生育していた地域。(2)葉イバラと称する蔓イチゴが生育していた地域。(3)榿(ハリノキ,別名ハンノキ)の生育していた地域。(4)榛(ハリ,ハンノキ)の木を伐採して開墾された地。榛は国訓。
⑦**じんのはる** 平家が源氏に追われた際に,この地で一時期陣を張ったという伝承に因むという。⑧**しんでんばる** 広い原野を開いて新しく出来た田畑の意か。＊宮崎県児湯(こゆ)郡新富町(しんとみちょう)にある同じ字の航空自衛隊の「新田原」基地は「にゅうたばる」と読む。⑨**こちぼら** 由来等不明名。＊「原」を「ボラ」と読む地名は他にないようである。⑩**なかばる** 長崎街道の轟宿と神崎(かんざき)宿の中間の原にあったことから。

---

①**かいほつ** かつてこの付近で新田開発が行われたことに由来するといわれ,「かいはつ」を「かいほつ」とも呼んだ。②**ついき** 『和名抄』の筑城郡搗木(ついき)郷の転訛とも,上代の山城のあった地から「築城(ツキキ)」の転訛(『吉田・語源』)ともいう。③**みずえ** 大正2年,旧南葛飾郡瑞穂村と一之江村が合併し,合成地名の瑞江村となる。昭和7年東京市に編入。江は国訓。
④**だいもつ** 大物は牛の意で島の形から付けられたとする説や大きな材木(大物)の集散地に因むとする説などがあるという。⑤**うつべ** 藩政村の5ヵ村が合併して成立した内部村名(明治22～昭和18)から。村名は内部川に由来。なお,内を「ウツ」と読む駅名にJR身延線の内船駅(うつぶな,山梨県南巨摩郡南部町)がある。⑥**ひなた** 根尾川中流に位置し,日当りが良い地に因むという。⑦**あくい** 付近を流れる鮎喰川から。鮎を産し,住民がこれを食べていたことに由来するという。喰は国字。⑧**やぶ** 竹や小木が密生する薮の意に由来。⑨**こり** 明治22年小丹波・棚沢(たなさわ)などの7ヵ村が合併して成立した神奈川県西多摩郡(明治26年東京府へ編入)古里村名(昭和30年奥多摩町)から。村名は棚沢の小字垢離尽(こりつき,古里附)に由来するという。垢離尽は日原(にっぱら)の六ツ石山(1,478m)を信仰する人々が水垢離をする所で,垢離の滝があったという。また,「ふるさと」の意ともいわれる(『角川・東京』)。
⑩**いずんま** 馬を市場へ出荷する牧場があったことに因むともいう。

①比延　（JR 西日本）加古川線。兵庫県西脇市鹿野町
②佐用　（JR 西日本）姫新線・智頭急行。兵庫県佐用郡佐用町
③上ゲ　（名鉄）河和線。愛知県知多郡武豊町下門
④土気　（JR 東日本）外房線。千葉市緑区土気町
⑤土師　（JR 西日本）因美線。鳥取県八頭郡智頭町三吉
⑥小江　（JR 九州）長崎本線。長崎県諫早市高来町上与
⑦女鹿　（JR 東日本）羽越本線。山形県飽海郡遊佐町吹浦字女鹿
⑧布田　京王電鉄京王線。東京都調布市国領町5丁目
⑨吉舎　（JR 西日本）福塩線。広島県三次市吉舎町三玉
⑩羽場　（名鉄）各務原線。岐阜県各務原市鵜沼羽場町六丁目

----

①成東　（JR 東日本）総武本線・東金線。千葉県山武市津辺
②大三東　島原鉄道。長崎県島原市有明町苅木
③東向日　（阪急）京都本線。京都府向日市寺戸町
④厚東　（JR 西日本）山陽本線。山口県宇部市吉見
⑤和食　土佐くろしお鉄道阿佐線。高知県安芸郡芸西村和食
⑥西院　京福電鉄（嵐電）嵐山本線。京都市中京区壬生仙念町
⑦西登戸　京成電鉄千葉線。千葉市中央区登戸
⑧洛西口　（阪急）京都本線。京都市西京区川島六ノ坪町
⑨城西　（JR 東海）飯田線。静岡県浜松市天竜区佐久間町相月
⑩西戸崎　（JR 九州）香椎線。福岡市東区西戸崎一丁目

①ひえ　応神天皇がこの地で狩りをした時，鹿が天皇の前に立って「ヒヒ」と鳴いたため，天皇は鹿を射るのを止めさせた。この山を比也山（ひややま），野を比也野（ひやの）と名付け，その後「ひや」から「ひえ」に転訛したと伝えられる（『角川・兵庫』）。また，ヒエル意味のヒエ（冷）や穀物のヒエ（稗）と関係があるかもしれないという。②さよ　五月夜（さよ）に稲を植えたという伝説に因むともいう。昭和30年，近隣の4町村と合併し，町名の読みが「さよ」から「さよう」に変わったが，駅名の読みは変更されず，「さよ」のままである。③あげ　駅東側の字「上ケ（あげ）」から。字の「ケ」には濁点が付いていないが，駅名には付いている。城を見上げる地にあったからとも，氏神の武雄（たけお）神社を尊称して「上」を冠したことに因むともいう。④とけ　両総台地の南端に位置。峠に由来するという。駅は外房線内の駅で標高が最も高い所にある（約80m）。⑤はじ　古代の部民・土師部（はじべ）の居住地であったことに由来。⇒土師ノ里駅（78頁）。⑥おえ　諫早湾に臨む。小江神社に由来か。何で書いても2文字の駅名（オエ，OE）。江は国訓。⑦めが　牝鹿が棲みついたことに因む説や，アイヌ語「メカ」（尾根が没する所）の転訛説などがある。⑧ふだ　古代，租税（調）の布を多く生産したことによるとも，多くの布を多摩川でさらしたことに因むともいう。⑨きさ　皇后部（きさきべ，皇后のために置かれた部）または私市（きさいち，皇后部で開かれた市場）の略称に由来するといわれる。⑩はば　崖，急斜面の意。各務原台地の上（約60m）にあり，東の平地（50m弱）からの進路をハバム（阻む）位置にあることに由来するという。姓氏あり。

---

①なるとう　作田川の瀬が鳴る（ナル）東地区に開けた地に由来するという。湯桶読み。②おおみさき　藩政村の大野・三之沢・東空閑（ひがしこが）の3ヵ村の頭文字をとった南高来郡大三東村名（明治22～昭和30）から。「東」を「さき」と読んだ。「東」を「さき」と読むのは極めて珍しい（類似地名：国東（くにさき）半島）。③ひがしむこう　向日市の東部に当たる。駅開設時の昭和3年は東向日町駅，昭和47年東向日駅に改称。⇒向日町駅（32頁）。④ことう　「厚狭（あさ）郡の東部」の意の旧厚東村名（明治22～昭和29）から。かつては中世の豪族厚東氏の本拠地。⑤わじき　ワ・シキで，ワは曲・輪，シキは敷で，湾曲した広い土地を指すという（『丹羽・難読』）。⑥さい　阪急電鉄は「さいいん」と読む。⑦にしのぶと　登戸は江戸期から明治27年（1894）まで港町として繁盛。南北朝初期の人・千葉新介の歌「筑波根の　峰の嵐を　ふきおろす　ふじの浪間を　乃ぼり戸の船」に因むという。葛飾北斎「富嶽三十六景－登戸浦」は当地から描いた富士山。JR南武線と小田急電鉄の登戸駅（川崎市）は「のぼりと」読む。⑧らくさいぐち　洛は京都を指し，洛西口は京都への西部の入口の意であろう。⑨しろにし　城は荘園の砦とみられ，その西に開けた地を指すという。⑩さいとざき　「海の中道」（陸繋（りくけい）砂州）の先端（ザキ）にサイト（道祖神）があるとの意か。「金印」が発見された志賀島への最寄り駅。

①東田平　松浦鉄道西九州線。長崎県平戸市田平町小崎免(こざきめん)
②西木場　松浦鉄道西九州線。長崎県松浦市御厨町(みくりや)米ノ山免
③西神南　神戸市営地下鉄西神・山手線。西区井吹台東町一丁目
④西新　福岡市地下鉄空港線。福岡市早良区(さわら)西新２丁目
⑤南部　JR紀勢本線。和歌山県日高郡みなべ町芝(ちょう)
⑥南蛇井　上信電鉄。群馬県富岡市南蛇井
⑦南小谷　（JR東日本・西日本）大糸線。長野県北安曇郡小谷村千国乙(おたりちくにおつ)
⑧南風崎　（JR九州）大村線。長崎県佐世保市南風崎町
⑨南木曽　（JR東海）中央本線。長野県木曽郡南木曽町読書(よみかき)
⑩南三原　（JR東日本）内房線。千葉県南房総市和田町松田

---

①向之原　（JR九州）久大本線。大分県由布市挾間町(はさままち)向原
②小波渡　（JR東日本）羽越本線。山形県鶴岡市小波渡
③小歩危　（JR四国）土讃線。徳島県三好市西祖谷山村徳善西
④久留里　（JR東日本）久留里線。千葉県君津市久留里市場
⑤馬来田　（JR東日本）久留里線。千葉県木更津市真里(まり)
⑥仁豊野　（JR西日本）播但線。兵庫県姫路市仁豊野
⑦丹治部　（JR西日本）姫新線。岡山県新見市大佐田治部(おおさたじべ)
⑧道成寺　（JR西日本）紀勢本線。和歌山県御坊市藤田町藤井
⑨四十万　北陸鉄道石川線。石川県金沢市四十万４丁目
⑩鼠ヶ関　（JR東日本）羽越本線。山形県鶴岡市鼠ヶ関

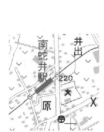

①**ひがしたびら** 田平は鎌倉期からみえる地名。なだらかな丘陵地にある田の意か。②**にしこば** 木場は木材の集散地あるいは開拓地に関係した地名か。③**せいしんみなみ** 西神中央駅の南の意。④**にしじん** 福岡城下の西に新しくできたことに因むともいう旧早良郡西新町名(明治22〜大正11)による。⑤**みなべ** 日高郡の最南端に位置することに因むともいう。みなべ町は平成16年10月,梅の産地として知られる南部町と南部川村が合併して成立。⑥**なんじゃい** 『和名抄』甘楽郡十三郷の一つ,那射郷(なさごう)の転訛とみられるという。アイヌ語説もある。⑦**みなみおたり** 旧北安曇郡南小谷村名から。「たり」は,断崖状の深い谷地形の意という。「谷」を「たり」と読む地名は極めて珍しい。同村の「北小谷」「中小谷」(何れも旧村)の地名は存続しているが,南小谷の地名は消滅,駅のほか,郵便局にその名を残す。南小谷駅はJR東日本とJR西日本の両社線の境界駅。同駅の2つ先に北小谷駅がある。⑧**はえのさき** 「はえ」は主に九州や沖縄で,夏に南から吹く風のことをいう。夏の季語となっている。＊類似地名に長崎県西海市南風泊(はえどまり),沖縄県島尻郡南風原町(はえばるちょう)がある。＊山口県下関市に「ふぐ」の取引で有名な「南風泊市場(はえどまりしじょう)」がある。＊千葉県鴨川市北風原は「ならいはら」と読む。⑨**なぎそ** 駅の東方にある南木曽岳(1,679m)による。南木曽岳は木曾の南部に位置。⑩**みなみはら** 旧南三原村名(明治22〜昭和31)から。「みなみみはら」の「み」の短縮。

---

①**むかいのはる** 「むかいのはら」ではない。②**こばと** 隣接の堅苔沢(かたのりざわ)へ行くにも船で渡ったため,「小波を渡る」といったことに由来するという。③**こぼけ** 崖が切り立ち,吉野川の流れが速く,難所として有名。地名の由来は,断崖を意味する古語「ほき,ほけ」から付けられたとする説や,「大股で歩くと危ない」ので「大歩危」,「小股で歩いても危ない」ので「小歩危」などの説がある。④**くるり** 小平地に出来た里の意か。平将門の三男・頼胤(よしたね)が細田妙見参詣の際,「城を浦田山に築き,久しくこの里に留まるべし」との御託宣があったという故事に由来するともいう(『角川・千葉』)。⑤**まくた** 『万葉集』にみえる地名。「マク」は背後に山がめぐらされ,「タ」は山の前面の水田の意ともいう。この地からも九州の地に防人(さきもり)として派遣されていた。任務を終え,無事に恋人や家族の待つ故郷に帰ることができたのであろうか。⑥**にぶの** 朱色の砂土を産出する丹生野(にゅうの)に由来するともいう。⑦**たじべ** 反正(はんぜい)天皇の御名代丹比部(たじひべ)が定められたことによるという。⑧**どうじょうじ** 安珍清姫(あんちんきよひめ)の伝説で知られる道成寺への最寄り駅であることから。道成寺そのものは隣の日高川町にある(徒歩5分)。成は呉音。⑨**しじま** この地に朝鮮の百済から大日如来が招来されたという伝承があり,百済より当地までの距離が四十万里あるということに由来するという(『角川・石川』)。⑩**ねずがせき** 一晩中寝ずに張り番をした関所に因むという。

①寒河江　（JR東日本）左沢線（あてらざわ）。山形県寒河江市本町一丁目
②安栖里　（JR西日本）山陰本線。京都府船井郡京丹波町（ちょう）安栖里
③江吉良　（名鉄）竹鼻線・羽島線。岐阜県羽島市江吉良町
④花原市　（JR東日本）山田線。岩手県宮古市花原市
⑤苧ヶ瀬　（名鉄）各務原線。岐阜県各務原市鵜沼各務原町五丁目
⑥周参見　JR紀勢本線。和歌山県西牟婁郡すさみ町周参見（むろ）
⑦波久礼　秩父鉄道秩父本線。埼玉県大里郡寄居町末野（よりい）
⑧御幣島　（JR西日本）JR東西線。大阪市西淀川区御幣島一丁目
⑨阿久比　（名鉄）河和線。愛知県知多郡阿久比町阿久比
⑩清荒神　（阪急）宝塚本線。兵庫県宝塚市清荒神一丁目

---

①吾野　西武鉄道池袋線・西武秩父線。埼玉県飯能市坂石町分（さかいしまちぶん）
②都賀　（JR東日本）総武本線・成田線・千葉都市モノレール。千葉市若葉区都賀三丁目
③楽田　（名鉄）小牧線。愛知県犬山市若宮
④掖上　（JR西日本）和歌山線。奈良県御所市柏原
⑤札弦　（JR北海道）釧網本線。斜里郡清里町札弦町（ちょう）
⑥梨郷　山形鉄道フラワー長井線。山形県南陽市竹原
⑦結崎　（近鉄）橿原線。奈良県磯城郡川西町（ちょう）結崎（かしはら）
⑧陸中門崎　（JR東日本）大船渡線。岩手県一関市川崎町門崎（まち）
⑨冷水浦　（JR西日本）紀勢本線。和歌山県海南市冷水
⑩礼拝　（JR東日本）越後線。新潟県柏崎市西山町礼拝

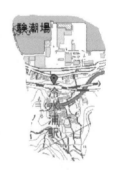

①さがえ　古代の最上郡と村山郡の間を流れる境川（現寒河江川）の意ともいう。江は国訓。②あせり　栖（せい）は棲と同字で住むの意。安らかに住める地の意か。また，由良川の川水で土砂がせり（セリ）あげられ，集（ア）まった土地ともいう。③えぎら　「えぎら」は葭簀（よしず）の異称で，アシやヨシが生い茂っていた地であったことに由来するという。④けばらいち　ケマ（毛馬）イチ（市場）か，またはケミ（検見）の意か。アイヌ語のケ（芦）マ（沼）ウシ（ある処）の転訛ともみられるという。花（ケ）は呉音。
⑤おがせ　近くにある幾つかの伝説を有する苧ヶ瀬沼に因むという。＊苧は国訓で「お」と読み，字義は麻・苧麻（ちょま）の繊維をつむいで糸にしたもの。
⑥すさみ　海岸に波風が激しく吹き荒（すさ）ぶことに因むという。
⑦はぐれ　この付近は急斜面が多く，かつて「下破崩」「下端崩」という地名があったようで，その転訛ではないかという。「波」は付近を流れる荒川が風で波立つ様子を表わしたともいう。⑧みてじま　神功皇后が朝鮮出兵から帰った時にこの地に着船し，住吉大神を祀ったことに因むという。また，この付近が海であった頃，淀川が運んできた土砂で出来た島の形が御幣（ごへい）の形に似ていたからだともいう。⑨あぐい　昔，当地は海から遠く入り込んだ地にあったことから，開江（あくえ）と呼ばれ，後に佳字をあて英比（あぐひ）となり，さらに転訛した説などがある。⑩きよしこうじん　駅の北方にある清荒神清澄寺の参道に因む。

---

①あがの　合併した7ヵ村が上我野郷に属していたことに由来する旧入間郡吾野村名（明治22〜昭和31）から。②つが　旧千葉郡都賀村名（明治22〜昭和12）から。村名は藩政村10ヵ村が合併して成立したことから，祝賀の意のほか，10ヵ村のトガ（十賀）の意もあるといわれている。③がくでん　駅の近くにある大縣神社の神田が「額田」と呼ばれていたのが転訛したともいう。
④わきがみ　旧南葛城郡掖上村名（明治22〜昭和30）から。掖は宮殿などの脇の意で，上は神の意とみられるという。この地にある「鴨都波（かもつば）神社」は三輪山の「大神神社」の「掖（脇）の神社」ではなかろうかともいわれている。⑤さっつる　アイヌ語「サク・ル」（夏・道）または「サッ・ル」（乾いた・道）の当て字という。⑥りんごう　旧東置賜郡梨郷村名（明治22〜昭和30）から。村名は梨の栽培と関係があるのか。『大日本地名』に「梨郷の名義知れず。頭音にラ行を戴くものは，本邦語に非ず，最奇異を覚ゆ」とある。
⑦ゆうざき　「ユフ（木綿）」（楮（こうぞ）の木の皮をはぎ晒（さら）したもの）と関係があるのかもしれない。楮からは繊維をとって織物を作る。
⑧りくちゅうかんざき　門崎は蝦夷（えぞ）征伐に参加した大野東人が熊野3社を石蔵山（岩手県一関市にある標高356m）に移し，前の地を神前・神崎と称したことに因むという。陸中を冠したのは，長崎本線に同じ読みの神埼駅（佐賀県神埼市）があるため。⑨しみずうら　冷たい水が湧き出たことに因むという。⑩らいはい　近くの二田物部神社礼拝所に由来。地名ではない。キリスト教では「れいはい」と読む。

①尻手　JR南武線。神奈川県川崎市幸区南幸町三丁目
②木上　くま川鉄道湯前線。熊本県球磨郡錦町木上
③万能倉　（JR西日本）福塩線。広島県福山市駅家町万能倉
④平城山　（JR西日本）関西本線。奈良市佐保台一丁目
⑤真布　（JR北海道）留萌本線。雨竜郡沼田町真布
⑥都野津　（JR西日本）山陰本線。島根県江津市都野津町
⑦古国府　（JR九州）久大本線。大分市古国府
⑧藤生　（JR西日本）山陽本線。山口県岩国市藤生町一丁目
⑨蔚山町　（電停）　熊本市電。中央区新町一丁目・新町三丁目
⑩勅旨　信楽高原鐵道信楽線。滋賀県甲賀市信楽町勅旨

---

①和寒　（JR北海道）宗谷本線。上川郡和寒町北町
②向日町　（JR西日本）東海道本線。京都府向日市寺戸町久々相
③千金　（JR西日本）三江線。島根県江津市金田町
④石蟹　（JR西日本）伯備線。岡山県新見市石蟹
⑤蘭留　（JR北海道）宗谷本線。上川郡比布町北9線
⑥水原　（JR東日本）羽越本線。新潟県阿賀野市下条町
⑦新改　（JR四国）土讃線。高知県香美市土佐山田町東川
⑧石刀　（名鉄）名古屋本線。愛知県一宮市今伊勢町馬寄西流
⑨真申　松浦鉄道西九州線。長崎県佐世保市光町
⑩下府　（JR西日本）山陰本線。島根県浜田市下府町

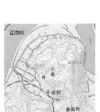

①しって　昭和2年停留場として開設（4年駅に昇格）。以前からバス停名等になっていたことから。由来等不明。駅に隣接した尻手（町名）は昭和43年にできた地名。②きのえ　球磨川流域にあり，木材の河川輸送に関係ある地名か。③まなぐら　この地を太宰府に通じる古代山陽道が通り，品治駅（ほんちのえき，平安期にみえる駅名）に近く，農作物などを保管する倉庫が多くあったことに因むという。④ならやま　草木を踏み平（なら）した所を意味する説と樹名の楢に因む説があるという。⑤まっぷ　由来等未詳。⑥つのづ　『和名抄』にみえる石見国那賀郡都濃郷ではないかという。海に面しており，「都濃の津」の意かという。⑦ふるごう　豊後国の国府の所在地に由来。⑧ふじゅう　見事な藤が生えていたことに因むという。また，「湿地，泥地，ぬかるみ，湿原」の意のヒジフ（日出生）から出たともいう。⑨うるさんまち　加藤清正（1562〜1611）が文禄（1592）・慶長の役（1597）で，朝鮮の蔚山から人々を連れてきて居住させたことに因むという。熊本市電には杉塘（すぎども），段山町（だにやままち），神水（くわみず）・市民病院前，国府（こくぶ），九品寺（くほんじ）交差点，味噌天神前など難読・珍しい電停名が多い。⑩ちょくし　勅旨とは天皇が下す仰せごと，またその文書をいう。平安期に勅旨牧（ちょくしまき，勅旨により作られた皇室の馬を飼育する牧場）があったことに由来するともいう。あるいは，勅旨田（ちょくしでん，勅旨によって開墾された不輸租田（ふゆそでん，田租を収める義務を免れた田））に由来するかもしれない。

①わっさむ　アイヌ語「ワッ・サム」（ニレの木の傍）の当て字という。②むこうまち　古くから京都と大阪を結ぶ交通の要衝として発展した町で，昭和47年市制施行。町名は向日山（むかいやま）・向日（むかひ）神社によるが，京都盆地に突出する台地が東側から昇る太陽に向かう形をしていることに由来するという。③ちがね　山から多くの鉄が産出されたことに由来するという旧千金村（藩政村）から。④いしが　上古，吉備津彦命（キビツヒコノミコト）が当地の蟹隼師（かにたける）という土賊を退治したという伝承や中世期にあった石蟹山城に因むという旧石蟹郷（さと）村名（明治22〜昭和29）から。⑤らんる　アイヌ語「ラン・ル」（下る道）の当て字という。⑥すいばら　阿賀野川右岸に位置。湿地帯で水の被害を度々受けたことに因むという。姓氏あり。⑦しんがい　織豊期の蚊居田（かいだ）村が江戸期に村を分け，新蚊居田村となり，これが転訛したという。また，新しく開拓した地の意ともいう。⑧いわと　石刀神社への最寄り駅に因む。⑨まさる　マサ（＝マセ，狭い谷）・ル（佳字）で，狭い谷を指す形状地名（『JR・第三セ』），あるいは海岸近くにあることから，マは港の意で，サル（がけ崩れ）に関係する地名かもしれないという。⑩しもこう　石見国府があったと思われ，上国府（かみこう），下国府（しもこう）が地名の「二字化令」によって省略化されたものとみられるという。

①鵜苫　（JR北海道）日高本線。様似郡様似町鵜苫
②馬下　（JR東日本）磐越西線。新潟県五泉市馬下
③社家　（JR東日本）相模線。神奈川県海老名市社家
④筑前山家　（JR九州）筑豊本線。福岡県筑紫野市山家
⑤下馬　（JR東日本）仙石線。宮城県多賀城市下馬二丁目
⑥光岡　（JR九州）久大本線。大分県日田市友田
⑦及位　（JR東日本）奥羽本線。山形県最上郡真室川町及位
⑧木次　（JR西日本）木次線。島根県雲南市木次町里方
⑨企救丘　北九州高速鉄道（北九州モノレール）小倉線の終点駅。
　　　　　福岡県北九州市小倉南区企救丘二丁目
⑩厳木　（JR九州）唐津線。佐賀県唐津市厳木町厳木

---

①来待　（JR西日本）山陰本線。島根県松江市宍道町東来待
②知来乙　（JR北海道）札沼線。樺戸郡月形町知来乙
③都農　（JR九州）日豊本線。宮崎県児湯郡都農町川北
④野馳　（JR西日本）芸備線。岡山県新見市哲西町畑木
⑤茶所　（名鉄）名古屋本線。岐阜市加納八幡町
⑥来迎寺　（JR東日本）信越本線。新潟県長岡市来迎寺
⑦然別　（JR北海道）函館本線。余市郡仁木町然別
⑧調川　松浦鉄道西九州線。長崎県松浦市調川町下免
⑨渡瀬　東武鉄道佐野線。群馬県館林市足次町
⑩銭函　（JR北海道）函館本線。小樽市銭函２丁目

①うとま アイヌ語「ウトマム・ペッ」の当て字。「抱き合う・川」の意で，鵜苫川が日高幌別川の古川と合流するからだという。②まおろし 馬で越後からこの地まで来ても，会津へ行くには馬上では通行が出来ないほどの峻険な道のため，「馬を下りなければならなかった」ことに因むという。義経伝説があり，義経が奥羽へ落ち延びる際，険しい山道のため，この地で馬を下りたという。③しゃけ 当地に寒川神社や鎌倉鶴岡八幡宮の神職が多く居住していたことによるという。④ちくぜんやまえ 旧筑紫郡山家村名（明治22〜昭和30）から。筑前を冠したのは，山陰本線に山家駅（やまが，京都府綾部市）があるため。⑤げば 鹽竈神社に参詣する人々がここで下馬したことに由来するという。⑥てるおか 旧日田郡光岡村名（明治22〜昭和15）から。太陽の光をさえぎっていた楠の大樹が切り倒されてから，日がさすようになったという伝承がある。光を「テル」と読む地名は他にないようである。⑦のぞき 断崖の上から遠方や深い盆底をのぞくことができる所とする説や，年貢を免除された寺社領説，ノ（野）・ソギ（退）で「境上の原野」説，アイヌ語説など諸説がある。姓氏あり。⑧きすき 来次神社に由来。「次」の「す」で始まる語彙に歴史用語の次官（すけ，律令制官職の四等官の第2位の官）がある。⑨きくがおか 企救は万葉集にもみえる地名。「筑紫聞（キク）の物部」に由来するという。「菊」の鑑賞と関係があるのかもしれない。⑩きゅうらぎ 清らかなる木（清ら木）を祀る斎場があったことに因むという。巨人伝説に因んだ説や清ら石説などもある。

---

①きまち 大国主命がイノシシ狩りに出た時，イノシシが来るのを待っていたことに因むとも，須勢理毘売命（スセリビメノミコト）が夫の大国主命を当地で待っていたことに因むともいわれている。②ちらいおつ アイヌ語「チライ・オッ」（イトウ（淡水魚）がたくさん居る処）の当て字という。③つの 角朝臣（ツノノアソミ）の居所があったとする説や，「津」という一字地名を二字化してできた地名とする説などがある。④のち 旧阿哲郡野馳村名（明治22〜昭和30）から。⑤ちゃじょ 江戸期に力士が茶店を設け，旅人に茶を振舞ったことに因むという。⑥らいこうじ かつて来迎寺というお寺があったことに由来するのか。「迎」を「こう」と清音で読む地名は少ないようである。⑦しかりべつ アイヌ語「シカリ・ペッ」（曲流している川）の当て字という。⑧つきのかわ 古代の租庸調のうち，調（地方の産物を貢納させる税目）として皮を貢納させたことに因むという（『角川・長崎』）。＊調を「つき」と読む地名に宮崎県西都市調殿（つきどの）がある。神社名として調宮（つきのみや）神社（埼玉県さいたま市浦和区）がある。「つか」と読む地名に和歌山県紀の川市桃山町調月（つかつき）がある。⑨わたらせ アイヌ語（watara-sep, 崖が広まる所）の転訛という（『山本・アイヌ』）。鹿児島本線の渡瀬駅（福岡県みやま市高田町）は「わたぜ」と読む。⑩ぜにばこ 駅開設時（明治13年）はニシン漁で大いに栄え，漁家の羽振りがよかったことから，日本語の地名が名付けられた。

①有家　（JR東日本）八戸線。岩手県九戸郡洋野町(ひろのちょう)有家
②地名　大井川鐵道。静岡県榛原郡(はいばら)川根本町(ちょう)地名
③鹿王院　京福電鉄嵐山本線。京都市右京区嵯峨北堀町
④栗林　（JR四国）高徳線。香川県高松市藤塚町三丁目
⑤生田　JR田沢湖線。秋田県仙北市田沢湖神代字街道南
⑥天下茶屋　南海電鉄・大阪市営地下鉄。西成区岸里一丁目
⑦八十場　（JR四国）予讃線（瀬戸大橋線）。香川県坂出市西庄町
⑧来宮　（JR東日本）伊東線。静岡県熱海市福道町(ふくみち)
⑨八事　名古屋市営地下鉄。昭和区広路町(ひろじ)北石坂
⑩渡瀬　（JR九州）鹿児島本線。福岡県みやま市高田町(たかたまちのせ)濃施

---

①銭座町（電停）　長崎電気軌道本線。長崎市銭座町(まち)
②豊前松江　（JR九州）日豊本線。福岡県豊前市松江横園
③駅家　（JR西日本）福塩線。広島県福山市駅家町倉光
④咥内（電停）　とさでん交通伊野線。高知市朝倉丙
⑤軍畑　（JR東日本）青梅線。東京都青梅市沢井一丁目
⑥財部　（JR九州）日豊本線。鹿児島県曽於市財部町北俣
⑦別当賀　（JR北海道）根室本線（花咲線）。根室市別当賀
⑧栢山　小田急電鉄小田原線。神奈川県小田原市栢山
⑨真幸　（JR九州）肥薩線。宮崎県えびの市内竪(うちたて)
⑩鬼無　JR予讃線（瀬戸大橋線）。香川県高松市鬼無町佐藤

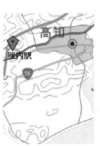

①**うげ**　稲などの穀物（ゲ＝毛）ができる土地の意という。平成23年3月の東日本大震災で，陸中野田方面の線路が流出したが，1年後の24年3月運転再開。有は呉音。「ゲ」は呉音「ケ」の濁音か。②**じな**　中世における名田の名称で，領地の意ともいう。③**ろくおういん**　駅の近くにある鹿王院から。鹿を「ろく」と読む地名に熊本市中央区渡鹿（とろく）がある。④**りつりん**　高松藩主の別荘御林に栗の木が林立してことに因むという。栗を「りつ」と読む地名はほとんどないようである。東海道本線の栗東駅（滋賀県栗東市）は「りっとう」。⑤**しょうでん**　開墾して新しく出来た水田の意とみられる。
⑥**てんがちゃや**　岸里東二丁目にある天下茶屋跡に因む。秀吉が住吉大社参拝や堺への往来の際，当地の茶店で，休憩したことから，太閤殿下茶屋と呼ばれるようになり，これが転訛した。⑦**やそば**　次の八十八に関する伝承に因むという。(1)日本武尊の御子である霊子が瀬戸内海で八十八人の兵士とともに船よりも大きい悪魚を退治した際に，その魚の毒気にあてられ倒れたが，横潮明神が泉水をもって現れ，みんなを蘇生させたという。(2)保元の乱に敗れてこの地に流された崇徳天皇が，府中の雲井御所で亡くなられてから，京都からの指示を仰ぐため八十八日間，この地に遺体のまま置かれた。⑧**きのみや**　来宮神社に因む。「来」は「きたる，きたす」の短略か。⑨**やごと**　駅付近の丘陵地一帯がかつて「八事山」と呼ばれていたことに因む。近くに天白区八事石坂や八事天道がある。⑩**わたぜ**　南を流れる隈川を歩いて渡れる瀬の意かともいう。

①**ぜんざまち**　1743年から3年間設置された馬込銭座（銭貨の鋳造所）に由来するという。銭は呉音。②**ぶぜんしょうえ**　この地は中世期角田（すだ）荘に属し，海岸に近く，角田荘江の意から，荘江（庄江）と呼ばれていたのが，松江に改められたという。江は国訓。③**えきや**　古代山陽道の宿駅に由来。
④**こうない**　コウナイ（川内）の当て字ともいう。寺田寅彦は，「哘内は『カウンナイ』係蹄（けいてい）をかけて鹿を捕る沢。石狩にもこの地名あり」と記し，アイヌ語らしい地名だと述べている。哘の字義は(1)笑う，(2)硬いものをかむ。⑤**いくさばた**　1563年豪族三田綱秀（つなひで）が北条氏照（うじてる）の攻撃で滅亡した際の古戦場で，戦場（いくさば）の転訛。⑥**たからべ**　宝皇女（後の皇極天皇）の御名代部が置かれたことに因むという。⑦**べっとが**　アイヌ語「ペッ・ウッカ」（川の・浅瀬）の転訛という。地名は「べつとうが」と読み，駅名と地名の読みが異なる。⑧**かやま**　かつては「賀山」と表記されていたが，いつしか「栢山」に転じたという。栢は柏の俗字。二宮尊徳の生誕地。⑨**まさき**　『延喜式』にみえる真祈（ませき）駅に由来。真祈とは「真狭（ませまき）」の語から生じたもので，加久藤盆地（かくとう，細長い盆地）の地形から名づけられたといわれる。真幸はその転訛（『角川・宮崎』）。
⑩**きなし**　鬼ヶ島（瀬戸内海の女木島（めぎじま）？）で鬼を征伐した桃太郎がこの地に逃げてきた鬼を征伐したので，「鬼無」になったという伝承説や，「毛無」で樹木のない所の意など諸説がある。

①上道　（JR西日本）山陽本線。岡山市東区中尾
②宇都井　（JR西日本）三江線。島根県邑智郡邑南町宇都井
③伊部　（JR西日本）赤穂線。岡山県備前市伊部
④別府　福岡市地下鉄七隈線。城南区別府二丁目
⑤文挟　（JR東日本）日光線。栃木県日光市小倉
⑥木岐　（JR四国）牟岐線。徳島県海部郡美波町木岐
⑦宿戸　（JR東日本）八戸線。岩手県九戸郡洋野町種市
⑧逸見　京浜急行本線。神奈川県横須賀市東逸見町二丁目
⑨美栄橋　沖縄都市モノレール線（ゆいレール）。那覇市牧志1丁目
⑩新家　（JR西日本）阪和線。大阪府泉南市新家

----

①月江寺　富士急行大月線。山梨県富士吉田市緑ケ丘一丁目
②馬流　（JR東日本）小海線。長野県南佐久郡小海町東馬流
③志染　神戸電鉄粟生線。三木市志染町西自由が丘一丁目
④弥刀　（近鉄）大阪線。東大阪市友井三丁目
⑤都住　長野電鉄長野線。長野県上高井郡小布施町都住
⑥馬路　（JR西日本）山陰本線。島根県大田市仁摩町馬路
⑦鹿家　（JR九州）筑肥線。福岡県糸島市二丈鹿家
⑧神前　（四国JR）高徳線。香川県さぬき市寒川町神前
⑨岸里玉出　南海電鉄。大阪市西成区玉出東一丁目
⑩手柄　山陽電鉄本線。兵庫県姫路市東延末五丁目

①じょうとう　駅開設は昭和61年11月。旧上道郡上道町（昭和28〜46）に因む。「みち」を「とう」と清音で読む所は少ないようである。②うづい　山に囲まれた「内（ウツ）・居（イ）」に因む説や江川の「渦」に因む説がある。③いんべ　焼き物に従事した忌部から転訛したという。備前焼の中心地。④べふ　平安末期の土地制度である別符（新しく荘園に組み込まれた土地）に由来するのではないかという。⑤ふばさみ　道の両側が小さな高台に挟まれたような地形をさす地形語に由来か。また，例幣使（れいへいし，例幣をささげるために遣わされる勅使）が日光東照宮へ行くとき，文挾（勅旨を納めた木箱）を掲げて先導したことに因むともいう。⑥きき　岐は城塞の意の「棚（き）」で，かつてこの地に城塞があったことに因むという（『JR・第三セ』）。⑦しゅくのへ　アイヌ語「シュプン・ヌ・ペツ，shupun-un-pet」（シュプン〈ウグイ〉がヌ〈湧く〉ようにたくさん生まれるペツ〈川〉）の転訛という（『東北六県』）。海岸から約800m離れた当駅は平成23年3月に発生した東北地方太平洋沖地震に伴う大津波で全線不通となったが，1年後に運転再開。⑧へみ　海辺の地形に因むという。「へんみ」の略転訛か。⑨みえばし　美栄は方言のミーで，新しいの意という。⑩しんげ　当地はかつて三谷荘と称していたが，村民の間に争いが起こり，荘内の3神社を合祀し総社とし融和をはかった。これを機に，新家荘と改称したことに因むという。

---

①げっこうじ　駅近くにある臨済宗妙心派の古刹月江寺に由来。②まながし　千曲川急流部に位置し，川の流れが速いので馬まで流されるという。③しじみ　諸説がある。(1)当地を流れる志染川で淡水のシジミ貝がとれたことに因む。(2)志染川の清い水流から清水（しみず）の意に由来。(3)履中（りちゅう）天皇（仁徳天皇の第1皇子）がこの地で食事をした際，シジミ貝が食器の縁に上がってきたという伝承説。④みと　スサノオノミコトを祀る弥刀神社に因む旧中河内郡弥刀村名（明治22〜昭和12）から。当地には高句麗系渡来人が居住したという。弥は呉音。⑤つすみ　千曲川右岸，松川扇状地に位置。旧堤郷に由来するのではないかという。⑥まじ　馬に乗った八束水臣津野神（ヤツカミズオミツヌノミコト）が，馬路（うまみち）は此の方かと問われたことに因むとか，大国主命が可美（うまし）所といわれたことによるなどの伝承説もある。⑦しかか　由来等不明。⑧かんざき　「神前（こうざき）神社の前」に由来するのであろう。標高15m。⑨きしのさとたまで　駅の北側の岸里と南側の玉出の町名から付けられた合成駅名。地下鉄四ツ橋線には岸里駅と玉出駅がある。古くは駅の周辺を岸の里といい，渡来系氏族（新羅）の難波吉士（なにわのきし）氏が住んでいたことから，吉士が岸になったという。⑩てがら　副駅名は手柄山中央公園。手柄山による。手柄は稲を鍬ではなく手で刈ったことから命名されたという。柄は国訓。

①白子　（近鉄）名古屋線。三重県鈴鹿市白子駅前
②古賀茶屋　（西鉄）甘木線。福岡県久留米市宮ノ陣町八丁島
③水無瀬　（阪急）京都本線。大阪府三島郡島本町水無瀬一丁目
④洗馬　（JR東海）中央本線。長野県塩尻市宗賀洗馬
⑤浜厚真　（JR北海道）日高本線。勇払郡厚真町浜厚真
⑥馬替　北陸鉄道石川線。石川県金沢市馬替3丁目
⑦榎井　高松琴平電鉄琴平線。香川県仲多度郡琴平町榎井
⑧家城　（JR東海）名松線。三重県津市白山町南家城
⑨酒々井　（JR東日本）成田線。千葉県印旛郡酒々井町酒々井
⑩標茶　（JR北海道）釧網本線。川上郡標茶町

---

①八家　山陽電鉄本線。兵庫県姫路市八家前浜
②挿頭丘　高松琴平電鉄琴平線。香川県綾歌郡綾川町畑田
③香登　（JR西日本）赤穂線。岡山県備前市香登西
④富海　（JR西日本）山陽本線。山口県防府市富海
⑤水居　えちぜん鉄道三国芦原線。福井県坂井市三国町水居
⑥唐湊（電停）　鹿児島市電唐湊線。鹿児島市郡元一丁目
⑦櫟本　（JR西日本）桜井線。奈良県天理市櫟本町
⑧寒河　（JR西日本）赤穂線。岡山県備前市日生町寒河
⑨興戸　（近鉄）京都線。京田辺市興戸
⑩富野荘　（近鉄）京都線。城陽市枇杷庄鹿背田

①**しろこ** 平安期からみえる地名。白貝・白魚の転訛したものという。『平家物語』にみえる伊勢平氏の水軍「古市の白児党」の出身地ともいわれている。
②**こがんちゃや** 古賀は空閑地を開墾した空閑（こが）の転訛とみられる。
③**みなせ** 水無瀬川と淀川の合流点の低湿地に位置。水無瀬川は名前の通り，水量が少なく，時期によっては水が無くなることから付けられたという。一方，淀川は両岸に山が迫っており，流れは瀬（川の浅い所）となっていることから，ミ（水）のセ（瀬）が転訛したという説もある。④**せば** 谷のように狭まった地形地名といわれる。木曽義仲の馬が暑さで弱ったので，この地の川で馬を洗ったところ元気になったという故事に由来するともいうが，伝説に過ぎないという。⑤**はまあつま** 厚真はアイヌ語「アッ・オマ・プ，at-oma-p」（オヒョウ楡（ニレ）のあるところ）の当て字という。この地は海岸にあるため「浜」の字を付けた。⑥**まがえ** 馬飼（うまかい）の意や，近隣の野々市に馬市が立ち，馬を置いたからとする説など諸説がある。⑦**えない** 江内とも書いた。江戸期からみえる地名。⑧**いえき** 家に似た石城があったことに因むという。
⑨**しすい** 「酒の井」の孝子伝説に因む。読みは清水（シズ）の井の略転か。アイヌ語「sus-i，清浄な所」説もある（『山本・アイヌ』）。⑩**しべちゃ** アイヌ語「シ・ペッ・チャ，shi-pet-cha」（大きな川の岸）の当て字という。川は釧路川で，その岸の意という（『山田・アイヌ』）。

---

①**やか** 昔8軒の家が当地の発展に寄与したからとか，中世後期に当地の領主が家臣8人に付近一帯の海上を警備させたからなどの説がある。
②**かざしがおか** 駅の西北にある挿頭山（134m）に由来すると思われる。挿頭（かざし）は頭髪や冠などに，花や枝などを折ってさすこと，また，そのさしたものの意。「そうとう」とも読む。③**かがと** 古くは和気郡登止（かがと）郷と呼ばれていたが，いつしか香登と書くようになったという。④**とのみ** 波の高い外海（とのみ）の外が好字の富に転訛したのではないかという。
⑤**みずい** 江戸期からみえる地名。九頭竜川支流竹田川下流右岸に位置。湿地帯のため水害が多く，これを防ぐために水神を祀ったことに因むという。
⑥**とそ** 唐の船が着いた湊であったとの説や，唐人が居住していたとの説がある。「とうそう」の略。⑦**いちのもと** 天狗の住む巨大な櫟（イチイ）の木の根元があったとの伝承によるという。また，この地で市が開かれていたと推定されることから，その市に因むともいう。櫟は国訓。⑧**そうご** この地方では珍しく寒い土地であるからとか，渓流が多いので，十河（そがわ）の転訛説などがある。⑨**こうど** 酒造りの呼称「さかうど」の「さ」の省略説などがあるという。興は呉音。＊副駅名は同志社前。⑩**とのしょう** 旧久世（くぜ）郡富野荘村名（明治22～昭和26）から。同村は富野（との）村，枇杷庄村，観音堂村が合併して成立。駅のすぐ近くに富野の地名がある。

①**瓜連**　（JR東日本）水郡線。茨城県那珂市瓜連
②**市来**　（JR九州）鹿児島本線。鹿児島県いちき串木野市大里
③**岐波**　（JR西日本）宇部線。山口県宇部市東岐波
④**亘理**　（JR東日本）常磐線。宮城県亘理郡亘理町道田西
⑤**小篭通**（電停）とさでん交通後免線。高知県南国市小籠
⑥**下段**　富山地方鉄道立山線。富山県中新川郡立山町榎
⑦**油田**　（JR西日本）城端線。富山県砺波市三郎丸
⑧**厚保**　（JR西日本）美祢線。山口県美祢市西厚保町本郷
⑨**鶴来**　北陸鉄道石川線。石川県白山市鶴来本町4丁目
⑩**清音**　JR伯備線・井原鉄道井原線。岡山県総社市清音

---

①**根雨**　（JR西日本）伯備線。鳥取県日野郡日野町根雨
②**馬立**　小湊鉄道。千葉県市原市馬立
③**天和**　（JR西日本）赤穂線。兵庫県赤穂市鷏和字苗座
④**祖母島**　（JR東日本）吾妻線。群馬県渋川市祖母島
⑤**丸瀬布**　（JR北海道）石北本線。紋別郡遠軽町丸瀬布
⑥**二名**　（JR四国）予土線。愛媛県宇和島市三間町中野中
⑦**中飯降**　JR和歌山線。和歌山県伊都郡かつらぎ町中飯降
⑧**生地**　あいの風とやま鉄道。富山県黒部市吉田字浦島
⑨**秋鹿町**　一畑電車北松江線。島根県松江市秋鹿町
⑩**勾金**　平成筑豊鉄道田川線。福岡県田川郡香春町中津原

①**うりづら** ウリは瓜の形をした川の曲がった処にある湿地帯を指し，ヅラ（ツラ）は（湿地帯が）連なる，続いているの意に由来するのではないかという。②**いちき** 交通上の要衝であったので市が立った村（キ）の意かという（『JR・第三七』）。浜は砂丘の吹上浜。③**きわ** 潮汐が打ち寄せる海際の意という。④**わたり** 阿武隈川の渡し場の意といわれているが，アイヌ語起源説もある。姓氏あり。⑤**こごめどおり** 由来等不明。⑥**しただん** 下段村名（藩政村）に由来。⑦**あぶらでん** 燈明用の菜種油などを栽培していた田と関連があるのかもしれない。⑧**あつ** 厚狭川の河港の一つ阿津に由来するともいう。
⑨**つるぎ** 白山宮加賀馬場（ばんば）の本宮4社の1つである金剣宮（かねつるぎのみや）の門前町であったことから，剣に縁起の良い字を当てたと思われるという。
⑩**きよね** 旧都窪（つくぼ）郡清音村名（明治22〜平成17）から。村名は福山城合戦で知られる福山（302m）の麓（ふもと）で，高梁川の清流に臨み，「山水有清音」の古語から名づけられたという（『岡山地名事典』）。

①**ねう** 干ばつ時に雨乞いの結果，雨が降り，枯れかかっていた植物の根がうるおったことに因むという伝承がある。②**うまたて** 古代の駅（うまや）または馬牧と関連があるのではないかとみられるという。③**てんわ** 真木村と鳥撫村が合併して誕生した新しい村の名前を「真」と「鳥」の二文字をあわせ，さらに両村が和すことを願い鵺和村とした。当駅の所在地はこの名残の鵺和であるが，漢字が難しいため駅名は天和駅とされた。地名の鵺和も「天和」と表記されることが多い。なお，鵺の字義は「よたか」（夜行性の鳥）。④**うばしま** 祖母塚と島の郷を合わせて名付けられたという。日本武尊が東征の帰りに沼田にとどまり，上妻の媛をめとり王子が誕生し，祖母塚はその母君の塚だという伝承がある。⑤**まるせっぷ** アイヌ語「マルセップ」（3つの川が集まった処）の当て字という。駅の南側で湧別川に丸瀬布川と武利（むりい）川が合流している。⑥**ふたな** 旧北宇和郡二名村名（明治22〜昭和29）から。由来は不詳。⑦**なかいぶり** 古代の指理郷に因むといわれ，地内には中飯降城跡がある。
⑧**いくじ** 由来等不明。駅周辺は「黒部川扇状地湧水群」（名水百選）。
⑨**あいかまち** 秋鹿姫社に因むという。「あきか」の転訛とみられる。＊地名の読みは「あいかちょう」で，駅名の読みと異なる。秋鹿の姓あり。
⑩**まがりかね** 藩政村の鏡山・高野・中津原・柿下の4村が合併し成立した勾金村名（明治22〜昭和31）から。村名は鎌倉〜戦国期にあった勾金荘（豊前国宇佐八幡神宮）に由来するとみられる。勾金の地名は消滅したが，駅名のほか，小・中学校や郵便局にその名を残す。

①池戸　高松琴平電鉄長尾線。香川県木田郡三木町(ちょう)池戸
②北神戸　養老鉄道。岐阜県安八郡神戸町(ちょう)北一色字別当野
③求名　(JR東日本) 東金線。千葉県東金市求名
④於福　(JR西日本) 美祢線。山口県美祢市於福町於福下(しも)
⑤大入　(JR九州) 筑肥線。福岡県糸島市二丈福井
⑥平田　三陸鉄道南リアス線。岩手県釜石市平田
⑦美合　(名鉄) 名古屋本線。愛知県岡崎市美合町一ノ久保
⑧板荷　東武鉄道日光線。栃木県鹿沼市板荷
⑨旦過　北九州高速鉄道（北九州モノレール）小倉線。福岡県北九州市小倉北区魚町四丁目
⑩恩智　(近鉄) 大阪線。大阪府八尾市恩智中町(まち)一丁目

---

①入生田　箱根登山鉄道。神奈川県小田原市入生田
②忠海　(JR西日本) 呉線。広島県竹原市忠海中町一丁目
③御来屋　(JR西日本) 山陰本線。鳥取県西伯郡(さいはく)大山町(だいせんちょう)西坪
④田主丸　(JR九州) 久大本線。福岡県久留米市田主丸町田主丸
⑤乙原　(JR西日本) 三江線。島根県邑智郡美郷町(ちょう)乙原
⑥小奴可　(JR西日本) 芸備線。広島県庄原市東城町小奴可
⑦日御子　北陸鉄道石川線。石川県白山市日御子町
⑧明科　(JR東日本) 篠ノ井線。長野県安曇野市明科中川手
⑨出平　黒部峡谷鉄道。富山県黒部市宇奈月町
⑩東名　(JR東日本) 仙石線。宮城県東松島市野蒜字北大仏

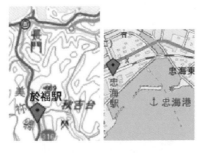

①いけのべ　天水に恵まれない地域なので，住民（戸）が共同で池を掘ったことと関係があるのかもしれないともいう。②きたごうど　神戸の由来は安八郡の郡戸のなまり説や地内日吉神社の神戸による説などがある。③ぐみょう　徳川家康が東金滞在中に九十九里方面に鷹狩りに出掛けた折，ある小集落で，村人からこの地の命名を依頼され，家康は即座に「求名」と名付けたという伝承がある。また，新しく開拓した村を何と名付けたらよいかと名前を探した結果，名を求めるという意で求名になったとも伝えられる。④おふく　オは「大きい」，フクはフケ（泓），つまり「大きな湿地帯」に因むと思われるという（『山口県地名考』）。⑤だいにゅう　江戸期〜明治8年の村名。ダイ（台）・ニュウ（丹生）＝赤土の台地の意ともいう（『JR・第三セ』）。⑥へいた　平らな土地に因むともいう。⑦みあい　乙川左岸の平地に位置。由来不明。⑧いたが　由来等不明。＊荷（ガ）は呉音。⑨たんが　駅の東南にある「宗玄寺」（禅宗）にかつてあった旦過寮（修行僧の宿泊所）に由来するという。旦は日に地平線を示す一を加えて，日が地平線から上がる早朝を意味し，過は雲水たちが宿で過ごすことから，雲水たちの早朝の旅立ちを意味するという。⑩おんぢ　駅の東方にある恩智神社名に由来。

①いりうだ　谷間に入り会う形で水田が開かれていることに因むという。標高53m。②ただのうみ　保延元年（1135），平忠盛（1096〜1153，平清盛の父）が海賊を鎮圧した功により，当地を賜ったことに因むという。③みくりや　後醍醐天皇（1288〜1339）が隠岐から脱出し，この地に上陸したことから，男嶋崎を御来屋と改称したという。また，中世，皇室の「御厨（みくりや）」があったともいう。④たぬしまる　諸説がある。(1)田主が自ら直接開発し領有した小平地。(2)中世の名（みょう）の名による。(3)慶長年間（1596〜1615）に当地の町割りをした大庄屋の菊池丹後の往生観「楽しく生まる」が起源。⑤おんばら　「此の里，後に分けたる故に乙ノ原と号せり」に因むともいう。＊兵庫県三田（さんだ）市乙原は「おちばら」と読む。⑥おぬか　もと「奴可部（ヌカベ）＝ヌカタベ（額田部）」の地で，小は美称ともいう。⑦ひのみこ　平安後期に火御子とみえる神社名・地名の転訛とみられるともいう。⑧あかしな　犀川と会田川の合流点付近に位置。赤土の段丘地形に由来するという。科（シナ）は信州特有の言葉で，埴科（はにしな）郡，立科（たてしな）町，蓼科（たてしな）山，大糸線豊科駅（とよしな，安曇野市豊科）などがある。⑨だしだいら　由来等不明。関西電力の専用駅で，一般利用はできない。⑩とうな　旧村から東へ出た集落に因むともいう。平成23年3月，東北地方太平洋沖地震（東日本大震災）で被害を受け，不通となった。4年後の27年5月，従来の位置より内陸に移転し営業を開始した。

①花堂　福井鉄道福武線。福井市花堂北1丁目
②高原　（JR九州）吉都線(きっと)。宮崎県西諸県郡(にしもろかた)高原町西麓(ちょうにしふもと)
③野芥　福岡市地下鉄七隈線。福岡市早良区野芥二丁目(さわら)
④段山町（電停）　熊本市電。中央区段山本町(ほんまち)・古京町(ふるきょうまち)
⑤千里　（近鉄）名古屋線。三重県津市河芸町上野(かわげ)
⑥三股　（JR九州）日豊本線。宮崎県北諸県郡三股町樺山(ちょうかばやま)
⑦旅伏　一畑電車北松江線。島根県出雲市西代町
⑧四郷　愛知環状鉄道。愛知県豊田市四郷町
⑨出雲八代　（JR西日本）木次線。島根県仁多郡奥出雲町馬馳(ちょうまばせ)
⑩木屋瀬　筑豊電鉄。福岡県北九州市八幡西区木屋瀬五丁目

---

①伊賀和志　（JR西日本）三江線(さんこう)。広島県三次市作木町伊賀和志
②井原市　（JR西日本）芸備線。広島市安佐北区白木町井原
③駄科　（JR東海）飯田線。長野県飯田市駄科下平
④佳景山　（JR東日本）石巻線。宮城県石巻市鹿又字欠山(かのまた)
⑤勝瑞　（JR四国）高徳線。徳島県板野郡藍住町勝瑞(ちょう)
⑥美夜古泉　平成筑豊鉄道田川線。福岡県行橋市西泉七丁目
⑦杉塘（電停）　熊本市電。中央区段山本町・西区上熊本二丁目
⑧階上　（JR東日本）八戸線。青森県三戸郡階上町道仏
⑨唐櫃台　神戸電鉄有馬線。神戸市北区唐櫃台二丁目
⑩車折神社　京福電鉄嵐山本線。京都市右京区嵯峨中又町

①**はなんどう**　「北ノ庄城下の端なれば端道」の意で，これが転訛したといわれている（『角川・福井』）。②**たかはる**　高千穂峰の高天原（たかまがはら）神話に関連するのではないかという。③**のけ**　この付近にあった皇室領の荘園「野介荘（のげのしょう）」に由来するとみられる。野介はいつしか野芥に転訛したのではないか。野介荘は『和名抄』の早良郡能解郷の地にあったのではないかという。④**だにやままち**　明治初期まで，西側の島崎から東側の藤崎台まで低い台地となっていたことに因むという。段を「ダニ」と読む地名は他にないようである。⑤**ちさと**　明治初期に当地の村長が言った「東海を眺めれば，一望千里を望む」に由来するという。JR高山本線にも同名の駅名（富山市婦中町千里）がある。⑥**みまた**　大淀川の支流沖水川の扇状地の分水点に発達し，「古くから川三条，股になりて流れたり」という古い文献に因むという（『三股町HP』）。⑦**たぶし**　駅の西方約2kmにある旅伏山（421m）に由来。⑧**しごう**　南北朝期からみえる地名。矢作川右岸，籠川上流域に位置。田籾・富田・大島・深見の四郷にわたることに因むという。⑨**いずもやしろ**　八代は社（やしろ）と関係があるとみられる。出雲を冠したのは，鹿児島本線の八代駅（やつしろ，熊本県八代市）があるためか。代は国訓。⑩**こやのせ**　かつてこの地にあった木屋瀬宿は，長崎街道の筑前六宿の一つであるが，木屋瀬の由来等は不詳。

---

①**いかわし**　「イカ」は山麓など後方に山を負う土地を指す語という。「ワシ」は「ワチ」のことで，当地を流れる江（ごう）の川の蛇行地形を示すといわれている。伊賀を「いが」と読み違えやすい。②**いばらいち**　三篠（みささ）川と栄堂（えいどう）川とが「イ」の字で合流，伊原（井原）となり，市場が立ったことに因むともいう。③**だしな**　室町期からみえる地名。④**かけやま**　近くにある欠山（91.2m）の雅称。寛政年間に歌人・国学者の藤塚式部知明が命名したという。⑤**しょうずい**　駅の北西にある勝瑞城址に因む。応安年間（1368〜75）に細川詮春（あきはる）が築城し，一族が以後約240年間にわたって阿波・讃岐・淡路を治めた。⑥**みやこいずみ**　「美夜古」は行橋の古名である。⑦**すぎども**　洪水防止のため井芹（いせり）川の塘（堤防）に杉が植えられていたことに因むという。塘は呉音（ドウ）の変化か。⑧**はしかみ**　階段状の地形で，岩手県境にある階上岳（739.6m）に因むという。階の字義は「はしごをかける」または「はしご」の意。JR気仙沼線に同名の陸前階上駅（宮城県気仙沼市長磯原）がある。⑨**からとだい**　神功皇后が朝鮮半島から持ち帰った甲冑を石櫃に入れてこの地に埋めたという伝承に因む。標高309m。⑩**くるまざきじんじゃ**　後嵯峨（ごさが）天皇（1220〜72）が嵐山に遊行された折，神社の前を通りかかると，急に車の轅（ながえ，牛に引かせるために前方突き出ている二本の長柄）が折れたことに因むという。

①金手　（JR東海）身延線。山梨県甲府市城東一丁目
②彼杵　（JR九州）大村線。長崎県東彼杵郡東彼杵町蔵本郷(ちょうくらもとごう)
③引田　（JR四国）高徳線。香川県東かがわ市引田
④摂待　三陸鉄道北リアス線。岩手県宮古市田老字摂待
⑤神前　和歌山電鐵貴志川線。和歌山市神前
⑥御井　（JR九州）久大本線。福岡県久留米市御井旗崎五丁目
⑦久代　（JR西日本）山陰本線。島根県浜田市久代町
⑧神野　（JR西日本）加古川線。兵庫県加古川市神野町西条
⑨清水浜　JR気仙沼線。宮城県本吉郡南三陸町(ちょう)志津川字小田
⑩枚方市　京阪本線・京阪交野線。大阪府枚方市岡東町

---

①猪名寺　（JR西日本）福知山線。兵庫県尼崎市猪名寺二丁目
②冠着　（JR東日本）篠ノ井線。長野県東筑摩郡筑北村坂井(ちくほく)
③敬川　（JR西日本）山陰本線。島根県江津市敬川町(ごうつ)
④幌向　（JR北海道）函館本線。岩見沢市幌向南１条
⑤三見　（JR西日本）山陰本線。山口県萩市三見
⑥新郷　（JR西日本）伯備線。岡山県新見市神郷釜村(しんごうかま)
⑦薊野　（JR四国）土讃線。高知市薊野中町(まち)
⑧上神梅　わたらせ渓谷鐵道。群馬県みどり市大間々町上神梅
⑨水窪　（JR東海）飯田線。静岡県浜松市天竜区水窪町地頭方(じとうがた)
⑩備中高梁　（JR西日本）伯備線。岡山県高梁市旭町

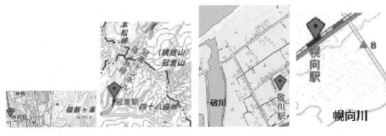

①かねんて　甲府城の築城に伴う新城下町の造営により誕生した町人地。甲府街道にそっているが，街路は曲尺（かねじゃく，まがりかね）の形となっていることに因み，「かね」を縁起の良い「金」に変えたのであろうという。
②そのぎ　彼は「カノ」の変化か。杵は「キネ」の略転訛か。昔，目じるしになる巨木があり，「その木」といえばわかるからともいう。彼杵は難読のためか，インターチェンジ名は「東そのぎIC」となっている。③ひけた　『和名抄』に引田郷とみえる。低田（低い田地）の転訛であろうといわれる。④せったい　アイヌ語のセッ（鳥の巣），タイ（森）で「鳥の巣のある森」の意とも，江戸初期に摂待忠左衛門がこの地を統治したことによるともいう。⑤こうざき　駅の南にある竈山（かまやま）神社（祭神は神武天皇の長兄）の前の意か。同字のJR高徳線の神前駅（香川県さぬき市寒川町（さんがわまち））は「かんざき」と読む。⑥みい　良質の井泉に因むという。「御」は美称か。⑦くしろ　古墳時代に腕などにまく金属の輪などを作っていた「釧（くしろ）」に由来するという。代は国訓。⑧かんの　神武天皇の東征の時，荒振神（あらぶるがみ，暴悪の神）がこの野にいたという伝承に因むという。⑨しずはま　シズは志津川の清水（しみず）の意。東日本大震災で甚大な被害を受けた。駅は国道上に移設。現在，BRT（バス高速輸送システム）運行中。⑩ひらかたし　淀川水辺の平たい潟に由来するのではないかとも，牧を枚に誤ったともいわれる。枚は「ひら」となかなか読めないが，一枚（ひら）の雲，一枚（ひら）の花びら等に使用する。

---

①いなでら　白鳳期に創建された猪名寺に因む。②かむりき　駅の北東にみえる冠着山（1,252m）から。兜形の円頂をもつ山で，由来は皇祖神の鎮座する山で，神漏伎山（カムロキヤマ）の転訛という。③うやがわ　周辺に鵜などの水鳥の伝承がある鵜屋（うや）川があったといわれ，これが転訛したのではないかともいう。④ほろむい　幌向川の出口にアイヌ語「ポロ・モイ，polo-moy」（大きな淀み）があり，それが転訛したとみられるという。⑤さんみ　『和名抄』にみえる美祢郡作美郷に由来するという。また，安徳天皇（1178～85）を守護していた三位中将重平が海岸からこの地に入ったことに因み，三位と呼んでいたが，いつしか三見と書かれるようになったともいう。⑥にいざと　旧阿哲郡新郷村名（明治22～昭和30）から。村名は千屋・釜・高瀬の3村が合併して新しい村をつくったことに因むのか。⑦あぞうの　薊（アザミ）が植生していた地に由来するという。アゾはアズと同じで，岩石原，崩崖の意があり，未開墾の地に由来するともいう。なお，東急田園調布線・横浜市営地下鉄線に「あざみ野駅」（横浜市青葉区あざみ野二丁目）がある。
⑧かみかんばい　上神梅村名（藩政村）に由来。⑨みさくぼ　湧き水と窪地の多い，山地の集落の意ともいう。鎌倉時代は地頭勢力が支配し，地頭方の地名が残る。⑩びっちゅうたかはし　かつては高橋村であったが，その後，備中松山城の城下町として栄えた。明治22年高梁町となる。「梁」の漢字を使用したのは高橋を強調するためか。

①酒殿（しゅどの）　（JR九州）香椎線。福岡県糟屋郡粕屋町酒殿
②淡輪（たんのわ）　南海電鉄本線。大阪府泉南郡岬町（ちょう）淡輪
③総元（ふさもと）　いすみ鉄道。千葉県夷隅郡大多喜町三又
④八多喜（はたき）　（JR四国）予讃線。愛媛県大洲市八多喜町
⑤母野（はんの）　長良川鉄道。岐阜県郡上市美並町上田
⑥遠浅（とあさ）　（JR北海道）室蘭本線。勇払（ゆうふつ）郡安平町（あびらちょう）遠浅
⑦追良瀬（おいらせ）　（JR東日本）五能線。青森県西津軽郡深浦町追良瀬
⑧美祢（みね）　（JR西日本）美祢線。山口県美祢市大嶺（おおみね）町東分字平城
⑨狩留家（かるが）　（JR西日本）芸備線。広島市安佐北区狩留家町
⑩正雀（しょうじゃく）　（阪急）京都本線。大阪府摂津市阪急正雀

----

①野田生（のだおい）　（JR北海道）函館本線。二海郡八雲町（ちょう）野田生
②勝原（かどはら）　（JR西日本）越美北線。福井県大野市西勝原
③御着（ごちゃく）　（JR西日本）山陽本線。兵庫県姫路市御国野（みくにの）町御着
④内船（うつぶな）　（JR東海）身延線。山梨県南巨摩郡南部町内船
⑤儀保（ぎぼ）　沖縄都市モノレール線。那覇市首里儀保町三丁目
⑥神田（こうだ）　松浦鉄道西九州線。長崎県北松浦郡佐々町（さざちょうかいぜめん）皆瀬免
⑦玉来（たまらい）　（JR九州）豊肥本線。大分県竹田市玉来
⑧箕田（みだ）　（近鉄）名古屋線。三重県鈴鹿市南堀江一丁目
⑨馬田（まだ）　（西鉄）甘木線。福岡県朝倉市馬田
⑩知和（ちわ）　（JR西日本）因美線。岡山県津山市加茂町小渕（おぶち）

①**さかど** 太宰府天満宮に御神酒（おみき）を献上する御供料（ごくうりょう）所が設けられた地で，太宰府天満宮の神領であったという（『角川・福岡』）。
②**たんのわ** 「タムワ（回輪）」の意で，陸地が大きく曲がっている意ともいう。
③**ふさもと** 「よく麻の生じる所，これを総の国という」の故事に因んで命名されたという旧夷隅郡総元村名（明治22〜昭和29）から。④**はたき** 南北朝期からみえる地名で，旧喜多郡の内。⑤**はんの** 保野の転で，五戸を一保とする「保」という集落が所有していた原野に因むともいう。⑥**とあさ** アイヌ語「ト・アサム」（沼の奥），「ト・サム」（沼の端）などの転訛説がある。
⑦**おいらせ** 追良瀬川に由来。アイヌ語「オイラセ」（所々に急流があって，流水が飛沫をとばし轟々と音をたてて流れる川）の当て字という。⑧**みね** 峰（峯）を二字嘉名（かめい）にしたのではないかという。＊袮は禰の略字。
⑨**かるが** 『広島県市町村合併史』によれば，「狩留家は昔，皇室の領地で稲置狩倉（いなぎかりくら）がもうけられたことによる」とある。稲置とは郷程度の皇室領を管理する地方官の職名。狩倉は，御領家の荘園領主が，鹿皮やホジン（干し肉）などの安定確保のために設けられた狩場のことで，常に獣が生息しやすい環境を保つために，農民などのそこへの自由な出入りや，採草・伐木などの生産活動を厳しく禁止したという。⑩**しょうじゃく** 駅の下を流れる正雀川による。川は摂津市と吹田市の境界になっており，駅は正雀川をまたぐように設置されている。川は直線状に流れているため，古代に条里制の線引きの基準となり，「正尺川」と呼ばれ，のちに「尺」が「雀」に変わったという。

①**のだおい** アイヌ語「ヌプ・タイ」（野・林）の転訛ともいう。
②**かどはら** 九頭竜川が大きく曲がったところに位置。「かつはら」の転訛か。
③**ごちゃく** 聖武天皇が国分寺を建立した際，勅使（ちょくし）が初めて泊まった御着所説や，馬を継ぐ宿場説，「ごつく」「ごつぐ」と読んで近くの川が氾濫して浸水する場所に由来する説などがある。④**うつぶな** 内船は打船で，船造りに由来か。1607年（慶長12）から昭和3年，身延線全通時まで続いた水運交通，富士川の物資輸送ルートに当たり，渡船場，船の停泊地であった。⑤**ぎぼ** 方言ではジーブという。ジーブは土地の堆積地を意味する地名という（『JR・第三セ』）。⑥**こうだ** 当地方の郷社三柱（みはしら）神社の神田に由来するのではないかという。⑦**たまらい** 「タマリキ（溜り居）」の転訛とみられ，狩猟の際の猟師の溜り場の意ともいう（『吉田・語源』）。⑧**みだ** この地にかつてあった無量寿寺を弥陀と称したことに因むという。⑨**まだ** 平安期からみえる地名。邪馬台（やまだい）が変化したものではないかともいわれている。⑩**ちわ** 当地にある矢筈（やはず）山（756m）の千磐（ちいわ）の転訛と伝えられる。吉田東伍（1864〜1918）は，『和名抄』にみえる苫東郡賀和郷の賀和は智和の誤字で，上賀茂に大字知和存すと記す（『大日本地名』）。

①広神戸　養老鉄道。岐阜県安八郡神戸町(ちょう)神戸
②帝塚山　南海電鉄高野線。大阪市住吉区帝塚山西一丁目
③鵜住居　（JR東日本）山田線。岩手県釜石市鵜住居町
④金浦　　（JR東日本）羽越本線。秋田県にかほ市金浦
⑤芳養　　（JR西日本）紀勢本線。和歌山県田辺市芳養松原二丁目
⑥桑折　　（JR東日本）東北本線。福島県伊達郡桑折町南半田
⑦葛生　　東武鉄道佐野線。栃木県佐野市葛生東
⑧口羽　　（JR西日本）三江線。島根県邑智(おおち)郡邑南町(おおなんちょう)下口羽
⑨隅田　　（JR西日本）和歌山線。和歌山県橋本市隅田町芋生(いもう)
⑩日出谷　（JR東日本）磐越西線。新潟県東蒲原郡阿賀町日出谷

---

①粉浜　　南海電鉄本線。大阪市住吉区東粉浜
②美馬牛　（JR北海道）富良野線。上川郡美瑛町(ちょう)美馬牛
③朽網　　JR日豊本線。福岡県北九州市小倉南区朽網東一丁目
④黄波戸　（JR西日本）山陰本線。山口県長門市日置上字黄波戸
⑤銀山町（電停）　広島電鉄。広島市中区幟(のぼり)町
⑥番田　　えちぜん鉄道三国芦原線。福井県あわら市番田
⑦鰍沢口　（JR東海）身延線。山梨県西八代郡市川三郷町(みさとちょう)黒沢
⑧小舟渡　えちぜん鉄道勝山永平寺線。福井県吉田郡永平寺町藤巻
⑨三溝　　アルピコ交通上高地線。長野県松本市波田(はた)三溝
⑩日代　　（JR九州）日豊本線。大分県津久見市網代字平地(あじろ)

①**ひろごうど**　由来等不明。②**てづかやま**　明治天皇がこの地から陸軍大演習を観閲されたことに由来するという。奈良市にも帝塚山，帝塚山西，帝塚山南，帝塚山中町（まち）がある。③**うのすまい**　海岸の岩壁に海鵜（うみう）の巣があることに因むという。東北地方太平洋沖地震（東日本大震災）による津波で流失し，運休中。鵜は国訓。④**このうら**　室町期に象潟（きさかた）の金（こん）氏の名をとって金ノ浦とした説や，古くは「木の浦」と称したが，大火に会い「木」を焼けない「金」に変えたとする説などがある。金は呉音では「コン」（金剛石）と読む。「コン」の「ン」の省略か。南極探検を達成した白瀬矗（しらせのぶ，1861～1946）の生誕の地。⑤**はや**　ハヤはハエ・ハイと同じで岩礁や山間の小平地の意ともいわれるが，アイヌ語説もあるという。「芳」を「は」と読む地名には，群馬県芳賀（はが）郡，岡山市芳賀などがある。「養」を「や」と読む地名には，岐阜県養父（やぶ）市や徳島県鳴門市撫養（むや）がある。⑥**こおり**　郡家（グンケ，郡役所の所在地）の郡（こおり）の当て字という。リンゴ「王林」の発祥の地。⑦**くずう**　葛が生えていた地に由来するとみられる。⑧**くちば**　出羽（いずわ）川の下流の口にあることから。＊羽は一羽（いちわ）・三羽（さんば）・六羽（ろっぱ）のように，前にくる音訓によって読み方が変わる。⑨**すだ**　旧伊都（いと）郡の東北隅にあることに因むという。⑩**ひでや**　阿賀野川中流域。戦国期からみえる地名。

---

①**こはま**　『万葉集』にみえる「住吉の粉浜」（海岸）から。浜の砂は粉のようにきめ細かく美しかったのではないかという。また，木浜の転訛ともいう。②**びばうし**　アイヌ語「ピパ・ウシ，pipa-ush-i」（カラス貝が多くいるところ）の当て字という。③**くさみ**　景行天皇が土蜘蛛（大和朝廷に服従せず異民族視された民の呼称）を討伐する際，葛の網を敷いたが，それが朽ちたという伝承に因むという。④**きわど**　「波打ち際の地」の転訛という。昔当地の八幡宮が海上より御上りになった時，波が黄色になり御神体を打ち寄せたという説はこじつけだという。⑤**かなやまちょう**　由来等不明。銀は「しろがね」の「かね」の変か。⑥**ばんでん**　番田に因む。番田とは公事が賦課された田地で，荘民が順番に担当したのではないか。⑦**かじかざわぐち**　富士川の対岸にある南巨摩郡富士川町鰍沢（旧鰍沢町）への入口に当たることから。鰍沢の地名は清流を好む淡水魚のカジカ（美味）が棲む沢であることに由来。なお，鰍は「イナダ」（ブリの小さいもの）とも読む。鰍は国訓。⑧**こぶなと**　橋の代わりに小舟の渡し場があったことに由来するという。⑨**さみぞ**　梓川上流右岸の河岸段丘上に位置し，集落の北にある神林・和田・新村の3つの溝に因むという。⑩**ひしろ**　日見浦・網代浦の2ヵ村の各一字をとった合成地名の旧北海部（あまべ）郡日代村名（明治22～昭和26）から。代は国訓。

①務田　(JR四国) 予土線。愛媛県宇和島市三間町迫目
②沢渡　(JR東海) 飯田線。長野県伊那市西春近沢渡
③蟇目　(JR東日本) 山田線。岩手県宮古市蟇目
④五香　新京成電鉄新京成線。千葉県松戸市金ヶ作
⑤久居　(近鉄) 名古屋線。三重県津市久居新町
⑥末恒　(JR西日本) 山陰本線。鳥取市伏野
⑦宿毛　土佐くろしお鉄道宿毛線。高知県宿毛市駅前町一丁目
⑧墨染　京阪本線。京都市伏見区墨染町
⑨下松　(JR西日本) 山陽本線。山口県下松市駅南一丁目
⑩日宇　(JR九州) 佐世保線。長崎県佐世保市日宇町

---

①隼　若桜鉄道若桜線。鳥取県八頭郡八頭町見槻中
②神海　樽見鉄道樽見線。岐阜県本巣市神海
③住道　(JR西日本) 片町線。大阪府大東市住道二丁目
④菜園場町 (電停)　とさでん交通後免線。高知市菜園場町
⑤春賀　(JR四国) 予讃線。愛媛県大洲市春賀
⑥玖珂　(JR西日本) 岩徳線。山口県岩国市玖珂町萃石
⑦雑餉隈　(西鉄) 天神大牟田線。福岡市博多区麦野四丁目
⑧木尾　長良川鉄道越美南線。岐阜県郡上市美並町上田
⑨幸手　東武鉄道日光線。埼玉県幸手市中
⑩埴生　(JR西日本) 山陽本線。山口県山陽小野田市埴生

①むでん　沼田（ヌタ）の転訛とみられ，湿地に因む地名という。デンは呉音。②さわんど　沢渡（さわたり）の転訛か。③ひきめ　坂上田村麻呂（758～811）が村人に害を与える大蛇を「蟇目の法」（妖魔調伏のため弓弦を鳴らして矢を射る方法）によって退治したという伝承に因むともいう。＊蟇の類似語に蟇蛙（ひきがえる）。④ごこう　明治2年東京府下から入植し，小金牧・佐倉牧を開墾した際5番目に着手したことから。開墾が行われた順に13まで番号の付いた地名が付けられた。⑤ひさい　津藩の支藩・久居藩祖藤堂高通（とうどう・たかみつ，1644～97）がこの地に永久に鎮居するといったことに由来するという。⑥すえつね　旧気高郡末恒村名（明治22～昭和28）から。江戸期の鳥取藩領の保名ともいわれる。保とは在地の有力者が中心となって開墾した土地を指す。瑞祥地名か。⑦すくも　かつてこの付近の海岸に葦原（あしはら）があり，枯れた葦の原野を古語で「スクモ」と称していたことに因むという。他説には，洲窪のことで，海岸線の低地に開けた土地という。⑧すみぞめ　墨染寺（桜寺）への最寄り駅。墨染寺の名は「深草の　野辺の桜し　心あらば　今年ばかりは　墨染に咲け」（古今和歌集・上野岑雄（かみつけのみねを））に由来するという。⑨くだまつ　松の木に星が降り，7日7夜光り輝いたという伝説に由来するという。⑩ひう　日当たりの良い日向きに因む説や干海（ひうみ）の転訛説などがある。

---

①はやぶさ　隼神社に因む旧八頭郡隼村名（明治22～昭和27）から。同神社は京都隼神社と関係があるのではないかという。②こうみ　狭い谷あいを示す地名という。③すみのどう　江戸期から明治にかけて，駅の東側を流れる寝屋川と恩智（おんち）川の合流点に角ノ堂（すみのどう）浜という船着場があり，大いに賑わったという。この地が後に同音異字の住道と表記されるようになったという（『大阪難読』）。④さえんばちょう　江戸期，当地に土佐藩主用の菜園場があったことに因むという。福岡県北九州市小倉北区に同じ読みの「菜園場」の地名がある。⑤はるか　肱（ひじ）川の右岸氾濫原上に位置。春は墾（ハル）の意で，開墾地を指すという。⑥くが　「玖の玉（黒色の美しい玉のような石）」と「珂の玉（白メノウの石）」の2霊玉が出現したことに由来するという説がある（『角川・山口』）。⑦ざっしょのくま　雑は色々な，餉（ショウ）は食べ物，隈（クマ）は，奥まったところ，片隅などの意。「色々な食べ物などを保存しておいた奥まったところ（食糧貯蔵庫）」の意の地名という。また，太宰府で雑役に従事した官人の居住地に由来するともいう。
⑧こんの　木之尾（コンノオ）が，二字化されコンノと発音するようになったともいう。⑨さって　日本武尊が東征の際に上陸した薩手ヵ島に由来するとも，アイヌ語「サッテ（乾いた）原野」の転訛ではないかともいう。⑩はぶ　粘土や赤土などを含む傾斜地と関連がある地名。なお，同字の富山県小谷部市埴生は「はにゅう」と読む。

①白木原　西鉄天神大牟田線。福岡県大野城市白木原一丁目
②平福　智頭急行智頭線。兵庫県佐用郡佐用町平福
③周船寺　（JR九州）筑肥線。福岡市西区周船寺一丁目
④香椎　JR鹿児島本線・香椎線。福岡市東区香椎駅前一丁目
⑤猿投　（名鉄）三河線（起点）。愛知県豊田市井上町
⑥古見　（JR西日本）姫新線。岡山県真庭市古見
⑦御油　（名鉄）名古屋本線。愛知県豊川市御油町西井領
⑧富貴　（名鉄）河和線・知多新線。愛知県知多郡武豊町富貴
⑨城端　（JR西日本）城端線。富山県南砺市是安
⑩国府　（電停）　熊本市電。中央区水前寺公園・国府一丁目

---

①原木中山　東京地下鉄東西線。千葉県船橋市本中山七丁目
②梶栗郷台地　JR山陰本線。山口県下関市綾羅木新町三丁目
③永覚　愛知環状鉄道。愛知県豊田市永覚町
④斎宮　（近鉄）山田線。三重県多気郡明和町斎宮
⑤加佐登　（JR東海）関西本線。三重県鈴鹿市加佐登一丁目
⑥原町　（JR九州）篠栗線。福岡県糟屋郡粕屋町原町一丁目
⑦須賀　（名鉄）竹鼻線。岐阜県羽島市正木町須賀小松
⑧飫肥　（JR九州）日南線。宮崎県日南市星倉一丁目
⑨粉河　（JR西日本）和歌山線。和歌山県紀の川市粉河
⑩巣子　IGRいわて銀河鉄道線。岩手県滝沢市巣子

①**しらきばる** 白木は古代朝鮮の新羅（しらぎ）のことで、韓人の館があったことに因むという。②**ひらふく** ゆるい傾斜地と利神山と西山に囲まれた膨らんだ地形に「福」という好字を当てたという（『JR・第三セ』）。当地には江戸初期に佐用郡を領有した佐用藩（外様、2万5千石）の別称、平福藩（1615～31）があったが、廃藩となった。③**すせんじ** 律令制下で太宰府に主船司（しゅせんし、水運や船舶を管理する役所）が置かれていたことに由来するという。他説には、鋳銭司（じゅせんし、貨幣を作る役所）があった所の転訛とも、周船寺という寺があったことに由来するともいう。④**かしい** 仲哀（ちゅうあい）天皇とその后・神功（じんぐう）皇后の行宮（あんぐう、天皇の行幸のときに旅先に設けた仮宮、「あん」は唐音）の地という。仲哀天皇がこの地で崩じたので、その棺を椎の木にかけていたところ、異香（イキョウ、すぐれたよい香り）を放ったことから、香椎と称するようになったと伝えられる。⑤**さなげ** 駅の北方にある猿投山（629m）に因むか。猿を「さ」と読む地名には茨城県の南西部に位置する猿島（さしま）郡や猿渡（さわたり、各地）がある。姓氏あり。⑥**こみ** 旭川左岸に位置。「コミ（浸）」の意で、水に浸りやすい土地と関係があるのかもしれない。⑦**ごゆ** 御所へ献納する油（灯明用など）造りがいたことに由来するという。⑧**ふき** 蕗（フキ）に由来するのではないかという。⑨**じょうはな** 戦国期に荒木大膳が居城した城の前端（まえはた）に城下町が形成されたことに因むという。⑩**こくぶ** 肥後国の国府が置かれたことに因む。

---

①**ばらきなかやま** 市川市原木と船橋市本（もと）中山の合成から。「原」を「ばら」と読む地名は少ない。静岡県伊豆の国市原木、同県浜松市東区原島（ばらじま）町など。②**かじくりごうだいち** 近くの綾羅木郷遺跡周辺の地名に因む。③**えかく** 由来等不明。④**さいくう** 7世紀、この地に伊勢神宮に関する事務をつかさどる役所（斎宮寮）が設けられたことに因む。クウは呉音、グウは漢音。⑤**かさど** 加佐登神社に因む。⑥**はるまち** 須恵川下流右岸に位置。集落の東に屋敷跡があったことから、この一帯を長者原（ちょうじゃばる）と呼んだ。長者原につくられた町という意から、原町と付けられたという。ハルの語源は「墾る」とみられる。九州では「原」が接頭語の場合は「はる」、それ以外の場合は「ばる」と読む地名が多い。⑦**すか** 長良川中流左岸に位置。砂所（すか）、洲処（すか）の意ではないかという。⑧**おび** 旧飫肥藩の城下町で、武家屋敷が残る。「大火」の意や「帯のように細長い平地」の説などがある。飫は呉音。⑨**こかわ** 宝亀元年（770）草創の粉河寺から。寺の名称は、川の水が白くて粉を流したようであったことに因むという。
⑩**すご** 江戸期、南部藩では藩主の鷹狩りに必要な鷹の雌雛を捕るために、毎年この地に来ていたことから、巣から鷹の子を捕る里（郷）、すなわち「巣郷」と呼ばれ、後に「巣子」になったという。

①金武　松浦鉄道西九州線。佐賀県伊万里市二里町中里乙
②膳所　（JR西日本）東海道本線。滋賀県大津市馬場二丁目
③鶯巣　（JR東海）飯田線。長野県下伊那郡天龍村平岡
④神畑　上田電鉄別所線。長野県上田市神畑
⑤邑久　JR赤穂線。岡山県瀬戸内市邑久町山田　庄（やまだのしょう）
⑥辛皮　京都丹後鉄道宮福線。京都府宮津市小田
⑦落部　（JR北海道）函館本線。二海郡八雲町（ちょう）落部
⑧郡津　（京阪）交野線。大阪府交野市郡津五丁目
⑨安善　（JR東日本）鶴見線。横浜市鶴見区安善町一丁目
⑩神戸　わたらせ渓谷鐵道。群馬県みどり市東（あずま）町神戸

----

①玖波　（JR西日本）山陽本線。広島県大竹市玖波二丁目
②安登　（JR西日本）呉線。広島県呉市安浦町安登西五丁目
③唐木田　小田急電鉄多摩線。東京都多摩市唐木田一丁目
④宇野気　（JR西日本）七尾線。石川県かほく市宇野気
⑤国英　（JR西日本）因美線。鳥取市河原町釜口
⑥指扇　（JR東日本）川越線。埼玉県さいたま市西区宝来
⑦上野毛　（東急）大井町線。東京都世田谷区上野毛一丁目
⑧忍海　（近鉄）御所線。奈良県葛城市忍海
⑨桂川　（JR九州）筑豊本線・篠栗線。福岡県嘉穂（かほ）郡桂川町豆田
⑩皆瀬　松浦鉄道西九州線。長崎県佐世保市皆瀬町

①**かなたけ**　「かねたけ」ではない。由来等不明。②**ぜぜ**　古代当地に天智天皇の大津の都があり，天皇に食事を奉る御厨（みくりや）があったことに因むという。③**うぐす**　鶯の美声が聞こえる渓谷があることに因むという。
④**かばたけ**　信濃川支流の産川（うぶがわ）流域に位置。下之郷にある生島足島（いくしまたるしま）神社に近く，同社の神服部（かんはとべ）が神畑と転訛したものといわれている。⑤**おく**　旧邑久郡邑久町名（昭和27〜平成16）から。駅開設は昭和37年4月。邑久郡は上古大伯（おほく）国と称した地方で，『延喜式』では「オホク」，『和名抄』でも「於保久（おほく）」と読んでいることから，これの略訛とみられる。⑥**からかわ**　枯川（かれかわ）の転訛ともいう。⑦**おとしべ**　アイヌ語「オ・テシ・ウン・ペッ」（川尻に簗（やな）のある川）の転訛という。昔この付近は鮭の漁場であったという。テシは簗の意。⑧**こうづ**　古代交野郡における郡衙（ぐんが，役所）の門前の集落に由来するという。⑨**あんぜん**　当地の開発に尽力した明治・大正期の実業家安田善次郎（やすだ・ぜんじろう，1838〜1921）に由来。「やすぜん」ではない。同線には，当駅のほか，浅野，武蔵白石，大川駅など人名由来駅が多い。
⑩**ごうど**　神社に属する住民の民家に由来するのではないかという。同読異字の駅名が2ヵ所ある。JR只見線の郷戸駅（福島県柳津町（やないづまち））と名鉄広見線の顔戸駅（岐阜県御嵩町（みたけちょう））。

---

①**くば**　かつて，この地が木材や薪の積出地であり，木場に由来するという。また，万葉集の「高庭駅」をコバと読み，その転訛とする説もあるという（『角川・広島』）。玖は呉音。②**あと**　古くは安戸とも書いた。③**からきだ**　唐木は唐（韓）来のことで，高句麗の人が来日し，田畑を開いたという伝承がある。④**うのけ**　宇は大，気は城と同義の語かという（『JR・第三セ』）。⑤**くにふさ**　旧八頭郡国英村名（明治22〜昭和30）から。村名は国英神社に由来か。英は「はなぶさ」の「ふさ」か。⑥**さしおうぎ**　旧北足立郡指扇村名（明治22〜昭和30）から。当地の中央部や北部には樹枝に入り込んだ谷があり，西側には古荒川の流路があったとみられ，比高5ｍの急崖となっているという。「サシ」は日向地や傾斜地，「オギ」は崖・湿地の意があり，地形から付けられた地名という（『角川・埼玉』）。⑦**かみのげ**　上野毛の初見は文禄3年（1594）の「荏原郡世田ヶ谷領之内上野毛御縄打水帳」という。ノゲ（野毛）は多摩川沿いの崖の意ではないかともいわれる。＊水帳とは検地の結果を記入した公的な土地台帳。⑧**おしみ**　かつて渡来人が多く居住し，海を忍んだことに由来するという。また，「おしつぶされたような地形」すなわち「崩崖」のことであるともいう。⑨**けいせん**　この地を流れる泉河内（いずみかわち）川の古称桂川（かつらがわ）を音読みに読み替えたという。⑩**かいぜ**　往古，この辺りまで海であったことに因むのではないかといわれる。

①小城　（JR九州）唐津線。佐賀県小城市三日月町久米
②江津　（JR西日本）山陰本線・三江線。島根県江津市江津町
③久原　松浦鉄道西九州線。佐賀県伊万里市山代町久原
④鞍手　（JR九州）筑豊本線。福岡県鞍手郡鞍手町小牧
⑤川跡　一畑電車。島根県出雲市武志町
⑥小櫃　（JR東日本）久留里線。千葉県君津市末吉
⑦飾磨　山陽電鉄本線・網干線（起点）。兵庫県姫路市飾磨区清水
⑧小柳　北陸鉄道石川線。石川県白山市小柳町
⑨宇宿　（JR九州）指宿枕崎線。鹿児島市宇宿三丁目
⑩神立　（JR東日本）常磐線。茨城県土浦市神立中央一丁目

----

①入地　関東鉄道竜ヶ崎線。茨城県龍ケ崎市入地町
②畦野　能勢電鉄妙見線。兵庫県川西市東畦野
③上米内　（JR東日本）山田線。岩手県盛岡市上米内
④川渡温泉　JR陸羽東線。宮城県大崎市鳴子温泉字田中
⑤賀来　（JR九州）久大本線。大分市賀来北三丁目
⑥神田（電停）　鹿児島市電唐湊線。鹿児島市上荒田町
⑦大城　（西鉄）甘木線。福岡県久留米市北野町乙丸
⑧下立　富山地方鉄道本線。富山県黒部市宇奈月町下立
⑨尼子　近江鉄道本線。滋賀県犬上郡甲良町尼子
⑩鹿渡　（JR東日本）奥羽本線。秋田県山本郡三種町鹿渡

①おぎ　大和朝廷に従わない土蜘蛛と呼ばれる土着民がヤマトタケルの巡幸に反抗し，防御用に利用した堡（オキ，砦）に由来するという。小城羊羹で知られる。②ごうつ　かつて江（ごう）の川舟運の終点として，江津または御津（ごうつ）と称されたことに由来するという。③くばら　朝鮮の百済（くだら）と関係があるのかもしれないとの説がある。④くらて　郡名。郡境にある鞍形の山容に因むという。また，この地に住んでいた強弓で知られる鞍橋君（くらじのきみ）の「くらじ」が転訛したという伝承がある。⑤かわと　かつて斐伊（ひい）川が流れていた川跡に当たることに由来するという。＊跡を"と"と読む語句に「跡切（とぎ）れる」「跡絶（とだ）える」がある。⑥おびつ　壬申（じんしん）の乱（672）で敗れた天智天皇の子・大友皇子の首を家臣が櫃（ひつ）に入れて上総の国に運び，現在の白山神社に葬ったという伝承に因むという。初め「御櫃」と呼ばれていたが，その後，「小櫃」に改められたといわれる。⑦しかま　大三間津日子命（オオミマツヒコノミコト）が屋形を造っていた時，大きな鹿が鳴いたことから，「荘鹿（しか）鳴くかも」と言ったことに因むという。また，砂地や砂丘のある処の意の州処間（すかま）の転訛ともいう（『兵庫難読』）。⑧おやなぎ　昔，小柳入道が居住したことに因むという。⑨うすき　鵜が多く棲みついていたことに因むともいう。アイヌ語説もある。⑩かんだつ　カンダツとは，雷，雷神のことで，雷を祀った神社があったことに由来するという。大阪府八尾市神立は「こうだち」と読む。

---

①いれじ　小貝川下流左岸に位置。②うねの　平安初期，朝廷の馬を管理する「畝野牧（うねのまき）」があったが，その後，いつの頃からか「畝」の字が「畦」に変わった。畦を「うね」と読む地名は少なく，「あぜ」と読む方が多いようである。③かみよない　米内川流域の谷間に位置。米内はアイヌ語のイオナイで「そこに熊が出る沢」，「蛇の多い沢」の意という。④かわたびおんせん　川渡は江合（えあい）川の渡河地点の一つに位置していたことに因むという。渡は「わたる」の前略か。アイヌ語説もある。⑤かく　カク（欠）。川が欠損しやすい所で，佳字を用いた（『JR・第三セ』）。姓氏あり。⑥しんでん　神社所有の土地に由来するという。⑦おおき　市内にある観興寺の千手観音像の素材は豊後国山中の榧（かや）の大木が流れ着いたものであることに因むという（『角川・福岡』）。姓氏あり。⑧おりたて　黒部川扇状地の要にあり，黒部市南東，鋲ケ岳（びょうがだけ，861m）から下り立った地に因むという。また，タテとは，生みタテの卵，たきタテのごはん，つきタテの餅などというときのタテで，オリタチとは「坂を下りてすぐのところ」の意という（『山中・語源』）。⑨あまご　『正倉院文書』（748）に尼子郷とみえる。姓氏あり。⑩かど　諸説がある。(1)かつて男鹿半島から多くの鹿が八郎潟（現在は干拓で出来た大潟村）の凍った氷上を渡って来たという伝説に因む。(2)文治6年条に大河兼任（かねとう，？～1190）が遭難した地として知られる志賀渡（しがわたり）の地とする説。(3)アイヌ語説。カドはニシンの古語とみられ，この地でニシンが獲れたことと関連があるのかもしれない。渡は呉音。

①押部谷　神戸電鉄粟生線。神戸市西区押部谷町福住
②神俣　（JR東日本）磐越東線。福島県田村市滝根町神俣
③下新　アルピコ交通上高地線。長野県松本市新村
④在良　三岐鉄道北勢線。三重県桑名市額田
⑤大三　（近鉄）大阪線。三重県津市白山町二本木
⑥郡元　（JR九州）指宿枕崎線。鹿児島市唐湊四丁目
⑦大神　（JR九州）日豊本線。大分県速見郡日出町大神
⑧帷子ノ辻　京福電鉄嵐山本線・北野線。京都市右京区太秦帷子ヶ辻町
⑨香春　（JR九州）日田彦山線。福岡県田川郡香春町香春
⑩大和田　大井川鐵道。静岡県島田市川根町家山

---

①太地　（JR西日本）紀勢本線。和歌山県東牟婁郡太地町森浦
②荒砥　山形鉄道フラワー長井線。山形県西置賜郡白鷹町荒砥甲
③近義の里　水間鉄道水間線。大阪府貝塚市鳥羽
④笠田　JR和歌山線。和歌山県伊都郡かつらぎ町笠田東
⑤風祭　箱根登山鉄道。神奈川県小田原市風祭
⑥荷稲　土佐くろしお鉄道中村線。高知県幡多郡黒潮町荷稲
⑦神代　（JR西日本）山陽本線。山口県岩国市由宇町神東
⑧沢入　わたらせ渓谷鐵道。群馬県みどり市東町沢入
⑨小林　（阪急）今津線。兵庫県宝塚市小林二丁目
⑩乙川　（JR東海）武豊線。愛知県半田市乙川町

①おしべだに　渡来系の忍海部（おしみべ，鉄器加工技術者の一族）が居住していた谷に由来するといわれる。②かんまた　アイヌ語「カアヌ，ka-anu（鳥を捕えるワナ），マタ，mata（冬）」の転訛。冬に渡り鳥が来たとき，ワナをかけて捕った所であろうという（『東北六県』）。③しもにい　梓川右岸にあった旧下新村名（江戸期～明治7）に由来。④ありよし　旧桑名郡在良村名（明治22～昭和26）から。⑤おおみつ　旧一志（いちし）郡大三村名（明治22～昭和30）から。村名は藩政村の大村・三ヶ野村・岡村が合併した合成地名。⑥こおりもと　古代，郡家（ぐうけ，郡の役所）が置かれた所に因むという。鹿児島市電にも郡元停留所がある。⑦おおが　丸尾川右岸に位置し，南は別府湾に面する。宇佐八幡宮の神官・大神氏の領地に因むという。
⑧かたびらのつじ　嵯峨（さが）天皇（786～842）の檀林（だんりん）皇后（786～850）の葬送時に，棺を覆っていた帷子が風で舞い落ちたところだという。帷子とは，あわせの「片ひら」の意で，裏を付けないひとえもの（衣服）をいう。⑨かわら　町の西部にある香春岳に因む。香春岳は古代の鎧（訶和羅（かわら））の如く険しく，全山が石灰石よりなる（『日本地名基礎辞典』）。語源は，古代朝鮮語のカグポル（金の村）に由来する説もあり，採掘された銅は東大寺の大仏鋳造などに用いられたという（『ルーツ辞典』）。⑩おわだ　「おおわだ」ではない。南北朝期からみえる地名。すぐ近くに小和田の地名がある。

---

①たいじ　平坦地の意とも，また，南北朝初期に当地を支配した泰地（たいじ）氏に因むともいわれる。日本捕鯨発祥の地として知られる。和歌山県最小の自治体（600ha）。②あらと　新開の集落の意とする説があるという。
③こぎのさと　近義氏の本拠地があったと推定されるという。近義の由来にはこのあたりに居住していた鵠木（むこぎ）氏の訛り説，この付近に繁茂していた落葉低木の五茹（むこぎ＝うこぎ）の「む」の脱落説，古代朝鮮語で王を意味する説などがある（『大阪難読』）。④かせだ　諸説がある。(1)旧加勢田（かせだ）荘（桛（かせ）田とも書いた）の転訛。(2)麻の枝の部分で桛（かせ）木（木の枝をY字形に切ったもの）を作り，稲の害虫のイナゴを追い払った田地に因む。(3)セダ（狭田）の転訛説などがある。桛は国字。会意文字「木＋上＋下」。軸となる木の上下に枠となる木を組み立てて，糸をかけて巻く器具の意味を表わす。⑤かざまつり　民間行事としての風祭を行ったことによるとも，中世頃の地頭・風祭氏に因むともいう。⑥かいな　この地を流れている川が腕（かいな）を曲げた形をしていることに因むという（『JR・第三セ』）。アイヌ語説もある。⑦こうじろ　神の土地の意。代は国訓。姓氏あり。⑧そうり　焼畑の意という。⑨おばやし　古代，林史（ハヤシノフヒト）一族が居住したという伝承に因むという。「お」は美称らしいという（『兵庫難読』）。
⑩おっかわ　駅名は「おっかわ」であるが，町名は「おつかわ」。阿久比川が当地付近で大きく曲がってZの字に似ていることに由来するともいう。

①江平　（JR西日本）三江線。島根県邑智郡邑南町(おおなんちょう)上田江平
②大平　JR津軽線。青森県東津軽郡外ヶ浜町蟹田大平山元(やまげん)
③蚕ノ社　京福電鉄嵐山本線。京都市右京区太秦森ヶ前町
④大開　（阪神）神戸高速線。神戸市兵庫区水木通七丁目
⑤後閑　（JR東日本）上越線。群馬県利根郡みなかみ町後閑
⑥唐笠　（JR東海）飯田線。長野県下伊那郡泰阜村(やすおか)唐笠
⑦車道　名古屋市営地下鉄桜通線。東区葵三丁目
⑧鍋原　樽見鉄道。岐阜県本巣市佐原字鍋原
⑨勿来　（JR東日本）常磐線。福島県いわき市勿来町関田(まちせきた)
⑩公文明　高松琴平電鉄長尾線。香川県木田郡三木町(ちょう)井戸

①二郎　神戸電鉄三田線。神戸市北区有野町二郎。
②河芸　伊勢鉄道伊勢線。三重県津市河芸町浜田
③榴ケ岡　JR仙石線。宮城県仙台市宮城野区榴岡五丁目
④神崎川　（阪急）神戸本線。大阪市淀川区新高六丁目(にいたか)
⑤国府台　京成電鉄本線。千葉県市川市市川三丁目
⑥天満　（JR西日本）大阪環状線。大阪市北区錦町
⑦初富　新京成電鉄。千葉県鎌ケ谷市中央一丁目
⑧大山口　（JR西日本）山陰本線。鳥取県西伯郡大山町(ちょう)国信
⑨苅田　（JR九州）日豊本線。福岡県京都郡(みやこ)苅田町(ひさげ)提
⑩豊四季　東武鉄道野田線。千葉県柏市豊四季

①**ごうびら**　江（ごう）の川沿いの僅かな平地に因むのか。②**おおだい**　山間部の小傾斜面に付けられた形状地名という。平は「たいら」の後略か。③**かいこのやしろ**　養蚕を日本に伝えた秦氏ゆかりの養蚕（こかい）神社（通称「蚕ノ社」）に由来。同神社は珍しい三本柱の鳥居がある木島（このしま）神社の中にある。④**だいかい**　旧字名・大開（おおぼら）をそのまま町名とし大開（だいかい）通とした。近くの永沢町にかつて「おおぼら」と呼ばれるへこんだ湿地があったが，人々が大変苦労して開拓したという（『兵庫難読』）。⑤**ごかん**　荒れ地や空閑地を後に開墾した地の意という。⑥**からかさ**　天竜川左岸の台地の突端が傘を広げたような地形にみえることから付けられた旧唐笠村名に因む（『JR・第三セ』）。⑦**くるまみち**　2代尾張藩主徳川光友（1625〜1700）の時代に，石などを運ぶ車が頻繁に行き来する道であったことに因むという。⑧**なべら**　駅の北西にある魚金山（いおがねやま，921m）の麓が鍋形の原野であることに因むともいう。原は「はら」の前略か。⑨**なこそ**　蝦夷（えみし）の南下を防ぐために設けられた勿来の関に由来。勿来は「蝦夷よ，来る勿れ」の意。また，「難所越え」を意味するアイヌ語説やナ（接頭語）・コソ（崩壊・浸食）説などがある（『ルーツ辞典』）。⑩**くもんみょう**　荘園の事務などを取り扱う職務と関係があるところか。あるいは，明は名で，「名田」を意味し，公文職の所有する田畠に由来するのかもしれない。

---

①**にろう**　壇ノ浦の合戦で戦死した平教経（1160〜85）の遺臣宮崎弾正二郎広綱がこの地を開拓したことに由来するとか，この地がニラの産地であったことから韮生（にらふ）が転訛したなどの説がある。標高176m。②**かわげ**　明治29年に河輪（かわわ）郡と奄芸（あんげ）郡が合併し，河芸郡が成立したことに由来。③**つつじがおか**　かつてツツジの花が多く咲いていたことによるという。「ツツジ」は漢字では「躑躅」または「山榴」と書くことから，「山榴岡」の表記となったが，これが二字化されたという（『要説　宮城の郷土史』）。榴を「ツツジ」と読む地名は他にないようである。④**かんざきがわ**　駅近くを流れる神崎川から。神崎川は京都と大阪を結ぶ最短の人工河川。⑤**こうのだい**　大化の改新によって当地に下総の国府が設置され，台地に置かれたことに由来するという。⑥**てんま**　近くに菅原道真を祭神とする天満宮があることに由来。何故「ん」が脱落したのか。⑦**はつとみ**　江戸期，馬の生産地として知られた小金五牧（ごまき）に東京府下からの移民が，明治2年から入植し，最初に開墾が開始されたことに因む。⑧**だいせんぐち**　中国地方の最高峰・大山（だいせん，1,729m）への登山口。山は呉語では「セン」と読む。⑨**かんだ**　肝等屯倉（かとのみやけ）の故地。神田ではなく官田の意（『日本地名基礎辞典』）。潟（かた，海辺の遠浅地）や稲を刈りとった田畑に由来する説などもある。＊苅は刈の俗字。⑩**とよしき**　小金五牧（ごまき）に東京府下から入植した移民が「作物が四季豊かに実れ」と願いを込めて誕生した4番目の村に由来。

①新里　弘南鉄道弘南線。青森県弘前市新里
②区界　（JR東日本）山田線。岩手県宮古市区界
③木路原　（JR西日本）三江線。島根県邑智郡川本町川本木路原
④浪花　（JR東日本）外房線。千葉県いすみ市小沢
⑤砥堀　（JR西日本）播但線。兵庫県姫路市砥堀
⑥古部　島原鉄道島原鉄道線。長崎県雲仙市瑞穂町夏峰
⑦常澄　鹿島臨海鉄道大洗鹿島線。茨城県水戸市塩崎町（しおがさき）
⑧糀谷　京浜急行空港線。東京都大田区西糀谷四丁目
⑨香淀　（JR西日本）三江線。広島県三次市作木町門田字下組（もんで）
⑩五和　大井川鐵道。静岡県島田市竹下

---

①長太ノ浦　（近鉄）名古屋線。三重県鈴鹿市長太栄町二丁目（なごさかえまち）
②騰波ノ江　関東鉄道常総線。茨城県下妻市若柳甲
③今羽　埼玉新都市交通（ニューシャトル）。北区吉野町
④当麻寺　（近鉄）南大阪線。奈良県葛城市當麻
⑤十村　（JR西日本）小浜線。福井県三方上中郡若狭町井崎
⑥波瀬　松浦鉄道西九州線。佐賀県伊万里市山代町久原（くばら）
⑦甲立　（JR西日本）芸備線。広島県安芸高田市甲田町高田原
⑧立間　（JR四国）予讃線。愛媛県宇和島市吉田町立間
⑨小谷松　いすみ鉄道。千葉県夷隅郡大多喜町小谷松
⑩南桑　錦川鉄道錦川清流線。山口県岩国市美川町南桑（まち）

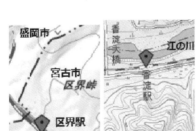

①**にさと**　南北朝期からみえる地名。「にいさと」の略か。②**くざかい**　駅は東北地方では最高所（744m）に位置。宮古市（旧下閉伊郡川井村）と盛岡市との境にある区界峠に因む。＊界は堺と同字。③**きろはら**　キロとは「嶮岨」（けんそ，けわしい場所）か，また「狭い平地」の意をさすケロの転訛ではないかという（『JR・第三セ』）。④**なみはな**　豊漁のなごやかな浪と，豊作の美しい花に由来する旧夷隅郡浪花村名（明治22～昭和30）から（『夷隅風土記』）。⑤**とほり**　応神天皇が行幸の際，道の雑草を切り払っていたときに刃が鈍くなったことから「砥掘り来（とほりこ，砥石を掘って持って来い）」と言った伝承に因むという（『兵庫難読』）。⑥**こべ**　由来等不明。⑦**つねずみ**　旧東茨城郡常澄村名（昭和30～平成4）から。⑧**こうじや**　昭和7年まで麹谷と記していた。由来は未詳という。糀は国字で，会意文字（米＋花）。米に花がさいたように生えるかび「こうじ」の意。⑨**こうよど**　『芸藩通志』は「河よどむの義なるべし，されば香の字はこれにあらずと覚ゆ」と記す。川の淀の地に，美称の香が付いたともいう。⑩**ごか**　藩政村の志戸呂（しとろ）五個（カ）村に由来する。五カのカは和合の和に通じ，和はカ（漢音）とも読むことに因むという。＊和（ワ）は呉音。

----

①**なごのうら**　海岸沿いにあり，波の穏やかなことを指す「凪（なぎ）」の浦の転訛か。何故「ご」に「太」の字を当てたのか。②**とばのえ**　『万葉集』にみえる鳥羽の淡海（おうみ）に因む。当時は広々とした沼地に白波が立ち水を湛えていたが，現在は干上がって耕地となっている。江は国訓。③**こんば**　アイヌ語に起源する地名ではないかともいう。④**たいまでら**　近くの当麻寺から。地名の當麻は当岐麻を二字化したもので，「タギマ」か「タイマ」に転訛したとみられるという。「タギ」はタキ（滝），タギル（滾る）などと同義語で，道が曲がりくねり，でこぼこで歩きにくい状態を表し，また，けわしい土地のことをさすという。⑤**とむら**　江戸期，加賀藩（現石川県）などで10ヵ村を治める有力豪農などを「十村」と称したことと関係があるものとみられる。なお，哲学者・西田幾太郎の祖先は十村であったという。⑥**はぜ**　海岸近くにあり，海の波と河口の浅瀬に因むのか。⑦**こうたち**　川立（かわたち）郷の故地とする説があり，可愛（えの）川対岸の川立村とかつて一村を形成していたが，流路変更で分村し，甲立としたと伝えられる『角川・広島』。
⑧**たちま**　三間川流域に位置。平安期からみえる地名。愛媛県のミカンの発祥地で，全国有数の産地。
⑨**こやまつ**　小さな谷を背景に開けたところに美しい松があることを示す地名という（『JR・第三セ』）。
⑩**なぐわ**　桑の木と関係があるか否かは分からないという。南を「な」と読む駅名に中央本線南木曽駅（長野県木曽郡南木曽町）がある。

①慈眼寺　(JR九州) 指宿枕崎線。鹿児島市慈眼寺町
②苦竹　(JR東日本) 仙石線。宮城県仙台市宮城野区苦竹一丁目
③波川　(JR四国) 土讃線。高知県吾川郡いの町波川
④富田　(阪急) 京都本線。大阪府高槻市富田町三丁目
⑤箱作　南海電鉄本線。大阪府阪南市箱作
⑥千種　JR中央本線（名古屋市千種区内山）。市営地下鉄（東区葵）
⑦新原　(JR九州) 香椎線。福岡県糟屋郡須恵町新原
⑧蚕桑　山形鉄道フラワー長井線。山形県西置賜郡白鷹町高玉
⑨中山香　(JR九州) 日豊本線。大分県杵築市山香町野原
⑩吉礼　和歌山電鐵貴志川線。和歌山市吉礼

----

①野蒜　(JR東日本) 仙石線。宮城県東松島市野蒜
②久手　(JR西日本) 山陰本線。島根県大田市久手町波根西
③高師　豊橋鉄道渥美線。愛知県豊橋市高師町北新切
④甲賀　(JR西日本) 草津線。滋賀県甲賀市甲賀町大原市場
⑤谷汲口　樽見鉄道。岐阜県揖斐郡揖斐川町谷汲長瀬
⑥坂越　(JR西日本) 赤穂線。兵庫県赤穂市浜市
⑦木幡　神戸電鉄粟生線。神戸市西区押部谷町木津
⑧温田　(JR東海) 飯田線。長野県下伊那郡泰阜村温田
⑨治良門橋　東武鉄道桐生線。群馬県太田市成塚町
⑩中田　(JR四国) 牟岐線。徳島県小松島市中郷町長手

①じげんじ　かつてあった慈眼寺の寺院名から。地元では「じがんじ駅」とも呼ばれている。ゲンは呉音読み。②にがたけ　この地に真竹が多く生えており，これを苦竹とも書くことから，命名されたとの説がある。③はかわ　『和名抄』で吾川郷を「今は訛りて波川と称す」と記す。重箱読み。④とんだ　富田の転訛。tomita のiが脱落し，mがnに変わったといわれる。「富」を「とん」と読む地名には富田林（とんだばやし）市，岡山県総社市富原（とんばら）などがある。⑤はこつくり　古代の氏族石作部が石の箱（石棺）を作って献上したことに因むという。⑥ちくさ　種々の草が生い茂る土地に因む。＊千種は「ちぐさ」と濁音で読む地名の方が多い（兵庫県宝塚市千種，福井県小浜市千種，千葉市花見川区千種町など）。⑦しんばる　江戸期に新田開発されたことに因むという。⑧こぐわ　江戸期から桑を植え，蚕を養うことが盛んであったことから付けられた旧西置賜郡蚕桑村名（明治22～昭和29）に由来。蚕（かいこ）の字を「こ」と読み替えた。蚕桑の地名は消滅したが，駅のほか，小学校，郵便局にその名を残す。語句の蚕桑（さんそう）は上記の意。
⑨なかやまが　内河野村と野原村が合併して成立した速見郡中山香村名（明治22～昭和13町制～昭和26）から。山香は『和名抄』にみえる郷名。「香」を「が」と読む地名は殆どないようである。⑩きれ　駅近くにある都麻津姫（ツマツヒメ）神社に合祀されている吉礼津姫命に由来するという。

①のびる　鳴瀬川の河口に位置。ノビルが多く生えていたことに因むという。アイヌ語説もあり，ノビルはヌプリの訛りで，ヌ（豊富）ピリ（渦）「沢山の渦が巻く」の意という。鳴瀬川が洪水の時，海潮と会して渦が巻くの意（『東北六県』）。平成23年3月，東日本大震災で大きな影響を受ける。27年5月，従前より内陸高台に移設して営業再開。②くて　湫（くて）は低くて湿気が多く，水草などが生えている低湿地に由来するといわれる。③たかし　鎌倉期～戦国期にみえる高師御厨（みくりや）に因む。④こうか　空閑（久我）地の意ではないかという。「こうが」ではない。賀は漢音読み。⑤たにぐみぐち　旧揖斐郡谷汲村の入口に当たる。村名は谷汲山華厳寺からか。「汲」は「ぐみ」とはなかなか読めない。⑥さこし　7世紀の頃，秦河勝（はたのかわかつ）が蘇我入鹿の難をさけてきた地が転訛した説。狭い峠の坂を越えて海岸へ出ることから，「坂越（さかこし）」の約音説などがある（『兵庫難読』）。⑦こばた　駅の所在地は押部谷町木津であるが，木津駅が一つ手前の神戸寄りにあり，同町木幡の外れにあることから，木幡駅になったという（『兵庫難読』）。
⑧ぬくた　織豊（しょくほう）期からみえる地名。温かい（陽当たりの良い）田圃の意か。⑨じろえんばし　江戸時代に天笠治良右衛門（あまがさじろえもん）が新田堀用水に石橋を架けたことに由来するという。⑩ちゅうでん　古代の勝浦郡余戸郷の中心とする一帯に比定されている。寛永期（1624～44）を中心として新田開発が行われたが，その際，中田と評価されたのか。

①杭瀬　阪神本線。兵庫県尼崎市杭瀬本町(まち)
②丹生川　三岐鉄道三岐線。三重県いなべ市大安町丹生川中
③三瀬　（JR東日本）羽越本線。山形県鶴岡市三瀬
④田吉　（JR九州）日南線・宮崎空港線。宮崎市田吉
⑤島氏永　名鉄名古屋本線。稲沢市島町・一宮市大和町氏永
⑥黒川　松浦鉄道西九州線。佐賀県西松浦郡有田町(ちょう)黒川
⑦結城　（JR東日本）水戸線。茨城県結城市結城
⑧千林　京阪本線。大阪市旭区千林一丁目
⑨用宗　（JR東海）東海道本線。静岡市駿河区用宗城山町
⑩加太　（JR西日本）関西本線。三重県亀山市加太市場(いちば)

---

①厨川　IGRいわて銀河鉄道。岩手県盛岡市厨川一丁目
②鹿瀬　（JR東日本）磐越西線。新潟県東蒲原郡阿賀町向(むかい)鹿瀬
③大甕　（JR東日本）常磐線。茨城県日立市大みか町二丁目
④谷峨　（JR東海）御殿場線。神奈川県足柄上郡山北町谷ケ(や)
⑤蚊爪　北陸鉄道浅野川線。石川県金沢市蚊爪町(まち)
⑥湯里　（JR西日本）山陰本線。島根県大田市温泉津町湯里
⑦小月　（JR西日本）山陽本線。山口県下関市小月駅前一丁目
⑧烏丸　（阪急）京都本線。京都市下京区長刀鉾町(なぎなたぼこ)。
⑨余戸　伊予鉄道郡中線。愛媛県松山市余戸中6丁目
⑩小俣　（近鉄）山田線。三重県伊勢市小俣町元町

①**くいせ** 軟弱な低湿地の地盤を固めるため，株（くいぜ）を瀬に並べたことに由来するという。かつては株瀬，橛（くい）瀬とも書いたが，「くい」に「杭」（国訓）の字が使用されるようになったという。阪神本線で兵庫県最東端の駅。②**にゅうがわ** 近くに丹生（朱砂（しゅしゃ）＝硫化水銀）の採れる川があったことに因むのか。③**さんぜ** この地で降矢川・水無川・西川の3つの川（瀬）が合流していることに因むという。④**たよし** 「吉田」地名と同じ。「吉」という形容詞が下に付いている。⑤**しまうじなが** 昭和3年，大和駅として開業したが，下りホームが稲沢市島町（旧島村），上りホームが一宮市大和町氏永（旧氏永村）にあることから，昭和5年に駅名改称。⑥**くろごう** かつては黒江（くろごう）という地名であったが，わかりやすく黒川に変わったという。「川」を「ごう」と読む地名は殆どないようである。
⑦**ゆうき** ユウノキ（楮木）の皮をはぎ繊維にして結城紬（つむぎ）を作ったことによる。「城」は木の当て字。⑧**せんばやし** 森小路や森口（守口）に隣接する樹林地帯であったようで，瀬林から転訛したとも伝えられる。＊駅前は日本で最初のスーパーマーケット「ダイエー」の発祥の地。⑨**もちむね** 安倍川下流右岸に位置し，南は駿河湾に面する。かつてこの地に舟の停泊地があったことから，これに因んで持舟と名づけられたものが転訛したともいわれる。⑩**かぶと** 加太・中在家の2つの川が合流し，古くから川俣神を祀ることから，「かわまた」→「かばた」→「かぶと」と転訛したといわれる。なお，同字の和歌山市の加太温泉は「かだ」と読む。

---

①**くりやがわ** クリヤは，神社，仏閣の台所のあったところ。そのそばを流れる川の意ではないかともいう。アイヌ語説もある。姓氏あり。②**かのせ** 鹿が川の瀬まで出てきたことに因むともいう。③**おおみか** 諸説がある。⑴甕（みか）は，酒をかもすのに用いる大きなカメのことで，この地で酒を造っていたことに因む。⑵神と人の住む境界として「大甕」が埋められていたとする説。⑶「大甕」をおいて祭祀を行った地とする説，駅の西に大甕神社が鎮座。
④**やが** 地名は谷ケであるが，駅名は谷峨。谷筋にあり，山がけわしい所の意か。⑤**かがつめ** 加賀の国名と関係があるのではないかともいわれる。
⑥**ゆさと** 旧邇摩（にま）郡湯里村名（明治22〜昭和29）から。村名は「ゆざと」と濁音。⑦**おづき** 高尾山・長尾山・無田の尾山の3つの山の尾末の里であることから，尾付と称したが，いつの頃からか小月になったという。また，昔，高尾山の尾まで海であったため，船が着いたことから，高尾着が略称されたともいう。⑧**からすま** 河原の州（砂州）の転訛説や鳥のいる小地域に因むなどの説がある。⑨**ようご** 古代の余戸部（あまりべ）の転訛とみられるという。郡の中で50戸ずつを郷（ゴウ，サト）としたが，これに満たない集落を余戸部と称した。「余」を「よう」と読む地名は殆どないようである。
⑩**おばた** 開化天皇の第二皇子小俣王に因む説や小墾田からの転訛説などがある。JR両毛線の小俣駅（栃木県足利市小俣町）は「おまた」と読む。

①前栽　（近鉄）天理線。奈良県天理市杉本町
②八草　愛知環状鉄道・愛知高速交通。愛知県豊田市八草町
③遊佐　（JR東日本）羽越本線。山形県飽海郡遊佐町遊佐
④女川　（JR東日本）石巻線。宮城県牡鹿郡女川町女川浜
⑤本銚子　銚子電鉄。千葉県銚子市清水町
⑥新冠　（JR北海道）日高本線。新冠郡新冠町本町
⑦八積　（JR東日本）外房線。千葉県長生郡長生村岩沼
⑧御代志　熊本電鉄菊池線。熊本県合志市御代志
⑨湯平　（JR九州）久大本線。大分県由布市湯布院町下湯平
⑩上社　名古屋市営地下鉄東山線。名東区上社一丁目

---

①免田　（JR西日本）七尾線。石川県羽咋郡宝達志水町免田
②大河端　北陸鉄道浅野川線。石川県金沢市大河端町
③諸寄　（JR西日本）山陰本線。兵庫県美方郡新温泉町諸寄
④神代町　島原鉄道。長崎県雲仙市国見町川北
⑤餅原　（JR九州）日豊本線。宮崎県北諸県郡三股町餅原
⑥山家　（JR西日本）山陰本線。京都府綾部市上原町戸尻
⑦宮田　（JR東海）飯田線。長野県上伊那郡宮田村
⑧谷田川　（JR東日本）水郡線。福島県郡山市田村町谷田川
⑨行波　錦川鉄道錦川清流線。山口県岩国市行波
⑩公庄　京都丹後鉄道宮福線。京都府福知山市大江町公庄

①**せんざい** 中世期，東大寺領の千代（せんだい）庄であった。千代を千載と書くようになり，三転して前栽となったので，「せんだい」から「せんざい」に変った（『天理市HP』）。「前」を「せん」と読む地名は殆どないようである。
②**やくさ** 室町期〜戦国期にかけての八草城があったことに因む。③**ゆざ** 海岸に砂丘があり，イサ（砂），イサゴ（砂子）の転訛という。また，アイヌ語説もあり，「ユサツ，yu-sat」は温泉が枯れたの意で，この地でしばしば大地震が起こり，古い時代の温泉が枯れた所であろうという（『東北六県』）。
④**おながわ** 女川湾頭にあり，アイヌ語のオンナ（onna，内部）の転訛で，女川湾の内部にある港の意という（『東北六県』）。平成23年3月，東北地方太平洋沖地震に伴う津波で駅舎流失。27年5月，約200m内陸側に移設され復旧。⑤**もとちょうし** 海陸産物の移出が多く，その産物に銚子産の名を冠したことに因むという旧海上郡本銚子町名（明治22〜昭和8）から。⑥**にいかっぷ** 「ニ・カプ，ni‐kap」（木の皮）の当て字という。木皮は特にニレの木の皮をいう。この地のアイヌ人はニレの皮の着物を着たという。⑦**やつみ** 藩政村8ヵ村が合併して成立した長柄郡（後に長生郡）八積村名（明治22〜昭和28）から。⑧**みよし** 由来等は不明。⑨**ゆのひら** 温泉が湧く平らな土地に因むという。⑩**かみやしろ** 中世には社（やしろ）郷と称していたが，その後，矢白（やしろ）神社を中心に村内を2区分し，上社村と下（しも）社村が生まれたという。地下鉄の駅であるが，ホームは地上2階にある。

----

①**めんでん** 荘園の免田（特権として年貢を免除された田）に由来するのではないかという。なお，くまがわ鉄道の東免田駅（熊本県球磨郡あさぎり町免田）は「ひがしめんだ」と読む。②**おこばた** 金沢平野を流れる浅野川の堤畔に位置することから。③**もろよせ** 古くは諸磯と書いたが，有間皇子の乱で但馬に流された孝徳天皇の皇子・表米（うわよね）親王が，天智天皇元年，西国で起こった夷賊の騒動の際，赦免されて大将軍となり，この地で勢揃いを行ったことから，「諸々の兵（つわもの）寄りし所」という意で，「諸寄」に改められたという（『角川・兵庫』）。④**こうじろまち** 神代神社に由来か。代は国訓。
⑤**もちばる** 餅形の地形に由来か。「原」を「ばる」と読む。⑥**やまが** 江戸期の山家藩（谷氏，外様小藩）に由来する旧何鹿（いかるが）郡山家村名（明治22〜昭和25）から。JR筑豊本線の筑前山家駅（福岡県筑紫野市山家）は「ちくぜんやまえ」と読む。なお，山形市山家町は「やんべまち」と読む。
⑦**みやだ** 『和名抄』にみえる古代東山道の駅名による。「みやた」ではない。
⑧**やたがわ** 南北朝期からみえる地名。駅の近くを流れる川名から。⑨**ゆかば**『玖珂（くが）郡志』に「往古虫大明神，小浜へ御着船ノ砌（みぎり），大波小波打行シ所也」とあり，地名はこれによるのではないかといわれている。
⑩**ぐじょう** 公卿（くぎょう，殿上人）の荘園があったことに由来する地名ともいう。姓氏あり。「公」を「ぐ」と読む地名には，神奈川県平塚市公所（ぐぞ）がある。

①喜入　（JR九州）指宿枕崎線。鹿児島市喜入町
②苅藻　神戸市営地下鉄海岸線。長田区浜添通五丁目
③経田　富山地方鉄道本線。富山県魚津市浜経田
④小鳥谷　IGRいわて銀河鉄道。岩手県二戸郡一戸町小鳥谷
⑤土々呂　（JR九州）日豊本線。宮崎県延岡市土々呂町五丁目
⑥樟葉　京阪本線。大阪府枚方市楠葉花園町
⑦大乗　（JR西日本）呉線。広島県竹原市高崎町
⑧油須原　平成筑豊鉄道田川線。福岡県田川郡赤村赤
⑨抜里　大井川鐵道。静岡県島田市川根町抜里
⑩上郡　JR山陽本線・智頭急行。兵庫県赤穂郡上郡町大持

---

①米内沢　秋田内陸縦貫鉄道。秋田県北秋田市米内沢
②勝木　（JR東日本）羽越本線。新潟県村上市勝木
③油木　（JR西日本）木次線。広島県庄原市西城町油木
④大元　（JR西日本）宇野線（瀬戸大橋線）。岡山市北区大元駅前
⑤大歳　（JR西日本）山口線。山口市朝田
⑥三田　（JR西日本）福知山線・神戸電鉄。兵庫県三田市駅前町
⑦湯尾　（JR西日本）北陸本線。福井県南条郡南越前町湯尾
⑧上有住　（JR東日本）釜石線。岩手県気仙郡住田町上有住
⑨雑色　京浜急行本線。東京都大田区仲六郷二丁目
⑩上戸　JR磐越西線。福島県耶麻郡猪苗代町山潟字大橋道西

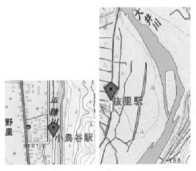

①きいれ　古くは給黎と書いたが、縁起の良い喜入に変更されたという。『和名抄』にある訓（よ）みの「岐比礼」はキビレと訓むこともでき、キビレはクビレのことで、地形地名説もあるという。②かるも　柿本人麻呂の「玉藻苅敏馬を過ぎて……」（万葉集）によるという。③きょうでん　寺社の荘園が所有する田に由来する説もあるが、競田（境界不明などの原因で訴訟の対象となった墾田や私営田）に因むかもしれないという。④こずや　アイヌ語「コッヤ，kot-ya」（谷底の河岸）の当て字ともいう（『東北六県』）。⑤ととろ　海に面していることから、波の轟（とどろき）に由来するとみられる。⑥くずは　駅の所在地は楠葉。かつては「くすのは」とも読まれた。地名は「くそはかま」の転訛という。『古事記』によれば、建波邇安王（タケハニヤスノミコ）の軍が敗走して「久須婆の度」についた時に「屎（くそ）出でで褌（はかま）に懸りき。故、其地を号けて屎褌と謂う」とある。⑦おおのり　高崎村と浦神田村が合併し、両村の境にある地名「大乗」に由来する旧豊田郡大乗村名（明治22〜昭和29）から。⑧ゆすばる　柚子（ユズ）の木が多かったからか。
⑨ぬくり　泥濘（でいねい、どろみち、ぬかみち）の意とも、古代温泉が湧出し温井（ぬくい）の意とも、奈良期に当地御栗の里に隠棲した官人の古事に由来するともいう。⑩かみごおり　千種川流域の河原を開墾して出来た「上河原村」が転訛したとも、旧高田郡の「上手の郡（さと）」の意ともいわれる。

---

①よないざわ　アイヌ語「イオナイ，i-o-nay」で「蛇の多い沢」の意の旧北秋田郡米内沢村名から。イ・オ（あるいはオッ）・ナイ（それ・ごちゃごちゃいる・沢）とみられる。イ（それ）は恐ろしいもの、この場合は蛇とみられる。アイヌでは蛇が特に恐ろしいものとされていた。イを熊とみる説もある。
②がつぎ　勝木川の両岸に「マコモ」の異名「ガッボ」が生い茂っていたことから、これが転訛したのではないかという。③ゆき　「ユキ（弓木）」の意で、弓を作る木の産地・製造所説や「ユキ（柚木）」の意で、柚（ユズ）の木説などがあるという。④おおもと　駅開設当時の明治43年、駅近くにあった黒住（くろずみ）教本庁の所在地を一般に大元と呼んでいたことに由来。
⑤おおとし　地内にあった小さな祠（ほこら）を「大歳さま」と呼んでいたことに因む旧吉敷（よしき）郡大歳村名（明治31〜昭和19）から。
⑥さんだ　金心（こんしん）寺の恩田・悲田・敬田の三田に由来、三輪神社の神田に由来、荘園集落の散田に由来するなどの説がある。⑦ゆのお　地名はかつて柚尾とも書いた。由来等不明。
⑧かみありす　有住は古くは鳴石と称していたものが有石となり、転訛したものとも伝えられる。⑨ぞうしき　律令制度の下で、雑用を担当していた人やそれらの居住地と関係があるのではないかという（『角川・東京』）。近くにある六郷八幡宮（現・六郷神社）の雑役をする人が居住していたからともいう。
⑩じょうこ　猪苗代湖の上方にある戸（集落）に因むという（『JR・第三セ』）。

①八街　（JR東日本）総武本線。千葉県八街市八街ほ
②中角　えちぜん鉄道三国芦原線。福井市中角町
③苅安賀　（名鉄）尾西線。愛知県一宮市大和町苅安賀
④荻生　富山地方鉄道本線。富山県黒部市荻生
⑤乙供　青い森鉄道。青森県上北郡東北町上笹橋
⑥奈半利　土佐くろしお鉄道阿佐線。高知県安芸郡奈半利町
⑦津幡　IRいしかわ鉄道・JR七尾線。石川県河北郡津幡町南中条
⑧古見　（名鉄）常滑線。愛知県知多市新知森下
⑨本名　（JR東日本）只見線。福島県大沼郡金山町本名
⑩猊鼻渓　（JR東日本）大船渡線。岩手県一関市東山町長坂

---

①発坂　えちぜん鉄道勝山永平寺線。福井県勝山市鹿谷町保田
②迫川　（JR西日本）宇野線。岡山市南区迫川
③高田　（JR九州）長崎本線。長崎県西彼杵郡長与町高田郷
④松前　伊予鉄道郡中線。愛媛県伊予郡松前町
⑤河堀口　（近鉄）南大阪線。大阪市阿倍野区天王寺町南二丁目
⑥土底浜　（JR東日本）信越本線。新潟県上越市大潟区土底浜
⑦生瀬　（JR西日本）福知山線。兵庫県西宮市生瀬町一丁目
⑧木葉　（JR九州）鹿児島本線。熊本県玉名郡玉東町木葉
⑨表木山　（JR九州）肥薩線。鹿児島県霧島市隼人町嘉例川
⑩似内　（JR東日本）釜石線。岩手県花巻市上似内

①やちまた　明治新政府が明治2年から広大な旧下総牧の開墾を始めたが，その8番目に開墾されたことに由来。現在，八街市は全国一の落花生の生産量を誇る。②なかつの　この地が九頭竜川へ角状に突き出ていることに由来するという。③かりやすか　旧中島郡苅安賀村名（明治22〜41）から。駅開設は明治33年。④おぎゅう　荻（オギ）が生えていたことに由来する旧下新川郡荻生村名（明治22〜昭和15）から。⑤おっとも　便宜上の通称名が駅名となっている。アイヌ語の ota-tomo が音韻転訛した短縮形という。オタ（砂地），トモ（はずれ）で「砂地のはずれ」の意という（『東北六県』）。供は国訓。
⑥なはり　『土佐日記』に「この奈半のとまりにとまりぬ」とある。奈半の里（さと）が縮まって奈半里を経て奈半利になったという。また，ナハリは，ニイバリ（新治）と同じく，「新たに開拓したところ」の意ではないかともいう。
⑦つばた　津幡川と河北潟を上下する舟の津（船着場）の端に開けた地という。
⑧こみ　「コミ（浸）」の意で，水に浸りやすい土地と関係があるのかもしれないともいう。JR姫新線に同字同読の駅名（岡山県真庭市古見）がある。
⑨ほんな　集落の中心の意とみられる元大沼郡本名村名（江戸期〜昭和30）から。⑩げいびけい　渓谷の出口付近にある鍾乳石の岸壁の形状が猊（獅子）の鼻に似ていることから。

---

①ほっさか　この地にある崖が坂道の出発点となっており，峠道の起点を表わすという説や，福井方面からの平泉寺参詣道としては最初の坂道であることに因むという説がある。②はざかわ　地内の迫川城跡に由来。③こうだ　「たかだ」ではない。④まさき　「マツサキ」の略で中世以来の郷村名によるという。「松」は海岸に松林があったことに由来するという。「松」を「ま」と読む地名は他に同県松山市松前町（まさきまち）と東温市松瀬川（ませかわ）があるくらいと思われる。⑤こぼれぐち　当駅付近は，かつて四天王寺門前町の奈良街道口に位置し，古くは河堀（かわほり）といっていたが，後世「こぼれ」に転嫁したといわれる。現在「こぼれ」を使用しているのは当駅名のみで，天王寺区北河堀町は「きたかわほりちょう」と読む。⑥どそこはま　浜の底が砂でなく，土であることに因むという。⑦なまぜ　有馬温泉に向かう人が武庫川を渡る際に，川の中に滑らかな瀬が多かったために，「滑瀬（なめせ）」と呼んでいたのが転訛したという。また，川曲地の隠れた浅瀬や早瀬のある「ナバセ（隠瀬）」の転訛説もある。⑧このは　地内の木葉山（284m）に由来する旧玉名郡木葉村名（1899〜1955）から。＊語句の「このは」は「木の葉」と書く。
⑨ひょうきやま　境界を示す標木が立っている山という意かともいう。
⑩にたない　アイヌ語「ニタナイ」（低地で水気の多いジクジクした所を流れる川）の当て字ではないかという。

①逆井　東武鉄道野田線。千葉県柏市逆井
②八景水谷　熊本電鉄菊池線。熊本市北区清水亀井町
③沢良宜　大阪モノレール線（本線）。大阪府茨木市高浜町
④名越（みずま）　水間鉄道水間線。大阪府貝塚市名越
⑤波子（ごうつ）　（JR西日本）山陰本線。島根県江津市波子町
⑥平群（いこま）　（近鉄）生駒線。奈良県生駒郡平群町吉新（ちょうよししん）
⑦垂水　（JR西日本）山陽本線。神戸市垂水区神田町（かんだ）
⑧新井（あさご）　（JR西日本）播但線。兵庫県朝来市新井
⑨国分　JR予讃線（瀬戸大橋線）。香川県高松市国分寺町国分
⑩巻向　（JR西日本）桜井線。奈良県桜井市辻

---

①新羽　横浜市営地下鉄（3号線）。港北区新羽町
②中名　（JR九州）指宿枕崎線。鹿児島市喜入中名町
③吹越　（JR東日本）大湊線（おおみなと）。青森県上北郡横浜町吹越
④志比堺　えちぜん鉄道勝山永平寺線。福井県吉田郡永平寺町松岡志比堺
⑤天道　（JR九州）筑豊本線。福岡県飯塚市天道
⑥御厨　松浦鉄道西九州線。長崎県松浦市御厨町
⑦御器所　名古屋市営地下鉄。昭和区御器所通三丁目
⑧保谷　西武鉄道池袋線。東京都西東京市東町三丁目
⑨土師ノ里　（近鉄）南大阪線。大阪府藤井寺市道明寺一丁目
⑩太海　（JR東日本）内房線。千葉県鴨川市太海

①さかさい　井戸を逆さまにしたように水が勢いよく出たとか，江戸期に利根川の堤防が決壊してこの地まで逆流したことに由来するなどの説がある。姓氏あり。②はけのみや　熊本市水道の水源地の一つ。水が出る「吐け（ハケ）」という地名に，江戸期，肥後3代藩主細川綱利（1641〜1712）がこの地で愛でた八景（三嶽青嵐，金峰白雪，熊城暮靄，壺ប落雁，浮島夜雨，龍山秋月，亀井晩鐘，深林紅葉）を詠んだことが重なったことに由来するという。③さわらぎ　駅の北にある佐和良義神社に由来するとみられるが，サワラの語源はサ（接頭語）ハラ（原），サワ（沢），ラ（接尾語）やアイヌ語説などがある。④なごせ　近木川中流域に位置。崩壊地名を意味するナギ（薙）・ヘ（辺）の転訛ともいう。⑤はし　古代出雲から来た土器を作る土師部（はしべ）が住んでいたことに由来するという。⑥へぐり　豪族・平群氏の勢力圏内にあったことに因む。ヘグリは辺国（ヘグニ）の転音で，国の端の意ともいう。かつて千葉県に平群村（明治22〜昭和30）があった。⑦たるみ　この付近は山が海岸線まで迫り，幾つかの滝や湧水があったことに因むという。山陽電鉄本線の「滝の茶屋駅」は，その名残という。⑧にい　江戸期に，新しく開発された地の意ではないかという。⑨こくぶ　讃岐国分寺があったことに因む。⑩まきむく　「纏向（マキムク）」の意で，三輪山を抱くように向いている山をさすという。

---

①にっぱ　鎌倉期からみえる地名（郷名）。西端は多摩丘陵に位置しており，「ハ」は「山の端」の意で，開拓などで新しく出来た土地とみられる。②なかみょう　名田（みょうでん，荘園）のあった中心地の意ではないかともいう。③ふっこし　吹越烏帽子山から起こった地名。風が越えていく山。アイヌ語（フッコシ）の当て字説もある。④しいざかい　九頭竜川中流左岸の段丘上に位置し，東は志比荘に続いていることに由来するという。志比は式内社椎前（しいさき）神社に因む。⑤てんとう　寛永年間に，松永氏が天道宮を建立したことに因むともいう。お天道（てんとう）様の「道」。「道」を「とう」と読む地名には，山陽本線の上道（じょうとう）駅（岡山市）がある。⑥みくりや　朝廷へ食料を献納する荘園があったことに因むのではないかという。姓氏あり。⑦ごきそ　熱田神宮などへ物を供える食器などをつくるところ。「所」は呉音では「ソ」と読む。⑧ほうや　『新編武蔵』に「保谷氏の人主として開墾せし」によるとあるが，確証はないという。⑨はじのさと　土師は上代，陵墓管理，土器や埴輪（はにわ）の製作などを行った人を指し，当地には応神天皇陵など多くの古墳が残り，土師氏の本貫地（名字の由来となった土地）と推定されている。⑩ふとみ　太平洋に面していることから。近くに源頼朝より賜ったと伝えられる仁右衛門島（新日本百景の一つ）がある。

①祝園　（JR 西日本）片町線。京都府相楽郡精華町祝園
②国府宮　（名鉄）名古屋本線。愛知県稲沢市松下一丁目
③広原　（JR 九州）吉都線。宮崎県西諸県郡高原町広原
④仁方　（JR 西日本）呉線。広島県呉市仁方本町二丁目
⑤信砂　（JR 北海道）留萌本線。増毛郡増毛町信砂
⑥滑河　（JR 東日本）成田線。千葉県成田市猿山
⑦豊栄　（JR 東日本）白新線。新潟市北区白新町一丁目
⑧波高島　（JR 東海）身延線。山梨県南巨摩郡身延町波高島
⑨作草部　千葉都市モノレール2号線。千葉市稲毛区作草部
⑩母恋　（JR 北海道）室蘭本線。室蘭市母恋北町1丁目

---

①大山寺　（名鉄）犬山線。愛知県岩倉市大山寺町
②計石　（JR 西日本）越美北線。福井市計石町
③三咲　新京成電鉄。千葉県船橋市三咲2丁目
④道明寺　（近鉄）道明寺線・南大阪線。藤井寺市道明寺三丁目
⑤松飛台　北総鉄道北総線。千葉県松戸市紙敷一丁目
⑥能瀬　（JR 西日本）七尾線。石川県河北郡津幡町能瀬
⑦東雲　（JR 北海道）石北本線。上川郡上川町東雲
⑧日立木　（JR 東日本）常磐線。福島県相馬市赤木字上原田
⑨国府津　（JR 東日本）東海道本線・（JR 東海）御殿場線。神奈川県
　　　　　小田原市国府津四丁目。JR の境界駅
⑩額田　（JR 東日本）水郡線。茨城県那珂市額田

①ほうその　木津川左岸に位置。この地にある祝園神社に由来するとみられる。「祝」を「ほう」と読む地名は極めて少ない。②こうのみや　かつて近くに尾張国の国府があり，当地に尾張国の総社とされた尾張大國霊（おわりのおおくにたま）神社（国府宮）があることによるという。国府は「こう」と読む。③ひろわら　「ひろはら」ではない。冒頭以外で「原」を「わら」と読む地名はかなりあるが，冒頭で「わら」と読む地名は少ない。＊静岡県伊豆市原保（わらば）。④にがた　戦国期に仁賀田村，江戸期に仁方村とみえる。大洪水の際に新潟が生まれたことによるともいわれている。⑤のぶしゃ　増毛町中部の川，信砂川による。信砂川はアイヌ語「ヌプ・サム・ペッ，nup-sam-pet」（野の・傍らの・川）の当て字という。湯桶読み。⑥なめがわ　利根川下流右岸に位置。石などがツルツルして，滑りやすい川に由来か。あいの風とやま鉄道の滑川駅（富山県滑川市）は「なめりかわ」。⑦とよさか　この地が豊田荘であったことから「いつまでも豊かに栄えるように」と願って命名された町名（昭和30町制〜45市制〜平成17）から。⑧はだかじま　富士川中流左岸に位置。富士川・常葉川の氾濫により，水田耕作が困難となり，畑作に依存していた頃の「畑ヶ島」に因むという。他説もあるという。⑨さくさべ　6世紀頃は皇室の直轄領であったとみられる。三枝部の部民の居住地であったことから，「さきさべ」と名付けられ，それが転訛したという（『千葉市の町名考』）。⑩ぼこい　アイヌ語「ポク・オ・イ」（北寄貝・多い・所）の当て字という。

①たいさんじ　かつて大山寺というお寺があったともいう。②はかりいし　かつては秤石と書いた。当地の白山神社に石ますが保存されていることと関係があるのではないかともいわれる。③みさき　明治新政府が殖産興業の一環として取り組んだ下総台地の開墾で，入植の順序が3番目であったことに由来する旧三咲村名（明治5〜17）に因む。「サキ」には好字の「咲」が用いられた。咲は国訓。④どうみょうじ　道明寺と道明寺天満宮に由来。道明は菅原道真の別称。⑤まつひだい　戦前，逓信省中央航空乗員養成所の松戸飛行場が台地にあったことに因む。副駅名は八柱霊園。⇒八柱駅（100頁）。⑥のせ　河北潟に注ぐ能瀬川下流に位置。「能」はゆるやかな地形の意，「瀬」は川の浅い所の意で，地形から生じた地名とみられるという。⑦とううん　由来等は不明。⑧にったさ　旧相馬郡磯部村の一部（大字日下石・立合・赤木・柚木）が分立して発足した合成地名の旧相馬郡日立木村名（明治33〜昭和29）から。⑨こうづ　かつて相模国の国府の外港があったことに由来するという。⑩ぬかだ　「沼（ぬ）か田」の意で，水量豊かな水田に因むともいう。また，各地にみられる額田の地名には，姓氏録にある額田氏に関係する説や「猫のヒタイ（額，ヌカ）ほどのセマイ田」の意の説などがあるという。同字の（近鉄）奈良線の額田駅（大阪府東大阪市山手町）は，「ぬかた」と清音。

①神目　(JR西日本) 津山線。岡山県久米郡久米南町神目中
②二月田　(JR九州) 指宿枕崎線。鹿児島県指宿市十町
③宍道　JR山陰本線・木次線。島根県松江市宍道町宍道
④方谷　(JR西日本) 伯備線。岡山県高梁市中井町西方
⑤五知　(近鉄) 志摩線。三重県志摩市磯部町五知
⑥日当山　(JR九州) 肥薩線。鹿児島県霧島市隼人町内
⑦富水　小田急電鉄小田原線。神奈川県小田原市堀ノ内
⑧水鳥　樽見鉄道。岐阜県本巣市根尾水鳥
⑨国母　(JR東海) 身延線。山梨県中巨摩郡昭和町西条
⑩苫米地　青い森鉄道。青森県三戸郡南部町苫米地

----

①高角　(近鉄) 湯の山線。三重県四日市市高角町
②須津　岳南鉄道。静岡県富士市中里
③小塩江　(JR東日本) 水郡線。福島県須賀川市塩田字小玉
④古河　(JR東日本) 東北本線。茨城県古河市本町一丁目
⑤大歩危　(JR四国) 土讃線。徳島県三好市西祖谷山村徳善西
⑥大在　(JR九州) 日豊本線。大分市政所
⑦愛知川　近江鉄道本線。滋賀県愛知郡愛荘町市
⑧前谷地　JR石巻線・気仙沼線。宮城県石巻市前谷地
⑨曽波神　(JR東日本) 石巻線。宮城県石巻市鹿又字曽波神前
⑩網田　(JR九州) 三角線。熊本県宇土市下網田町

①**こうめ** この地方の大社志呂（しろ）神社（岡山市北区建部町下神目）と関係が深く，その神部が転訛したという旧久米郡神目村名（明治22〜昭和29）から。②**にがつでん** 2月の揖宿神社の催事の費用を，この田の年貢で充当したことに因むという。③**しんじ** 猪路（いしじ）の意で，大国主命（オオクニノミコト）がイノシシを追った故事に因むという。④**ほうこく** 当駅付近に備中高松藩の儒学者・山田方谷（1805〜77）の長瀬塾があったことに因む。⑤**ごち** 朝熊（あさくま）山の参道にある籠り堂に祀られている五智如来像に由来する説，地内に北河内・中河内などの小字があることから，「こうち」の転訛説などがあるという。平家落人の伝説がある。⑥**ひなたやま** 日のよく当たる山に由来するという。昭和32年3月まで隼人日当山町があったが，現在，日当山の地名はない。駅設置は昭和33年10月。⑦**とみず** この地を流れる河川の水量が豊富であったことによるという。旧足柄下郡富水村（明治22〜41）。駅設置は昭和2年4月。⑧**みどり** かつて湿田があり，「ミドロ（水泥・深泥）」が転訛したという。⑨**こくぼ** 国母地蔵尊があったことに因む旧中巨摩郡国母村名（明治22〜昭和12）から。古くは穂積荘国母荘と呼ばれていた。⑩**とまべち** アイヌ語「トマン・ペッ」（沼地の川）の転訛ともいう。

----

①**たかつの** 鎌倉期（「吾妻鏡」五月六日条など）からみえる地名。②**すど** 船を待つ場所（津）の意に因む旧富士郡須津村名（明治22〜昭和30）から。須の字義は待つ。待ちうける。「ど」に「津」を当てたのは，津の字義である「渡し場」「津渡」と関係があるのではないか。③**おしおえ** 藩政村の小倉・塩田・江村・堤の4ヵ村が合併し，堤村を除く3村の頭文字を採った合成地名の旧石川郡小塩江村名（明治22〜昭和29）から。江は国訓。④**こが** 未開地を意味する空閑（くが）の転訛説や万葉集の「麻久良我（まくらが）の許我（くが）の渡（わたし）」の転訛説などがあるという。⑤**おおぼけ** 吉野川中流にある難所。歩危は，断崖を意味する古語「ほき，ほけ」から付けられたとする説や，「大歩危」は「大股で歩くと危ない」，「小歩危」は「小股で歩いても危ない」などの説がある。⑥**おおざい** 旧北海部（あまべ）郡大在村名（明治40〜昭和38）から。オオ（大）・サイ（堺・境）で，郡境の里の意という。⑦**えちがわ** 旧愛知川村名（明治22〜42町制〜平成18秦荘（はたしょう）町と合併）から。駅設置は明治31年。「あいちがわ」ではない。「エチ」は『日本書紀』に依智とみえるが，その意味はわからないという。⑧**まえやち** アイヌ語「モイ・ヤチ」（穏やかな湿地）の転訛という。また，この地帯は谷地（湿地）で駅の南側の北村にある箱泉寺では，この一帯を「前の谷地」と呼んでいたという。⑨**そばのかみ** 駅の東南にある曽波神山（別名愛宕山）（98m）に由来。アイヌ語説や谷地のソバに開けた地形地名説がある。⑩**おうだ** 海に面しており，魚網と関係があるとみられる。姓氏あり。

①荻布（電停）　万葉線高岡軌道線。富山県高岡市荻布
②帯解　（JR西日本）桜井線（万葉まほろば線）。奈良市今市町
③青海　えちごトキめき鉄道。新潟県糸魚川市青海
④千旦　（JR西日本）和歌山線。和歌山市和佐関戸（わさせきど）
⑤新疋田　（JR西日本）北陸本線。福井県敦賀市疋田
⑥河内堅上　（JR西日本）関西本線。大阪府柏原市青谷（あおたに）
⑦江迎鹿町　松浦鉄道西九州線。長崎県佐世保市鹿町町深江
⑧稲梓　伊豆急行。静岡県下田市落合
⑨洲先　（阪神）武庫川線。兵庫県西宮市東鳴尾町二丁目
⑩小古曽　四日市あすなろう鉄道内部線。三重県四日市市小古曽（うつべ）二丁目

---

①郷戸　（JR東日本）只見線。福島県河沼郡柳津町（やないつ）郷戸
②大沢内　津軽鉄道。青森県北津軽郡中泊町
③青木　阪神本線。神戸市東灘区北青木（おうぎ）三丁目
④河和　（名鉄）河和線。愛知県知多郡美浜町（ちょう）河和
⑤崇禅寺　（阪急）京都本線。大阪市東淀川区柴島（くにじま）一丁目
⑥三ヶ森　筑豊電鉄。福岡県北九州市八幡西区三ヶ森一丁目
⑦烏森　（近鉄）名古屋線。名古屋市中村区牛田通四丁目
⑧高麗　西武鉄道池袋線。埼玉県日高市武蔵台一丁目
⑨置賜　（JR東日本）奥羽本線（山形線）。山形県米沢市浅川
⑩木古内　北海道新幹線・道南いさりび鉄道。上磯郡木古内町

第1章　難読駅名を楽しむ，和食，糒，飯給は何と読みますか　**85**

①おぎの　「おぎぬの」の略か。姓氏あり。②おびとけ　駅のすぐ近くにある「帯解寺」に由来。子宝に恵まれない文徳天皇妃（藤原明子，829～900）がこの寺の地蔵菩薩に祈願したところ，後の清和天皇（850～881，在位858～876）を授かり無事に安産したことから，帯解の寺号を賜ったと伝えられる。ここでは「帯を解く」は「腹帯を解く」を意味するという。他説には「オビトケ」は帯峠で，帯状の峠の場所に道祖神の地蔵が祀られていたからではないかという（『丹羽・難読』）。③おうみ　古代豪族青海首（オウミノオビト）由来するという。④せんだ　栴檀（センダン）の木の当て字ともいわれる。⑤しんひきだ　疋田は「泓田（ふけた）＝低湿田」や「ヒキタ（低田）」の意とみられるという。疋は国訓。⑥かわちかたかみ　旧中河内郡堅上村名（明治22～昭和14）から。駅名のほか，小・中学校名や郵便局名などにその名を残す。河内は大阪府東部の旧国名で，河内は大和川の河谷の平地の意，カタカミは大和川の渇上の意であろうという。⑦えむかえしかまち　旧江迎町は入江の向いにある町の意。江は国訓。平成22年3月31日，鹿町町とともに佐世保市へ編入合併した。⑧いなずさ　旧賀茂郡稲梓村名（明治22～昭和30）から。村名は稲梓郷や稲梓里に由来。inaazusa→inazusa。地名は消滅したが，駅のほか，小・中学校にその名を残す。⑨すざき　洲の先にできた土地に由来。⑩おごそ　同市に鎮座する式内社（しきないしゃ，延喜式の神名帳に記載されている神社）の小許曽（おごそ）神社に因むという。南北朝期に小古曽御園とみえる。

---

①ごうど　『新編会津』には「この村もと合戸，一説には往古村十区ありし故，合十（ごうと）村と云う」とある。②おおざわない　江戸期からみえる地名。アイヌ語が起源との説もある。③おおぎ　地名の表記は「おうぎ」だが，駅名は「おおぎ」。当駅から真北にあたる保久良神社（ほくら，東灘区本山町北畑）ご祭神・椎根津彦命（シイネツヒコノミコト）がこの浜辺に青い海亀に乗って漂着したことから，青亀（あおき）の地名が付けられ，その後青木に変わったという。「青」を「おう」と読む地名は他に少しあるが，「おお」と読む地名は極めて少ない（山口県長門市の北，日本海に浮かぶ島の青海島（おおみじま，おうみじま））。④こうわ　河の形状の「河輪」に由来するという。「かふわ」の音変化とみられる。⑤そうぜんじ　駅の近くの東中島5丁目にある曹洞宗「崇禅寺」に因む。⑥さんがもり　由来等不明。⑦かすもり　由来は城跡に森があり，多くの烏が棲んでいたことから「烏（からす）の森」と呼ばれていたが，次第に短縮して「かすもり」となったという。＊東京都港区新橋2，3丁目の一部，烏森は「からすもり」と読む。⑧こま　かつて古代朝鮮の高句麗（こうくり）からの亡命者を受け入れた高麗郡（現・日高市周辺）に由来。
⑨おいたま　米沢盆地一帯を置賜（おきたま，おいたま）というが，ここでは「おいたま」と呼んでいる。水はけの悪い湿地の意ともいう。
⑩きこない　アイヌ語「rir-o-nai，リロナイ」（潮のさし入る・川）の当て字という。北海道新幹線における北海道の玄関口。

①槻木　JR東北本線・阿武隈急行。宮城県柴田郡柴田町槻木新町一丁目
②大野下　（JR九州）鹿児島本線。熊本県玉名市岱明町(まち)大野下
③江釣子　（JR東日本）北上線。岩手県北上市上江釣
④長船　（JR西日本）赤穂線。岡山県瀬戸内市長船町福岡
⑤長者原　JR篠栗線・香椎線。福岡県糟屋郡粕屋町長者原東一丁目
⑥蒲池　（西鉄）天神大牟田線。福岡県柳川市蒲生
⑦千国　（JR東日本）大糸線。長野県北安曇郡小谷村千国乙
⑧桔梗　（JR北海道）函館本線。函館市桔梗町3丁目
⑨長都　（JR北海道）千歳線。千歳市上長都
⑩大土呂　（JR西日本）北陸本線。福井市半田町

---

①千船　阪神本線。大阪市西淀川区佃二丁目
②奥新川　（JR東日本）仙山線。宮城県仙台市青葉区新川
③建部　（JR西日本）津山線。岡山市北区建部町中田
④五十川　（JR東日本）羽越本線。山形県鶴岡市五十川
⑤新馬場　京浜急行本線。東京都品川区北品川二丁目
⑥甲奴　（JR西日本）福塩線。広島県三次市甲奴町本郷
⑦六実　東武鉄道野田線。千葉県松戸市六実四丁目
⑧上菅　（JR西日本）伯備線。鳥取県日野郡日野町(ちょう)上菅
⑨太刀洗　甘木鉄道甘木線。福岡県朝倉郡筑前町高田
⑩小禄　沖縄都市モノレール線（ゆいレール）。沖縄県那覇市田原(たばる)3丁目

①つきのき　昔，この地の南方，満蔵院の門前に槻（つき，ケヤキの一種）の大木があったことに因むという。②おおのしも　大野は織豊（しょうほう）時代からみえる地名。旧大野荘の下村の意によるという。③えづりこ　江釣子神社の御神体（観音像）を和賀川で釣り上げたという縁起に由来するといわれる。アイヌ語説もある。江は国訓。④おさふね　名刀備前長船に因む。同地福岡出身の黒田官兵衛（1546～1604）は九州筑前で築城し，故郷に因んで福岡と命名したといわれる。⑤ちょうじゃばる　「長者屋敷」の伝説に由来するという。⑥かまち　この地に蒲（ガマ）が多く生えていたからではないかという。同字の名鉄常滑線（愛知県常滑市蒲池町）の蒲池駅は「かばいけ」と読む。
⑦ちくに　「チクニ（茅国）」とみられ，茅草の多い土地に因むという（『吉田・語源』）。姫川沿いに，ここを通り古代から日本海の塩を運んだ道を「塩の道」（千国街道）と呼んでいる。⑧ききょう　昔，この付近一帯は桔梗が多く，桔梗野と呼ばれていたことに因む。梗は呉音。
⑨おさつ　アイヌ語「オ・サッ・ナイ，o-sat-nai」（川尻・乾く・川）の「オ・サッ」の当て字という。⑩おおどろ　江端（えばた）川と高橋川にはさまれた湿地に位置し，周りの状況から大瀞に由来するという。＊瀞（とろ，どろ）は水が深くて流れの緩やかな所。

---

①ちぶね　駅設置は大正10年。旧西成郡千船村名（明治22～大正11町制～14）から。村名は，『万葉集』（巻6）にある「浜清く　浦うるはしみ　神代より　千船の泊つる　大和田の浜」よりとられたという。②おくにっかわ　近くを流れる新川川の下流と広瀬川との合流付近には，一部同音のニッカウキスキー仙台工場（青葉区ニッカ1番地）がある。「新」を「にっ」と読む地名には，群馬県の旧新田（にった）町（現太田市），千葉県成田市新妻（にっつま）などがある。③たけべ　日本武尊の功名を伝える御名代武部（みなしろたけべ）に由来するという。④いらがわ　河川名の五十川からか。河川名は多くの川（支流）を集める川の意（『角川・山形』）とも，イラとは洞窟のことで，流域に洞窟を作っている川の意（『河川辞典』）ともいう。アイヌ語説もある（『東北六県』）。⑤しんばんば　かつてこの付近に馬場があったことに因む。「ばば」ではなく「ばんば」と読む地名は多数ある（大阪市中央区馬場町，滋賀県大津市馬場など）。⑥こうぬ　『和名抄』にみえる甲奴郡甲奴郷の地という。川伝いの低湿地の意ではないかともいう。奴（ヌ）は呉音。＊奴婢（ぬひ）。
⑦むつみ　明治初期，旧下級武士らが小金牧・佐倉牧を6番目に開墾したことに因む。⑧かみすげ　旧日野郡上菅村名（藩政村）に由来。
⑨たちあらい　南朝方の菊地武光（？～1372）が戦いに勝って，川で太刀を洗ったことに因むという。駅名の太刀洗は近接する三井郡大刀洗町と表記が異なる。
⑩おろく　方言では「ウルク」。火の神の意という（『JR・第三セ』）。

①大更　(JR東日本) 花輪線。岩手県八幡平市大更
②近田　(JR西日本) 福塩線。広島県福山市駅家町近田
③老津　豊橋鉄道渥美線。愛知県豊橋市老津町
④春日原　西鉄天神大牟田線。福岡県春日市春日原東町一丁目
⑤吉良吉田　(名鉄) 蒲郡線・西尾線。愛知県西尾市吉良町吉田
⑥御徒町　JR山手線・京浜東北線。東京都台東区上野五丁目
⑦小見川　(JR東日本) 成田線。千葉県香取市小見川
⑧大聖寺　(JR西日本) 北陸本線。石川県加賀市熊坂町
⑨河辺　(JR東日本) 青梅線。東京都青梅市河辺町五丁目
⑩国府　名鉄名古屋本線・豊川線。愛知県豊川市久保町葉善寺

---

①於札内　(JR北海道) 札沼線。樺戸郡浦臼町於札内
②玉柏　(JR西日本) 津山線。岡山市北区玉柏
③合戦場　東武鉄道　日光線。栃木市都賀町合戦場
④甲浦　阿佐海岸鉄道。高知県安芸郡東洋町河内
⑤川内　(JR九州)・肥薩おれんじ鉄道。薩摩川内市鳥追町
⑥大田市　(JR西日本) 山陰本線。島根県大田市大田町大田
⑦粟生津　(JR東日本) 越後線。新潟県燕市下粟生津
⑧千年　弘南鉄道大鰐線。青森県弘前市松原西
⑨小川原　青い森鉄道。青森県上北郡東北町大浦
⑩下呂　(JR東海) 高山本線。岐阜県下呂市幸田字下小瀬

①おおぶけ　大きな湿地帯の意。フケは湿地。アイヌ語説もある。②ちかた　古代山陽道の宿駅に近い田の意かという。③おいつ　大津と呼ばれていたが，明治11年老津村に改名された。村名は，紫式部の「老津島　島守る神や　諌むらん　波もさはがめ　童べの浦」に因むという。老津村は昭和30年豊橋市に編入。④かすがばる　春日神社に因む。「原」を「ばる」と読む。
⑤きらよしだ　旧幡豆（はず）郡吉良町は雲母山から雲母（うんも，きらら）を産することに因む地名。同町は平成23年4月，西尾市に編入。
⑥おかちまち　江戸期に将軍の外出時に警備役を務める徒士衆（かちしゅう）の組屋敷があったことに因む。⑦おみがわ　小は美称。見＝水。豊かな川水に恵まれたため開けた集落の意という。利根川の河港として栄えた。江戸期の小見川藩（譜代・内田家）は1万石。⑧だいしょうじ　白山五院の一つ大聖寺に由来。錦城（きんじょう）山東麓一帯をさす中世以来の地名。近世には加賀藩の支藩大聖寺藩の城下町。聖は呉音。⑨かべ　多摩川の川辺に開けた土地に因むという。⑩こう　昔，三河国の国府が置かれたことに因むという。＊熊本市電の国府（電停）は「こくぶ」と読む。

①おさつない　アイヌ語「オ・サッ・ナイ，o-sat-nai」（川尻が乾く川）の当て字という。駅の南を流れる於札内川を指す。②たまがし　明治9年に立村。村名は地内に柏の大樹があり，美称の玉柏（たまがしわ）に因むのかもしれないという（『岡山地名事典』）。③かっせんば　戦国時代に皆川城主・皆川宗成と宇都宮城主・宇都宮忠綱（1496～1527）が，現在の駅の西方にある標茅ケ原（しめじがはら）で戦ったことに由来するという。④かんのうら　太平洋から大きく入り組んだ入江の形が甲（兜）に似ているからなど諸説がある。＊甲板（かんぱん，船のデッキ）の甲。甲を「カン」と読む地名は当地と土佐市甲原（かんばら）で高知県以外にはないようである。⑤せんだい　諸説がある。(1)ニギノミコトが千の物見やぐらを築いた。(2)千台閣という寺院があった。(3)当地を川内川が貫通しており，川内（かわうち）・川外（かわそと）の呼び名があり，川内が転訛した。川は河川の「セン」，内は内裏雛や境内の「ダイ」。(4)アイヌ語「sem-nay（関門・入口の川）」の転訛（『山本・アイヌ』）。
⑥おおだし　「おおたし」ではなく「おおだし」。昭和29年市制施行の市名は古代の郷名「邑陁（おおだ）」の当て字といわれる。邑は村や里のことを指す。
⑦あおうづ　信濃川支流西川右岸に位置。粟が自生していた船着場の意という。「JR加古川線・北条鉄道・神戸電鉄」の粟生駅は「あおえき」。⑧ちとせ　小栗山（おくりやま）村（藩政村）に築かれた千年山に因むという旧中津軽郡千年村名（明治22～昭和30）から。⑨こがわら　近くの小川原（おがわら）湖に由来すると思われるが，何故か「こがわら」と読む。
⑩げろ　東山道飛騨支路の駅名「下留（しものとまり）」の音読が転訛したものといわれている。

①鼓ヶ浦　（近鉄）名古屋線。三重県鈴鹿市寺家四丁目
②鹿討　JR富良野線。北海道空知郡中富良野町中富良野
③梅津寺　伊予鉄道高浜線。愛媛県松山市梅津寺町
④市川真間　京成電鉄本線。千葉県市川市真間一丁目
⑤杉河内　JR久大本線。大分県日田市天瀬町赤岩杉河内
⑥常滑　（名鉄）空港線・常滑線。愛知県常滑市鯉江本町
⑦久下村　JR加古川線。兵庫県丹波市山南町谷川字弓貫
⑧信楽　信楽高原鐵道。滋賀県甲賀市信楽町長野
⑨中書島　京阪本線。京都市伏見区葭島矢倉町
⑩佐々　松浦鉄道西九州線。長崎県北松浦郡佐々町本田原免

---

①佐敷　肥薩おれんじ鉄道。熊本県葦北郡芦北町花岡
②野花南　JR根室本線。北海道芦別市野花南町
③延方　（JR東日本）鹿島線。茨城県潮来市延方
④大川寺　富山地方鉄道上滝線（不二越・上滝線）。富山市上滝
⑤相生　JR山陽新幹線・山陽本線・赤穂線。兵庫県相生市本郷町
⑥強羅　箱根登山鉄道。神奈川県足柄下郡箱根町強羅
⑦札比内　JR札沼線。北海道樺戸郡月形町札比内
⑧久津川　（近鉄）京都線。京都府城陽市平川
⑨野辺地　（JR東日本）大湊線（起点）・青い森鉄道。青森県上北郡
　　　　野辺地町上小中野。
⑩藍那　神戸電鉄粟生線。神戸市北区山田町藍那

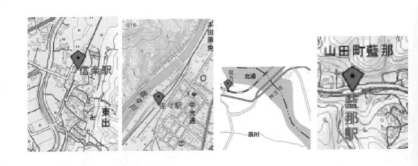

第1章　難読駅名を楽しむ，和食，糒，飯給は何と読みますか　**91**

①**つづみがうら**　駅近くにある「子安観音寺」の本尊の観音菩薩像が近くの浜に流れ着く前に，沖合いから鼓の音が聞こえて来たという伝承に因むという。
②**しかうち**　札幌農学校の土地の払い下げを受けて農場を開いた同校出身の鹿討豊太郎に由来。③**ばいしんじ**　黄檗宗梅津寺から。和気郡山越村千秋寺の第4世雪歴は，この地が彼の故郷中国の梅津に酷似していることから命名。＊津は「興味津津」の「シン」。④**いちかわまま**　当地は下総国府に近く，都との交流もあり，東国の美女真間の手児奈（てこな）伝説に因む。「ママ」は台地下の崖の意ともいう。⑤**すぎかわち**　玖珠川と山浦川の合流点付近の谷あいにあり，杉林があったことに因むのか。⑥**とこなめ**　地表近くの粘土層（床）が常に水を含み滑らかであったことに因むとも，当地の海や入江の底（床）が，常に苔や海藻でつるつる滑ることに因むともいう。⑦**くげむら**　この地方の領家職・久下氏に由来する旧氷上（ひかみ）郡久下村名（明治22〜昭和30）から。村名の付いた珍しい駅名。⑧**しがらき**　紫香楽（しがらき）が転訛したともいわれる。⑨**ちゅうしょじま**　この地に文禄期の頃，中務少輔（なかつかさしょうゆう）脇坂淡路守の下屋敷があり，中務（宮中の文書などをつかさどる）は中国風にいえば「中書」といったことに由来するという。⑩**さざ**　佐々川の水音（ササ）に由来するとも，この地が一面の砂原であったのを砂々（さざ）と称したのを語源とする説などがある。

---

①**さしき**　城の意の「サシ（城）」（古代朝鮮語）と「キ（城）」に由来するという葦北郡佐敷町名（明治22村制〜36町制〜昭和30）から。駅設置は大正14年4月。②**のかなん**　アイヌ語「ノッカ・アン」の転訛か。ノッカは動物を捕らえる仕掛け弓である「あまつぼ」やワナにつける「さわり糸」のこと。また，ノカン・ナイ（小さい・川）の転訛ではないかともいう（『山田・アイヌ』）。③**のぶかた**　古くは，州が半島のように長く延び，その周囲が北浦や前川などに面する「延潟」地形に由来するという（『角川・茨城』）。
④**だいせんじ**　駅近くの曹洞宗大川寺に因む。川は河川の「セン」。
⑤**あいおい**　湾内の両村が合同して，「仲良くそろって成長する」の意を込めた佳名という。また，12世紀末頃，大島に城を構えた海老名氏の生国相模に因んだという説もある。⑥**ごうら**　岩石がゴロゴロしている所の意という。
⑦**さっぴない**　アイヌ語「sat-pi-nai，サッ・ピ・ナイ」（枯れた細い川，あるいは，乾いた小石の川）の当て字という。⑧**くつかわ**　旧久世（くぜ）郡久津川村名（明治22〜昭和26）から。＊川は清音。⑨**のへじ**　海岸に向かって大きな原野が広がっていることに因むという。アイヌ語「nup-pet，野の川」の転訛説もある。⑩**あいな**　当地が摂津と播磨の「あい」（間，国境）に当たるところから，相野と呼ばれていたが，いつしか藍野となり，藍那に転訛したという（『兵庫難読』）。

①泰澄の里　福井鉄道福武線。福井市浅水(あそうず)町
②菅尾　(JR九州)豊肥本線。大分県豊後大野市三重町(まち)浅瀬
③十二兼　(JR東海)中央本線。長野県木曽郡南木曽町読書
④西宮名塩　(JR西日本)福知山線。兵庫県西宮市名塩新町(まち)
⑤鵠沼　江ノ島電鉄。神奈川県藤沢市鵠沼松が岡一丁目
⑥会津荒海　会津鉄道会津線。福島県南会津郡南会津町関本字百一(ももいち)
⑦能見台　京浜急行本線。横浜市金沢区能見台通
⑧谷頭　(JR九州)吉都線。宮崎県都城市山田町中霧島
⑨新川　上毛電鉄上毛線。群馬県桐生市新里町(にいさと)新川
⑩赤迫（電停）　長崎電気軌道赤迫支線。長崎市赤迫一丁目

---

①俊徳道　(近鉄)大阪線(東大阪市荒川二丁目)。JRおおさか東線(大阪外環状鉄道)。同市永和一丁目
②新関　(JR東日本)磐越西線。新潟市秋葉区大関
③太東　(JR東日本)外房線。千葉県いすみ市岬町椎木
④宇島　(JR九州)日豊本線。福岡県豊前市八屋(はちや)
⑤土深井　(JR東日本)花輪線。秋田県鹿角市十和田土深井
⑥揖屋　(JR西日本)山陰本線。島根県松江市東出雲町揖屋(しいぎ)
⑦紫香楽宮跡　信楽高原鐵道。滋賀県甲賀市信楽町牧
⑧入野　(JR西日本)山陽本線。広島県東広島市河内町(こうち)入野
⑨磯鶏　(JR東日本)山田線。岩手県宮古市磯鶏石崎
⑩大谷向　東武鉄道鬼怒川線。栃木県日光市今市

①**たいちょうのさと**　奈良期の僧・泰澄（682〜767）がこの地で出生したと伝えられる。②**すがお**　旧大野郡菅尾村名（明治22〜昭和26）から。村名は菅（スガ）が生えていたことに因むのか。③**じゅうにかね**　十二は沢山，カラ（カレ）は枯れた谷の意であろう（『JR・第三セ』）。④**にしのみやなじお**　地内に塩類泉があり，塩田（しおでん）と呼ばれていたのが転訛したという。また，地区南部に塩尾寺（えんぺいじ山〈現宝塚市〉）があり，その山内に位置するところから内塩と呼ばれ，これが転訛したともいう（『角川・兵庫』）。⑤**くげぬま**　かつてこの付近には沼が多くあり，鵠（クグイ，白鳥の古名）が多く飛来していたことに因むという。「くげ」は「クグイ」の短縮。なお，鵠を用いた熟語に「正鵠（せいこく）を得る」がある。⑥**あいづあらかい**　旧南会津郡荒海村名（明治22〜昭和30）から。村名は荒海山（1,581m）や荒海川に因む。⑦**のうけんだい**　駅名は西側の丘の上にあるかつての景勝地「能見堂」に因む。前身は谷津坂（やつざか）駅。⑧**たにがしら**　野々美谷川の谷の頭の部分に当たることから。⑨**にっかわ**　室町期には新河郷とみえ，江戸期から新川村とみえる。同地名に仙台市青葉区新川がある。⑩**あかさこ**　アカは尾根・田畑・赤土の意。サコは小さな谷などの意であることから，田畑のある小さな谷間の所と解することができるという。迫は国訓。

---

①**しゅんとくみち**　俊徳街道が通じていたことに因む。街道名は能『弱法師』の主人公「俊徳丸」に由来するという。JRおおさか東線の駅名は近鉄の俊徳道駅と区別するためJR俊徳道駅（駅設置：平成20年3月）。②**しんせき**　旧中蒲原郡新関村名（明治22〜昭和32）から。村名は消滅したが，駅のほか，小学校，郵便局にその名を残す。③**たいとう**　夷隅（いすみ）川下流左岸，太平洋岸に位置。太東崎に因む。④**うのしま**　かつて鵜が群生する浜辺であったことから，鵜の島と呼んでいたのを宇島に改めたという。⑤**どぶかい**　沼や池が沢山あり，その泥底にドブ貝（二枚貝）が生息していたことに由来するという。⑥**いや**　由来等は不明。揖の付いた地名に岐阜県揖斐川（いびがわ）町がある。⑦**しがらきぐうし**　天平14年（742）に造営された紫香楽宮の遺跡への最寄り駅。⑧**にゅうの**　『和名抄』の入濃郷に由来。山地から下った地に開けた集落の意とみられる。＊同読地名に和歌山県日高郡日高川町（ちょう）入野がある。⑨**そけい**　浸食で削り落ちた地をいう削（そぎ）の転訛ではないかという。また，入水した垂仁天皇の御子・是津親王の遺体がこの地の磯で打ち上げられたことを，鶏が鳴いて知らせたという伝承に因むともいう（『角川・岩手』）。アイヌ語のイソケイ（iso-ke-i）のイが脱落し，「草木の生えていない裸石のあるところ」の意ともいう（『東北六県』）。平成23年3月の東日本大震災で営業休止。なお，潮風のために傾いて生えている松を「磯馴松（そなれまつ）」という。⑩**だいやむこう**　旧今市市を貫流する大谷（だいや）川の河畔の向こうにあることに由来する江戸期の今市宿にあった7町のうちの1つ。

①梅迫　（JR 西日本）舞鶴線。京都府綾部市梅迫町
②近文　（JR 北海道）函館本線。旭川市近文町
③胡麻　（JR 西日本）山陰本線。京都府南丹市日吉町胡麻
④波止浜　（JR 四国）予讃線。愛媛県今治市高部（たかべ）
⑤通津　（JR 西日本）山陽本線。山口県岩国市通津
⑥倶利伽羅　IR いしかわ鉄道・あいの風とやま鉄道。石川県河北郡津幡町刈安
⑦城野　JR 日豊本線・日田彦山線（北九州市小倉南区城野一丁目）。北九州高速鉄道小倉線（同区富士見三丁目）
⑧筑豊香月　筑豊電鉄。福岡県北九州市八幡西区高江二丁目
⑨那良口　JR 肥薩線。熊本県球磨郡球磨村大字三ケ浦（さんがうら）那良口
⑩欅平　黒部峡谷鉄道。富山県黒部市黒部奥山国有林（欅平）

---

①楡木　東武鉄道日光線。栃木県鹿沼市楡木町（まち）
②佐土原　（JR 九州）日豊本線。宮崎市佐土原町下田島
③松橋　（JR 九州）鹿児島本線。熊本県宇城市不知火町（まち）御領
④信木　JR 三江線。広島県安芸高田市高宮町佐々部中信木
⑤知立　（名鉄）名古屋本線・三河線。愛知県知立市栄二丁目
⑥中三依温泉　野岩鉄道・会津鬼怒川線。栃木県日光市中三依（やがん）
⑦野幌　（JR 北海道）函館本線。江別市野幌町
⑧佐伯　（JR 九州）日豊本線。大分県佐伯市駅前二丁目
⑨立川目　（JR 東日本）北上線。岩手県北上市和賀町竪川目
⑩後免　（JR 四国）土讃線。高知県南国（なんこく）市駅前町二丁目

①うめざこ　サコは谷が迫っている所，ウメは「埋め」に佳字の「梅」を使用したのであろうという（『JR・第三七』）。迫は国訓。語呂の関係か，郵便局名は「ゆめさこ」と清音。②ちかぶみ　アイヌ語「チカプニ」即ち「チカㇷ゚・ウン・イ，chikap-un-i」（鳥のいる処）の当て字という。「チカㇷ゚」とは鳥の総称であるが，特に鷹を指すという。③ごま　古代に左馬寮（さまりょう，官馬の飼養などをつかさどった役所）の牧があったため，駒が転訛したものという。胡は呉音。④はしはま　旧越智郡波止浜町名（明治41～昭和30）から。町名は，海岸から海に長く突き出して構築された堤防，すなわち波止（はと）のある浜の転訛ではないかという。⑤つづ　「カヨイヅ」を音読したことに因むという。カヨイとは「船による渡し場」のことなどをいう（『山口県地名考』）。⑥くりから　倶利伽羅不動王を祀った堂がある倶利伽羅峠（石川県と富山県の境に位置）から。⑦じょうの　城跡があったことに因むという。⑧ちくほうかつき　日本武尊が熊襲制圧の際にこの地に宿し，「花香り月清き里」と称したという伝承に因むという。⑨ならぐち　那良は奈良と同じくなだらかな土地を意味するのか。その土地への入口の意か。⑩けやきだいら　黒部川左岸の台地上に，かつて大きなケヤキがあったことに因むという。終着駅。標高599m。

----

①にれぎ　南北朝期からみえる地名。足利氏の贄木城に由来か。②さどわらサト（いたどり=虎杖の地方名）・ワラ（原）。虎杖が茂っていた一ツ瀬川河畔の小平原に因むという。江戸期は佐土原藩（2万7千石）の城下町。③まつばせ　昔は松馳とも記されたが，後に大野川の渡河点に，橋が架かったことから松橋になったという旧下益城（しもましき）郡松橋町名（明治22～平成17）から。他に「橋」を「ばせ」と読む駅名にJR山陰本線の八橋駅（やばせ，鳥取県琴浦町）がある。④のぶき　毛利の家臣佐々部氏の重臣信木氏の居城地に由来するという。⑤ちりゅう　諸説がある。(1)知立神社の創設者とされる伊知理生命（イチリュウノミコト）に因む。(2)知立神社の祭神（さいじん）として祀られている木花知流比売命（コノハナチルヒメノミコト）の知流からとった。(3)茅（ち）の繁茂する土地を開拓した所。(4)アイヌ語の低湿地を意味するチリップを語源とする（『角川・愛知』）。⑥なかみよりおんせん　三依の名称は日光天領・会津藩領・宇都宮藩領の三つ領域が隣接していたことによるという。なお，野岩鉄道の名称は路線の両端，栃木県の旧国名「下野国（しもつけのくに）」の「野」と，福島県会津地方を含む範囲の旧国名「岩代国」の「岩」とから命名。⑦のっぽろ　アイヌ語「ヌポロペッ」（野の中の川）の転訛という。⑧さいき　古代末期～中世期の豪族佐伯氏に因むという。⑨たてかわめ　駅の所在地は竪川目。駅名は「竪」の代わりに「立」を用いる。目は和賀川の水を引いて出来た集落（場所）の意という。⑩ごめん　土佐藩の家老・野中兼山（1615～63）が荒廃していた当地を開発させて，住民に対して年貢や諸役を免じたこと（御免）に因む。後に「後免」と改められたという。なお，市名の読みは「なんごく」ではなく「なんこく」。

①永犬丸　筑豊電鉄。福岡県北九州市八幡西区里中一丁目
②下郡　（JR東日本）久留里線。千葉県君津市山本湯名下
③布崎（いちばた）　一畑電車北松江線。島根県出雲市園町
④相見　（JR東海）東海道本線。愛知県額田郡幸田町（こうたちょう）菱池（ひしいけ）
⑤鹿折唐桑　JR大船渡線。宮城県気仙沼市新浜町一丁目
⑥式敷　（JR西日本）三江線。広島県安芸高田市高宮町佐々部
⑦山城　三岐鉄道三岐線。三重県四日市市山城町
⑧三代橋　松浦鉄道西九州線。佐賀県西松浦郡有田町南原（ちょうなんばる）
⑨宝積寺　JR東北本線・烏山線。栃木県塩谷郡高根沢町宝積寺
⑩三郷　（JR東日本）武蔵野線。埼玉県三郷市三郷一丁目

---

①中田平　松浦鉄道西九州線。長崎県平戸市田平町下亀免（しもがめめん）
②逆瀬川　（阪急）今津線。兵庫県宝塚市逆瀬川二丁目
③撫養　（JR四国）鳴門線。徳島県鳴門市撫養町南浜
④社町　（JR西日本）加古川線。兵庫県加東市河高大谷口（こうたかおおたにぐち）
⑤蘭越　（JR北海道）函館本線。磯谷郡蘭越町蘭越
⑥実籾　京成電鉄本線。千葉県習志野市実籾
⑦谷上　北神急行電鉄・神戸電鉄。神戸市北区山田町下（しも）谷上
⑧向洋　（JR西日本）山陽本線。広島県安芸郡府中町（ちょう）青崎南
⑨分倍河原　JR南武線・京王電鉄。東京都府中市片町（かたまち）二丁目
⑩松尾寺　（JR西日本）小浜線。京都府舞鶴市吉坂（きちさか）

①**えいのまる** 昔，海であったといわれ，船の名前からとったともいう。
②**しもごおり** 古代～近代の郡名「望陀郡（もうだ）」の中で，上・中・下に分けて下に当たる地に由来するという。駅は君津市にあるが，駅名となった下郡の地名は現在隣接の木更津市にある。③**ぬのざき** 由来等は不明。④**あいみ** 中世に相見荘と称されていた周辺の村が合併して誕生した旧額田郡相見村名（明治22～39）に因む。駅設置は平成24年3月。⑤**ししおりからくわ** 鹿折にはかつて鹿が多く生息していたため，「ししおり」と称し，「鹿居」が鹿折に転訛したという。鹿の「しし」は国訓で，しか・いのししなどの総称。唐桑は平泉藤原時代に唐の交易船が海岸に漂着し，唐木を伝え，そのうち桑の木が成長したことによるという伝承がある。駅開設時は鹿折駅，昭和61年観光地の唐桑半島への最寄り駅であることから改称。平成23年3月の東日本大震災で被害を受け，現在，BRT（バス高速輸送システム）区間となっている。
⑥**しきじき** この地で後鳥羽上皇が崩御された時，式場に敷物を敷いて葬ったという伝承によるが，他説もある。⑦**やまじょう** 朝明（あさけ）川中流右岸にある江見名氏の山城跡に由来するのかという。「やましろ」ではない。
⑧**みだいばし** 由来等不明。⑨**ほうしゃくじ** 木曽義仲（源義仲，1154～84）の室妙清尼が夫の菩提供養のため，当地に妙清山宝積寺を建立したことに因むという伝承がある。積は呉音。⑩**みさと** 昭和31年に東和村・早稲田村・彦成村の3村が合併した三郷村（昭和47年市制）に因むが，特に，郷の字を用いたのは，この地が二郷半領（にごうはんりょう）の郷と呼ばれていたためである。

---

①**なかたびら** 由来等不明。②**さかせがわ** 武庫川西岸の支流で，海水がここまで逆流したことによるとか，また，武庫川の増水時によく逆流したからともいわれている。姓氏あり。③**むや** 港に船を係留する意の「もやい（舫い）」の転訛説や南海道の水駅として設けられた室屋の転訛説，藻屋（もや）の転訛説などがある。④**やしろちょう** 佐保（さほ）神社に因むという。⑤**らんこし** アイヌ語「ranko-ush-i，ランコ・ウシ・イ」（桂の木が群生する所）の転訛という。桂の木はアイヌの漁労に必要な丸木船を作るのに最も良い木だったという（更科源蔵）。また，「ラン・クシュ」（下へ・流れる）の当て字ともいう。
⑥**みもみ** 籾のよく実る水田があったことに由来するのではないかといわれる。「御籾」「神籾」の転ではないかともいう。家康が名付けたとも伝えられる。
⑦**たにがみ** 美嚢川を経て加古川に注ぐ山田川の谷の上流に当たることから（『兵庫難読』）。⑧**むかいなだ** 駅は府中町にあるが，駅名は近接した広島市南区の地名から。⑨**ぶばいがわら** 分倍は六所の神を分配してまつる六所分配に由来する説や国府の背後という意の府背が転訛した説などがあるという。
⑩**まつのおでら** 西国二十九番札所の真言宗醍醐派松尾寺の最寄り駅であるが，当駅からお寺まで徒歩50分かかるという。「まつおでら」ではない。

①三沢　（西鉄）天神大牟田線。福岡県小郡市三沢
②下小代　東武鉄道日光線。栃木県日光市小代
③妻鹿　山陽電鉄本線。兵庫県姫路市飾磨区妻鹿
④小海　（JR東日本）小海線。長野県南佐久郡小海町小海
⑤壬生　東武鉄道宇都宮線。栃木県下都賀郡壬生町駅東町
⑥神辺　JR福塩線・井原鉄道。広島県福山市神辺町川南
⑦武庫　（JR西日本）伯備線。鳥取県日野郡江府町武庫
⑧等々力　（東急）大井町線。東京都世田谷区等々力3丁目
⑨下条　（JR東日本）飯山線。新潟県十日町市下条四丁目
⑩三会　島原鉄道。長崎県島原市大手原町

----

①信貴山下　（近鉄）生駒線。奈良県生駒郡三郷町勢野西二丁目
②日原　（JR西日本）山口線。島根県鹿足郡津和野町枕瀬
③八色　（JR東日本）上越線。新潟県南魚沼市五箇
④三毛門　（JR九州）日豊本線。福岡県豊前市三毛門
⑤二和向台　新京成電鉄。千葉県船橋市二和東五丁目
⑥金田　平成筑豊鉄道。福岡県田川郡福智町金田
⑦牟礼　しなの鉄道北しなの線。長野県上水内郡飯綱町豊野
⑧北俣　（JR九州）日豊本線。鹿児島県曽於市財部町北俣
⑨美唄　（JR北海道）函館本線。美唄市東1条南2丁目
⑩耳成　（近鉄）大阪線。奈良県橿原市石原田町

①**みつさわ** 当地に北から東に派生する3つの低い丘陵があることと関連があるのではないかともいわれている。②**しもごしろ** 小代は昔からの稲作地帯で，苗代（なわしろ）が転訛したという。地名は清音であるが，語呂の関係か，駅名は濁音。代は国訓。③**めが** この地付近で応神天皇または仁徳天皇が狩りをした際，雌雄2頭の鹿が現れ，雄鹿は対岸の男鹿（たんが）島（姫路市家島町）へ渡った。しかし，雌鹿は当地の山中に入ったという伝承に因むという。妻は「めあわす（嫁にやる）」の略当て字か。妻を「メ」と読む地名に埼玉県熊谷市妻沼がある。鹿を「ガ」と読む地名は少ないようである。＊熊本県山鹿（やまが）市。④**こうみ** 仁和3年（887）または同4年（888），八ヶ岳の水蒸気爆発によって，川がせき止められ，湖ができたが，これが海のようにみえたことに因むという。⑤**みぶ** 壬生部（べ）が住んだ土地に由来。壬生部とは，皇族に子供が生まれたとき，産殿に仕える部民のこと。干ぴょうの産地として知られる。⑥**かんなべ** 「神を祀った近く」→「神の辺（そば）」に由来するという。⑦**むこ** 昔，このあたり一帯は武庫の郷といった。兵器の倉庫に由来する説や俣野川が日野川へ合流する扇状台地にあり，向岸の意などの説がある。⑧**とどろき** 当地にある滝の音（トドロキ）に由来するという。
⑨**げじょう** 中世の条里制の名残を示す地名という（『JR・第三セ』）。⑩**みえ** 金洗川・西川・中河川の川尻に3つの入江があったことに由来するという。

---

①**しぎさんした** 駅の北西にある信貴山（437m）の最寄り駅。②**にちはら** 当地が小高い丘で日が良く当たるからとも，総鎮守大元社が日池ヶ原にあることから，その転訛によるともいわれる。③**やいろ** 当地の八色原（やいろはら）と呼ばれる地域名に因むと思われる。八色原の由来は「春から秋にかけて八色の草花（こぶし・桜・つつじ・藤・チューリップ・椿・ひまわり・コスモス）が咲き乱れる原」によるという。④**みけかど** 上代は，この地方は御膳（みけ）部と呼ばれ，三毛作（稲・麦・粟）が実る肥沃な土地であったといわれ，当地は御膳部の門戸（もんこ）であったことに由来するという（『角川・福岡』）。⑤**ふたわむこうだい** 二和は，明治新政府が殖産興業の一環として推進した下総牧の開墾地で，入植の順序が2番目であったことや開拓民の和を組み合わせ，明治5年に立村した二和村名（〜明治22）に由来。
⑥**かなだ** 6世紀中頃の郡司（ぐんし）「金田麿（かなだまろ）」に因むという（『福智町HP』）。⑦**むれ** 群れの意ではないか，また「ムラ（村）」の転訛ではないかともいわれている。古代朝鮮語の「ムレ（山）」に由来する説やアイヌ語「muro（穴居の室）」の転訛説もある（『山本・アイヌ』）。⑧**きたまた** 北の方にある谷筋の意ではないかともいう。俣は国字。⑨**びばい** アイヌ語「ピパ・オ・イ，pipa-o-i」（カラス貝の多い処）の転訛という。
⑩**みみなし** 駅の近くにある大和三山の一つ，耳成山（139m）に因む。ミミ（耳）は突出部を意味し，ナシ（成）は生（ナ）しで，大和平野に隆起する独立の小丘の意ともいう（『地名伝承論』）。

①神水・市民病院前　(電停)　熊本市電。中央区神水本町・東区健軍二丁目
②安来　(JR西日本)　山陰本線。島根県安来市安来町
③向島　(近鉄)　京都線。京都市伏見区向島東定請
④志布志　JR日南線。鹿児島県志布志市志布志町志布志二丁目
⑤香呂　(JR西日本)　播但線。兵庫県姫路市香寺町中屋
⑥道上　(JR西日本)　福塩線。広島県福山市神辺町道上
⑦唐の原　(西鉄)　貝塚線。福岡市東区和白四丁目
⑧相良藩願成寺　くま川鉄道湯前線。熊本県人吉市北泉田町
⑨美里　(JR東日本)　小海線。長野県小諸市市
⑩介良通　(電停)　とさでん交通後免線。高知市高須本町

---

①抜海　(JR北海道)　宗谷本線。稚内市抜海村クトネベツ
②箕面　(阪急)　箕面線。大阪府箕面市箕面一丁目
③昆布盛　(JR北海道)　根室本線。根室市昆布盛
④堅下　(近鉄)　大阪線。大阪府柏原市大県二丁目
⑤姪浜　JR筑肥線・福岡市営地下鉄。西区姪の浜四丁目
⑥三国港　えちぜん鉄道三国芦原線。福井県坂井市三国町宿1丁目
⑦目出　JR小野田線。山口県山陽小野田市小野田字目出
⑧八柱　新京成電鉄。千葉県松戸市日暮1丁目
⑨楠久　松浦鉄道西九州線。佐賀県伊万里市山代町楠久
⑩御崎　(JR北海道)　室蘭本線。室蘭市御崎町2丁目

①くわみず・しみんびょういんまえ 「神水」は，元細川刑部邸の別荘「神水苑（しんすいえん）」の湧き水に因む。「神水」は，「美しいきれいな水」の意で，神聖な水としてこの名が当てられたという。「神」を「くわ」と読む地名は他にないようである。②やすぎ 須佐之男命（スサノオノミコト）がこの地に来て，「吾が御心は安（やす）来けくなりぬ」といった神話に因むという。③むかいじま 秀吉が伏見城に在城の頃，当地が宇治川を挟んで伏見指月（しげつ，現伏見区桃山町泰長老（たいちょうろう））の対岸に位置したことに由来するという。＊東京都墨田区向島は「むこうじま」。④しぶし 濁った湿地に因むとか，アイヌ語説（大きな川口の意）や滞在中の天智天皇に布を織りあげて献上した伝承説などがある。駅所在地は志布志が連続する珍しい地名。⑤こうろ 旧神崎郡香呂村名（明治22～昭和29）から。市川の右岸にあり，川原の転訛という。また，かつて郡の中心で郡家（ぐんけ）と関係のある郡（こおり）の転訛ではないかともいう。⑥みちのうえ 旧道上村名（明治22～昭和29）から。村名は，『福山志料』に「今按ニ，ムカシノ山陽道ハコヽニテ，イマハ石州銀山ノミノ路トナル，ソノ道ノ上ナルユエ，コノ名アリ」に因むという。⑦とうのはる 唐人塚があるからといわれているが，周辺の地名を塚の元・塔の元ということに因むともいう。⑧さがらはんがんじょうじ 相良藩の菩提寺名から。成は呉音。成仏の成。⑨みさと 地名ではない。美しい里の意から。⑩けらどおり 江戸期に介良村とみえる。介良は「ケ（食）ラ（接尾語）」と思われ，食物の生産に適した所とみられるという（『吉田・語源』）。

①ばっかい アイヌ語「pakkay-pe，パッカイ・ペ」（子を背負う・もの）の当て字という。②みのお 渓谷の滝の流水が「箕のおもて」に似ていることから付けられた箕面滝（日本の滝百選）に因むという。箕は，竹などで編んだちり取り型の農具。また，水尾（ミノオ）すなわち分水嶺の意であろうともいう（『山中・語源』）。③こんぶもり アイヌ語「コンプ・モイ（コンブのとれる湾）」の当て字という。④かたしも 『続日本紀』養老4年の条にみえる堅下郡に因む。ブドウの産地として知られる。⑤めいのはま 「メイ」は「メフ（海布）」で，海藻が採れた浜説など諸説がある。⑥みくにみなと 三国は九頭竜川河口部に位置し，かつて北前船でにぎわった港町。三国の由来は河口一帯が湿地であったことから，水国（みずくに）と呼称されるようになり，いつしか，三国に転訛したともいわれる。⑦めで 免田（めんでん，年貢・公事などの貢租を免除された田畑）の転訛ではないかという。⑧やばしら 旧葛飾郡八柱村名（明治22～昭和13）から。村名は，現地名に残る紙敷（かみしき）・田中新田など8ヵ村が合併して成立した。田中新田には，昭和10年，墓地不足で悩んだ東京市（当時）が開設した広大な東京都立八柱霊園がある。嘉納治五郎，西條八十などが眠る。⑨くすく 楠が生えていた地か。沖縄語の城（グスク）と関係があるのかもしれない。城があった地の意か。⑩みさき アイヌ語「エサシ」（岬）を意訳したものといわれているが，異説がある。

①杵築　（JR九州）日豊本線。大分県杵築市八坂野添
②三里　三岐鉄道三岐線。三重県いなべ市大安町平塚
③三門　（JR東日本）外房線。千葉県いすみ市日在（ひあり）
④河内磐船　（JR西日本）片町線。大阪府交野市森南一丁目
⑤下徳富　（JR北海道）札沼線。樺戸郡新十津川町（ちょう）花月
⑥樅山　東武鉄道日光線。栃木県鹿沼市樅山町
⑦東雲　京都丹後鉄道宮津線。京都府舞鶴市水間（みずま）
⑧下山門　（JR九州）筑肥線。福岡市西区下山門四丁目
⑨箕谷　神戸電鉄有馬線。神戸市北区山田町下谷上字箕谷
⑩戸田　（JR西日本）山陽本線。山口県周南市夜市（やじ）

---

①大安　三岐鉄道三岐線。三重県いなべ市大安町大井田
②加須　東武鉄道伊勢崎線。埼玉県加須市中央一丁目
③咲花　（JR東日本）磐越西線。新潟県五泉市佐取
④小菅　東武鉄道伊勢崎線。東京都足立区足立二丁目
⑤下総松崎　（JR東日本）成田線。千葉県成田市大竹
⑥御影　阪急神戸本線（東灘区御影山手）。阪神本線（御影本町）
⑦秦野　小田急電鉄小田原線。神奈川県秦野市大秦町（たいしん）一丁目
⑧堀内　三陸鉄道北リアス線。岩手県下閉伊郡普代村
⑨新河岸　東武鉄道東上本線。埼玉県川越市砂
⑩三角　（JR九州）三角線。熊本県宇城市三角町（まち）三角浦

①きつき　八坂（やさか）郷木付（きつき）の庄と呼ばれていた。木田の舟着き場の転訛説や高所にキ（接頭語）ツキ（築）の語源説などがある。正徳2年（1712）幕府から朱印状を拝領した時,「豊後国杵築」となる。アイヌ語説もある（『山本・アイヌ』）。②みさと　旧員弁（いなべ）郡三里村名（明治22～昭和34年）から。村名は,高柳・平塚・石榑下（いしぐれしも）の3ヵ村が合併し成立したことに因む。③みかど　夷隅川の支流江場戸川で寸断され,三方が角地になっているからとの説がある（『JR・第三セ』）。なお,所在地の日在は難読地名。④かわちいわふね　旧交野郡（後に北河内郡）磐船村名（明治22～昭和14）から。村名は舟形巨岩を御神体とする磐船神社に由来する。河内を冠したのは,JR両毛線の岩舟駅と区別するため。⑤しもとっぷ　徳富川の下流にあるため。徳富はアイヌ語「トック」（小山より出た）の転訛という。⑥もみやま　籾山生子（もみやまいきこ）神社への最寄り駅。同神社は子供の健やかな成長を祈願して,毎年9月に開催される「泣き相撲」で知られる。⑦しののめ　由良川（大雲川）の東岸に由来する旧加佐郡東雲村名（明治22～昭和3）から。⑧しもやまと　山門とは,西にある毘沙門天の山門を指す（『JR・第三セ』）。門は名乗りで「と」読む。⑨みのたに　「水の谷」と呼ばれていた処が「ミンノタニ」となり,転訛したという。⑩へた　田の端（はた）か,川のほとりに開けた集落の意か。静岡県沼津市戸田は「へだ」と読む。戸は国訓。

---

①だいあん　古代に奈良の大安寺領に属していたことに因む。②かぞ　往古,「加増」と書いた。治水工事や新田開発などで石高が増加することに由来するとの説がある。「増」に何故「須」の字を当てたかは不明。アイヌ語説「kas-u, 徒渉する」（『山本・アイヌ』）。③さきはな　咲花温泉名から。湯花（湯の華）が噴出していたことに因むという。咲は国訓。④こすげ　駅は足立区の端にあるが,すぐ近くの葛飾区小菅1丁目に,東京拘置所（小菅と呼ばれることもある）がある。「菅」は「カヤ」の意。昔,カヤやアシが低地のこの付近に繁茂していたことに由来するという。⑤しもうさまんざき　下総は旧国名。駅の近くにある松崎（藩政村「松崎村」）に因む。まつ（曲）・さき（丘の先端）の意で,小橋川の曲流部の丘陵の先端をさすという。⑥みかげ　古代,この地に鏡を作る職人集団・鏡作部（かがみつくりべ）が住んでいたという。鏡を御影見（おかげみ）といったことに因むという。阪急電鉄と阪神電鉄の御影駅は約1.2km離れており,阪急電鉄の駅周辺は住宅地,阪神電鉄の方は商業地域となっている。⑦はだの　渡来人系の秦氏が開発した地と伝えられる。⑧ほりない　ナイはアイヌ語（川や沢の意）とみられることから,アイヌ語に因む地名ではないかといわれている。⑨しんがし　駅の東を流れる新河岸川から。同川は岩淵水門（東京都北区）の少し下流で墨田川に注ぐ。⑩みすみ　宇土半島の隅（＝先端）に因むという（『JR・第三セ』）。また,山に大蛇が住んでいたので「巳（み）住み」と呼ばれ,これに三角の字を当てたとの伝承もある（『角川・熊本』）。

①余部　（JR西日本）姫新線。兵庫県姫路市青山北一丁目
②船引　（JR東日本）磐越東線。福島県田村市船引町（まち）船引
③茂木（もぎ）　真岡鐵道真岡線。栃木県芳賀郡茂木町
④本俣賀　（JR西日本）山口線。島根県益田市本俣賀町
⑤南巽　大阪市営地下鉄千日前線。生野区巽東二丁目
⑥滑川　あいの風とやま鉄道・富山地方鉄道。富山県滑川市辰野
⑦柚須　（JR九州）篠栗線。福岡県糟屋郡粕屋町柚須
⑧三次　JR芸備線・福塩線・三江線。広島県三次市十日市南一丁目
⑨白木山　（JR西日本）芸備線。広島市安佐北区白木町三田
⑩増毛　（JR北海道）留萌本線。増毛郡増毛町（ちょう）

---

①六輪　（名鉄）尾西線。愛知県稲沢市平和町須ヶ脇
②博労町　（JR西日本）境線。鳥取県米子市博労町一丁目
③那古船形　（JR東日本）内房線。千葉県館山市船形
④吹浦　（JR東日本）羽越本線。山形県飽海（あくみ）郡遊佐（ゆざ）町吹浦
⑤豊後国分　（JR九州）久大本線。大分市国分
⑥新発田　JR羽越本線・白新線。新潟県新発田市諏訪町一丁目
⑦比婆山　（JR西日本）芸備線。広島県庄原市西城町大屋
⑧日向大束　（JR九州）日南線。宮崎県串間市奈留（なる）
⑨止別　（JR北海道）釧網本線。斜里郡小清水町（ちょう）止別
⑩白沢　（JR九州）指宿枕崎線。鹿児島県枕崎市白沢西町（まち）

①よべ　旧飾磨（しかま）郡余部村名（明治22〜昭和21）から。村名は，律令制で50戸を「郷（里）」としたが，はみ出した場合は「余部（あまるべ）」と称したことに由来するとみられる。②ふねひき　大滝根（おおたきね）川の川幅が狭く，船を引いて運行していたことに由来するという。また，坂上田村麻呂（758〜811）が東征の際，戦病死者を舟に乗せて引いたという伝承説もある。③もてぎ　中世期の統治者八田知基（はったとももと，後に茂木に改姓）が植えたケヤキが繁茂したことに因むという。④ほんまたが　川の合流点（股川）に因むともいう。⑤みなみたつみ　巽は大阪城の東南方に位置していることから付けられた地名。駅名は巽の南に位置することから。
⑥なめりかわ　当地を流れる川の川底が石についた藻や苔などでつるつるすることによるとか，日本海の荒海が河川に入り込むことから，波入（なみいり）川と称されたものが，転訛したのではないかなどの説がある。⑦ゆす　砂洲の土地に柚子（ゆず）が植えられていたことに因むという（『JR・第三セ』）。
⑧みよし　諸説がある。(1)語源は3つの宿を意味する「みすき」の転訛。(2)古代朝鮮語のスキ（村）から水が落ち合う水村（みすき）の転訛。(3)川流が集まる所「ミヨセ（水寄）」の意の転訛。⑨しらきやま　駅の北部にそびえる白木山（889m）に因む。⑩ましけ　アイヌ語「マシケイ」（カモメの多い所）の転訛という。豊漁でカモメが群生したという。

---

①ろくわ　6ヵ村が合併して成立した旧中島郡六輪村名（明治22〜39）から。②ばくろうまち　牛馬の売買を行う博労（馬喰）業者が居住していたことに因む。③なこふなかた　那古観音の門前町である旧安房郡那古（なご）町（明治26〜昭和14）と，漁業の町である旧安房郡船形村（明治22〜明治30町制〜昭和14）との間に立地したことによる。那古の町名は「なご」であるが，語呂の関係か，駅名は「なこ」と清音である。ナコは海がなごやかの意，船形は背後にある堂山（107m）の形状が転覆した船に似ていることによるという。
④ふくら　川や海に近い袋状の土地に由来するのでないかという。
⑤ぶんごこくぶ　駅近くに，豊後国分寺跡があることから。⑥しばた　諸説がある。(1)柴が生えていた地を開拓し水田とした。(2)アイヌ語「シビタ」（鮭のとれる場所）説。(3)湿地を意味する「州（す）の端（はた）」の転訛。(4)柴田勝家の祖先の地に因む。(5)古代豪族斯波氏に関係した地に因む。⑦ひばやま　比婆郡の北部，比和町と西城町の境にある山名（1,246m）から。比婆は檜葉（ひば）に由来するとの説がある。⑧ひゅうがおおつか　古墳に因む説や，束が作物の収穫と関係があるとみられることから，広い畑の台地に因む説などがあるという。日向を冠したのは，JR山手線の大塚駅（東京都豊島区）と区別するため。⑨やむべつ　アイヌ語「ヤム・ペッ」（冷たい・川）の当て字という。⑩しらさわ　シラス土壌の土地に因むという（『JR・第三セ』）。

①田県神社前　（名鉄）小牧線。愛知県小牧市久保一色
②蒔田　横浜市営地下鉄（１号線）。南区宮元町三丁目
③柏矢町　（JR東日本）大糸線。長野県安曇野市穂高柏原
④三良坂　JR福塩線。広島県三次市三良坂町三良坂
⑤新野　（JR四国）牟岐線。徳島県阿南市新野町
⑥上下　（JR西日本）福塩線。広島県府中市上下町上下
⑦鰭ヶ崎　流鉄流山線。千葉県流山市鰭ヶ崎
⑧平津　三岐鉄道三岐線。三重県四日市市平津町
⑨端間　（西鉄）天神大牟田線。福岡県小郡市福童
⑩智頭　JR因美線・智頭急行。鳥取県八頭郡智頭町智頭

---

①三松　（JR西日本）小浜線。福井県大飯郡高浜町東三松
②下野大沢　（JR東日本）日光線。栃木県日光市土沢
③馬喰町　JR総武本線。東京都中央区日本橋馬喰町一丁目
④四街道　JR総武本線。千葉県四街道市四街道一丁目
⑤節婦　（JR北海道）日高本線。新冠郡新冠町節婦町
⑥鳥栖　（JR九州）鹿児島本線・長崎本線。佐賀県鳥栖市京町
⑦本宮　（JR東日本）東北本線。福島県本宮市本宮
⑧反町　（東急）東横線。横浜市神奈川区上反町
⑨甚目寺　（名鉄）津島線。愛知県あま市甚目寺
⑩門田　会津鉄道会津線。福島県会津若松市門田町面川

①**たがたじんじゃまえ** 県はアガタと読むが、「a」の重複を略（taagata → tagata）。②**まいた** 駅は宮元町にあるが、かつて蒔田の中心地であったからか。蒔田は『更級日記』にみえる「あすだ河」（大岡川）が「明田」→「まいた」に転訛し「蒔田」の字を当てたといわれる。③**はくやちょう** 周辺の地名である柏原と矢原の頭文字の合成による。④**みらさか** 当地ではかつて韮（にら）が採れたのか、韮の古名をミラといい、三良坂は韮坂の意ともいわれる。⑤**あらたの** かつては荒田野（荒地の多い土地の意か）と書いたが、明治22年の市制町村制施行で同音の新野村（大正4町制〜昭和30）となる。⑥**じょうげ** 当地が山陰・山陽の分水嶺であることに由来するという。また、山陰・山陽を結ぶ交通の要地にあり、人々の生活が坂道を上下して営まれていたことに因むとも、城下の転訛ともいう。⑦**ひれがさき** この地の台地の地形が魚の「背びれ」に似ていることに因むとか、弘法大師伝説の神竜の残した「ひれ」によるとも伝えられる（『角川・千葉』）。⑧**へいづ** 朝明（あさ）川の水深が深かった頃、この地が周辺の物品の移出入港であり、平地であったことに因むという。⑨**はたま** 由来等は不明。⑩**ちず** チは「道」、ズ（ヅ）は「頭」の意で、都から因幡の国府へ入る最初の道とする説やツツ状の地形説などがある。駅名は「ちず」であるが、町名は「ちづ」。

---

①**みつまつ** 入津する船が海岸の三本松を目印にしたことに因むとも伝えられる。②**しもつけおおさわ** 下野は旧国名（現栃木県）。下野を冠したのは、奥羽本線の大沢駅（山形県米沢市）や上越線の大沢駅（新潟県南魚沼市）と区別するため。③**ばくろちょう** 江戸時代以前から馬の売買などを行う「ばくろう」が住んでいたことに由来。関ヶ原の戦いに備え、ここで軍馬を調達したと伝えられる。「ばくろうちょう」ではない。なお、JR境線の博労町駅（鳥取県米子市）は「ばくろうまち」。④**よつかいどう** 藩政村畔田（あぜた）村の台地に成田街道と佐倉街道が交差する四辻があったことに由来するという。⑤**せっぷ** アイヌ語「ポロ・セプ・ペッ」（親である広い川）の転訛という。⑥**とす** 応神天皇の頃、当地に色々な鳥を飼育する鳥屋があり、天皇に献上したことに因むという。⑦**もとみや** 久安年間（1145〜51）に、安達太良（あだたら）山にある安達太良神社を現在の位置に移し、安達郡の鎮守とした時に、本宮の地名が付いたという（『JR・第三セ』）。⑧**たんまち** 焼畑（ヤキハタ）を意味する反畑（ソリハタ）と関連があるかもしれないという。「マチ」は一囲いの地の意か。反は国訓。⑨**じもくじ** 旧甚目寺村名（明治22〜昭和8年町制〜平成20）から。村名は尾張四観音の一つ甚目寺観音に因む。甚を「ジ」と読む地名はほとんどないようである。⑩**もんでん** 屋敷前の田の意か。門田には、「もんでん」のほか、かどた、もんで、かんた、もんだ、もんた等色々な読み方がある。

①三河内　（JR九州）佐世保線。長崎県佐世保市三川内本町（まち）
②高城　（JR九州）日豊本線。大分市高城新町（しんまち）
③新田塚　えちぜん鉄道三国芦原線。福井市新田塚２丁目
④湯前　くま川鉄道湯前線。熊本県球磨郡湯前町
⑤備中箕島　JR宇野線（瀬戸大橋線）。岡山市南区箕島
⑥唐丹　三陸鉄道南リアス線。岩手県釜石市唐丹町
⑦左堰　（JR東日本）津軽線。青森市左堰
⑧馬堀海岸　京浜急行電鉄本線。神奈川県横須賀市馬堀町三丁目
⑨妙典　東京地下鉄東西線。千葉県市川市富浜一丁目
⑩福渡　（JR西日本）津山線。岡山市北区建部町福渡

---

①三ヶ日　天竜浜名湖鉄道。静岡県浜松市北区三ヶ日町
②別府　山陽電鉄本線。兵庫県加古川市別府町（ちょう）朝日町（まち）。
③蛍池　（阪急）宝塚本線・大阪高速鉄道（大阪モノレール）。大阪府豊中市蛍池中町（なかまち）三丁目
④新治　（JR東日本）水戸線。茨城県筑西市新治
⑤羽生田　JR信越本線。新潟県南蒲原郡田上町羽生田
⑥御代田　しなの鉄道。長野県北佐久郡御代田町御代田
⑦仁山　（JR北海道）函館本線。亀田郡七飯町（ななちょう）仁山
⑧鵯越　神戸電鉄有馬線。神戸市兵庫区里山町
⑨葉木　（JR九州）肥薩線。熊本県八代市坂本町葉木
⑩利別　（JR北海道）根室本線。中川郡池田町（ちょう）利別西町（まち）

①みかわち　水が豊富な山間の小平地（川内）で，三は美称かという（『角川・長崎』）。駅名は三河内だが，所在地は三川内。②たかじょう　駅近くにある高城観音吉祥院に因む。③にったづか　新田義貞（1301〜38）の戦没地に因むという。④ゆのまえ　湯山温泉（球磨郡水上（みずかみ）村）の手前に位置するからともいう。⑤びっちゅうみしま　かつて児島湾が深く湾入していた頃，農家で使用する箕（み，竹などで編んだちり取り型の農具）の形をした砂地があり，干拓が進むにつれ陸地になったという（『岡山地名事典』）。備中を冠したのは，紀勢本線の箕島（みのしま）駅と区別するため。
⑥とうに　アイヌ語「kara-ni」の転訛。kara（発火器）ni（木）の意（『東北六県』）。こすると火が出る木がある所の意か。平泉藤原時代の唐船密貿易港説もある。⑦ひだりせき　川の左岸に堰を作って集落を作ったことを示す農耕地名という（『JR・第三セ』）。⑧まぼりかいがん　諸説がある。(1)海岸が丘陵に挟まれ，まるで堀のように見えたから。(2)景色が美しく，美称の接頭語「ま」を付けた。(3)馬を放牧していたことから，馬が足で岩に穴をあけ，そこから清水が湧き出た。⑨みょうでん　永禄8年（1565）日蓮宗妙好寺の建立後，法華経宣揚の地となり，「すぐれた教えを説いた経典，法華経」を意味する妙典の名称が付けられたという（『角川・千葉』）。⑩ふくわたり　津山往来の深渡しの渡船場の「深」の代わりに好字の「福」を当てたのであろうという旧久米郡福渡村名（明治22〜昭和30町制〜昭和42）から。

---

①みっかび　毎月3の日に市場が開かれたことに由来するなど諸説がある。ミカンの有数の産地。②べふ　武将・赤松政村（1495〜1565）の従者・別符三郎十郎忠房がこの地を開拓したことに由来し，別符が別府に転訛したという（『角川・兵庫』）。③ほたるがいけ　「ほたるいけ」ではない。駅開設当時（明治43），近くにあった蛍狩りで有名な蛍池に因むという。駅が出来てから周辺にも蛍地を冠する町名が用いられるようになったという（『大阪難読』）。
④にいはり　ハリは墾の意で，本村から離れて新しく開墾した土地を指すという（『JR・第三セ』）。⑤はにゅうだ　粘土質の土地を意味する埴生に由来するのではないかといわれている。姓氏あり。⑥みよた　旧佐久郡御代田村名（明治8〜昭和31町制）から。村名は，明治の御代に田の付く前田原・池田新田・児玉新田・小田井の4村が合併したことに因む。⑦にやま　アイヌ語「ニ・ヤム，ni-yam」（木・栗）の転訛。栗が採れたと思われる。⑧ひよどりごえ　狭い谷間にある峠のため鵯のような小鳥しか越えられなかったという急峻な坂道説など諸説がある。駅の標高は134m。鵯は国訓。⑨はき　「ハキ（吐）」の意で，支流が球磨川へ流れ出る所を指すともいう。⑩としべつ　アイヌ語「トシ・ペッ，tush-pet」（縄・川）の当て字という。この川がうねり曲がっているから。また，「ト・ウシ・ペッ」（湖沼の・多くある・川）と解する説（更科源蔵）などがある。

①備中呉妹　井原鉄道井原線。岡山県倉敷市真備町尾崎井野
②小前田　秩父鉄道秩父本線。埼玉県深谷市小前田
③毛賀　（JR東海）飯田線。長野県飯田市毛賀
④開聞　（JR九州）指宿枕崎線。鹿児島県指宿市開聞十町（じゅっちょう）
⑤古虎渓　（JR東海）中央本線。岐阜県多治見市諏訪町神田（かんだ）
⑥益生　（近鉄）名古屋線。三重県桑名市矢田
⑦神農原　上信電鉄上信線。群馬県富岡市神農原
⑧都府楼南　JR鹿児島本線。福岡県太宰府市都府楼南三丁目
⑨河内天美　（近鉄）南大阪線。大阪府松原市天美南三丁目
⑩舎人　東京都交通局日暮里・舎人ライナー。足立区舎人一丁目

---

①八浜　（JR西日本）宇野線。岡山県玉野市八浜町大崎
②上諸江　北陸鉄道浅野川線。石川県金沢市諸江町（まち）
③香椎宮前　（西鉄）貝塚線。福岡県福岡市東区千早五丁目
④乱川　（JR東日本）奥羽本線。山形県天童市乱川
⑤犀潟　JR信越本線・北越急行。新潟県上越市大潟区（おおがた）犀潟
⑥金華　（JR北海道）石北本線。北見市留辺蘂町（るべしべちょう）金華
⑦小木ノ城　（JR東日本）越後線。新潟県三島郡出雲崎町小木
⑧三石　（JR西日本）山陽本線。岡山県備前市三石
⑨倶知安　（JR北海道）函館本線。虻田郡倶知安町（ちょう）
⑩笠置　（JR西日本）関西本線。京都府相楽郡（そうらく）笠置町笠置

①びっちゅうくれせ　備中は岡山県西部の旧国名。この地がかつて旧吉備郡呉妹村（明治22〜昭和27）であったことから。駅設置は平成11年1月。
②おまえだ　戦国期に御前田とみえる。藩政村「小前田村」。「小」は美称、前田は「屋敷前にある田」のことという（『角川・埼玉』）。③けが　天竜川中流右岸の河岸段丘の下に立地し、毛（穀物）のとれる土地の意ではないかともいう。④かいもん　開聞岳（924m）への登山口駅。駅の北東にある枚聞（ひらきき）神社の転訛か。⑤ここけい　ゴツゴツした岩がある意ともいう。同市にある虎渓山と関係があるとみられる。虎渓は中国の名山「廬山」の虎渓に似ているとこから付けられたともいう。⑥ますお　益田荘（荘園）に因むといわれる。⑦かのはら　江戸期は神原村と記したが、南甘楽郡の神ヶ原と区別するため神農原と改称。⑧とふろうみなみ　太宰府政庁跡（都府楼跡）の南にあることから。＊太宰府（664年設置）を都督府（ととくふ）と称した。
⑨かわちあまみ　阿麻美許曽（あまみこそ）神社に因むという。⑩とねり　諸説がある。(1)奈良時代の政治家・舎人親王（？〜735）に因む。(2)舎人（律令制下の下級役人）が居住していた地に因む。(3)当地に住み、付近一帯を所領していた舎人土佐守（1568年死去という）に因む。(4)アイヌ語説。

---

①はちはま　室町期からみえる地名。「波知の浜」の転訛とみられるという。
②かみもろえ　浅野川下流左岸の低湿地に立地。多くの入江の意か。南北朝期からみえる地名。江は国訓。③かしいみやまえ　「ぐうまえ」ではない。⇒香椎（56頁）④みだれがわ　平常は、流水はみられないが、洪水時には荒れる川に変貌する川名に由来するという。⑤さいがた　旧中頸城郡犀潟村名（明治22〜34）から。村名は、日本海に臨む砂丘上の佐味が転訛したという。
⑥かねはな　旧奔無加（ぽんむか）駅で、アイヌ語「ポン・ムカ，pon-muka」（小さい・無加川（支流））の当て字（『山田・アイヌ』）であるが、付近に金鉱があるのと、無加の「加」の字を「華」として、昭和26年7月、金華と改訂した。平成28年3月26日に旅客営業を廃止し、信号場となった。
⑦おぎのじょう　駅の南東にある小木ノ城跡（長岡市）に因む。出雲崎町は良寛の生地。松尾芭蕉が「荒海や佐渡によこたふ天河」と詠んだ地。
⑧みついし　石はろう石（彫刻材、耐火物、窯業原料などに利用される岩石）を多く産出することに因み、「ミツ」は満の意とみられる。姓氏あり。
⑨くっちゃん　アイヌ語の転訛で諸説がある。(1)「クチャ・ウン・ナイ，kucha-un-nai」（木の枝で作った猟人の小屋のある沢・川）。(2)「クッ・サム・ウン・ペツ（岩崖・の傍・にある・川）。(3)クッ・シャン・イ（岩崖を下るもの（川））。⑩かさぎ　木津（きづ）川南岸にある笠置山名（228m）から。笠置の由来には諸説がある。姓氏あり。

①蹴上　京都市営地下鉄東西線。東山区東小物座町
②摂津富田　JR 東海道本線。大阪府高槻市富田町一丁目
③日向　（JR 東日本）総武本線。千葉県山武(さんむ)市椎崎
④二見浦　（JR 東海）参宮線。三重県伊勢市二見町三津(みつ)
⑤筑前前原　JR 筑肥線。福岡県糸島市前原中央一丁目
⑥虎杖浜　（JR 北海道）室蘭本線。白老郡白老町(ちょう)虎杖浜
⑦讃岐牟礼　（JR 四国）高徳線。香川県高松市牟礼町大町
⑧行川アイランド　JR 外房線。千葉県勝浦市浜行川
⑨姨捨　（JR 東日本）篠ノ井線。長野県千曲市八幡姨捨(やわた)
⑩松木平　弘南鉄道大鰐線。青森県弘前市小栗山(こぐりやま)

---

①吉備真備　井原鉄道井原線。岡山県倉敷市真備(まび)町箭田別府後(やた)
②上戸手　（JR 西日本）福塩線。広島県府中市新市町戸手
③角茂谷　（JR 四国）土讃線。高知県長岡郡大豊町(ちょう)角茂谷
④別保　（JR 北海道）根室本線。釧路郡釧路町(ちょう)別保 4 丁目
⑤柏原　JR 関西本線・近鉄道明寺線。大阪府柏原市上市一丁目
⑥周防佐山　（JR 西日本）宇部線。山口県山口市佐山
⑦野江内代　大阪市営地下鉄谷町線。都島区内代町 1 丁目
⑧尾白内　（JR 北海道）函館本線。茅部郡森町尾白内町(かやべ)
⑨新居　伊賀鉄道伊賀線。三重県伊賀市東高倉
⑩富木　（JR 西日本）阪和線。大阪府高石市取石(とりいし)二丁目

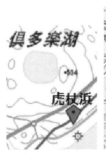

①けあげ　平家の従者の馬が水を蹴り上げて，源義経の衣を汚したという伝承がある。②せっつとんだ　「とんだ」は「tomida」のmのiが抜け，mがnに転訛したのではないかという。③ひゅうが　旧山武（さんぶ）郡日向村名（明治22～昭和30）から。村名は陽当たりのよい地に由来するとみられる。④ふたみのうら　「ふたみがうら」ではない。五十鈴川が河口付近で二つに分かれ（二水），そこに出来た大洲の海岸線に因む。また，伊勢に天照大神をお連れした倭姫命（ヤマトヒメノミコト）がこの地のあまりにも美しかったことから二度振り返って見たという伝承がある。⑤ちくぜんまえばる　『魏志倭人伝』に記された伊都国（いとのくに）の官衙（かんが，役所）の「前の原」の意ではないかともいう。⑥こじょうはま　アイヌ語「クッタラ・ウシ」（イタドリ・多い処）を日本語に訳したもの。イタドリは山野に自生するタデ科の多年草で，根は漢方剤（緩下・利尿など）となり，「痛みをとる」ことからその名があるという。イタドリは漢字では「虎杖」と書くが，これは茎にある斑点が虎の模様に似ているからだという。⑦さぬきむれ　牟礼は群れの意で，人家が群れていることから転じたとも，また「ムラ（村）」の転訛ともみられる。讃岐を冠したのは，しなの鉄道北しなの線の牟礼駅（長野県飯綱町）と区別するため。⑧なめがわアイランド　1964年開設のレジャー施設「行川アイランド」（2001年閉園）による。行川を「なめがわ」と読む地名は同県いすみ市や高知市にある。⑨おばすて　駅の南方にある姨捨山による。⑩まつきたい　松の木の生える，なだらかな丘陵地帯であったと思われる（『角川・青森』）。

①きびのまきび　奈良時代の政治家で，遣唐使として唐に19年滞在した吉備真備（695?～775）の父祖の生誕地に因む。②かみとで　戸手は芦田川の北側。北の山地から南流する戸手川・砂川に入って天井川となっており，天井川を戸手と称するようになったという。③かくもだに　吉野川の支流穴内川流域に位置。囲まれた谷の意か（『JR・第三セ』）。④べっぽ　アイヌ語「ペッ・ポ」（pet-po，川の子，小川）の当て字という。別保川が本流の釧路川に比べると小さい意であろうという（『山田・アイヌ』）。⑤かしわら　柏の木が繁茂していたことに因むという。⑥すおうさやま　周防は旧国名（山口県南部・東部）。サは小さい，ヤマ（山）の意かという。⑦のえうちんだい　城東区野江と都島区内代を合成した駅名。野江は難波江の江辺に因むのではないかといわれているが，女帝・孝謙天皇の時世（749～758）に油を献上したとの故事から，古くは油江とも呼ばれ，これが転訛したともいう。内代は旧村名に由来するが，内代の名は寛永20年から徳川氏代官の支配地になったことによると考えられるという（『大阪市都島区HP』）。⑧おしろない　アイヌ語「オ・シラル・ナイ」（川尻に岩礁のある川）の転訛という。⑨にい　旧阿山郡新居村名（明治22～昭和16）から。村名は新居荘に因む。＊東海道本線に同字異読の新居町（あらいまち）駅（静岡県湖西市新居町）がある。⑩とのき　駅の東約600mに鎮座する等乃伎（とのき）神社に由来する藩政村富木村名に因む。

①大楽毛　（JR 北海道）根室本線。釧路市大楽毛５丁目
②左京山　（名鉄）名古屋本線。名古屋市緑区左京山
③鬼越　京成電鉄本線。千葉県市川市鬼越一丁目
④門川　JR 日豊本線。宮崎県東臼杵郡門川町門川尾末（おずえ）
⑤四所　京都丹後鉄道宮津線。京都府舞鶴市上福井
⑥男鹿高原（やがん）　野岩鉄道・会津鬼怒川線。栃木県日光市横川
⑦武豊　（JR 東海）武豊線。愛知県知多郡武豊町金下（ちょうかなげ）
⑧風早　（JR 西日本）呉線。広島県東広島市安芸津町風早
⑨象潟　JR 羽越本線。秋田県にかほ市象潟町（まち）家の後（うしろ）
⑩亀嵩（きすき）　（JR 西日本）木次線。島根県仁多郡奥出雲町郡村（ちょうこおり）

---

①上相浦　松浦鉄道西九州線。長崎県佐世保市新田町
②長谷　（JR 西日本）三江線。広島県三次市粟屋町（まち）長谷
③柏原　（JR 東海）東海道本線。滋賀県米原市柏原
④尾上の松　山陽電鉄本線。兵庫県加古川市尾上町今福
⑤崇城大学前　JR 鹿児島本線。熊本市西区池田四丁目
⑥鯨波　（JR 東日本）信越本線。新潟県柏崎市鯨波一丁目
⑦小幡　（名鉄）瀬戸線。名古屋市守山区小幡南
⑧下夜久野　JR 山陰本線。京都府福知山市夜久野町額田（ぬかた）
⑨川原町　（近鉄）名古屋線。三重県四日市市本郷町
⑩小串郷　JR 大村線。長崎県東彼杵郡川棚町小串郷

①**おたのしけ** アイヌ語「オタ・ノシケ，ota-noshke」（砂浜の中央）の当て字という。②**さきょうやま** 室町時代頃の佐京氏の持ち山の意という。当地の標高は約20m，駅は約10m。③**おにごえ** 昔この付近に鬼が住んでおり，「鬼子居（おにごい）」と呼ばれていたことに由来するともいう。④**かどがわ** 曲がりくねった五十鈴川の意ともいう。⑤**ししょ** 旧加佐郡四所村名（明治22～昭和11）から。村名は，かつてこの地域に福井・喜多・大君・吉田の4ヵ村があったからとも，大君・吉田・青井・白杉の海浜を四所ケ浦と称したためともいわれている。⑥**おじかこうげん** 男鹿は表日本と裏日本の分水嶺の男鹿岳（1,777m）からか。男鹿半島の「おが」ではない。⑦**たけとよ** 明治11年長尾村と大足村が合併した際に，長尾村の氏神武雄（たけお）神社と大足村の氏神豊石神社の頭文字をとって命名。浦島太郎生誕の地との伝承がある。
⑧**かざはや** 越智氏などの祖となった風早氏の定住地であったことに因むという。⑨**きさかた** （1）浸食によってきざまれた潟（刻潟）や，かつて蚶貝（キサガイ＝赤貝）が多くとれた潟，象牙（きさのき，象のきば）が渡来した潟に由来などの説がある。1689年芭蕉が名句「象潟や　雨に西施（せいし）がねぶのはな」を残す。1804年の大地震で八十八潟九十九島の景観は消滅した。
⑩**かめだけ** 旧仁多郡亀嵩村名（明治22～昭和30）から。村名は「神嶽」「神岳」の意に因むともいう。松本清張の映画『砂の器』の舞台となり一躍有名になった。雲州そろばんの発祥の地。

---

①**かみあいのうら** 相浦地区の上手にあることから。⇒相浦（132頁）
②**ながたに** 「はせ」ではない。地形から生まれた地名という。
③**かしわばら** 柏の木が繁茂していたことに由来か。大阪府柏原市にある駅は「かしわら」，兵庫県丹波市柏原町にある駅は「かいばら」。
④**おのえのまつ** 地内にある尾上神社の「尾上の松」に因む。古歌などに詠まれたという。⑤**そうじょうだいがくまえ** 崇は「すう」と読み違えやすい。
⑥**くじらなみ** 古くは桂波といったが，あるとき日本海では珍しい鯨の大漁があったことから，この地名に変わったという。
⑦**おばた** 戦国期にあった小幡城に因む。姓氏あり。
⑧**しもやくの** 『和名抄』に夜久郷とみえる。旧天田郡下夜久野村名（明治22～昭和31）から。村名は当地に所在する田倉山が京都府下唯一の火山であることから，「焼く野」が語源であるともいわれている。
⑨**かわらまち** 江戸期からみえる地名。
⑩**おぐしごう** 小串浦からか。当初，駅名を「小串」にする予定であったが，既に山陰本線に同字異読の小串（こぐし）駅があったため，小串に郷を付けたという。串は国訓。

①新正　（近鉄）名古屋線。三重県四日市市新正四丁目
②遠賀川　JR鹿児島本線。福岡県遠賀郡遠賀町遠賀川一丁目
③上ノ太子　（近鉄）南大阪線。大阪府羽曳野市飛鳥
④男川　（名鉄）名古屋本線。愛知県岡崎市大西町
⑤吉里吉里　JR山田線。岩手県上閉伊郡大槌町吉里吉里二丁目
⑥小千谷　（JR東日本）上越線。新潟県小千谷市東栄一丁目
⑦上月　（JR西日本）姫新線。兵庫県佐用郡佐用町上月
⑧一武　くま川鉄道湯前線。熊本県球磨郡錦町一武
⑨香西　（JR四国）予讃線。香川県高松市香西東町
⑩南河内　錦川鉄道錦川清流線。山口県岩国市角

---

①猿猴橋町（電停）　広島電鉄。広島市南区猿猴橋町
②板宿　山陽電気鉄道・神戸市営地下鉄。須磨区平田町3丁目
③大谷地　札幌市営地下鉄東西線。厚別区大谷地東3丁目
④有佐　（JR九州）鹿児島本線。熊本県八代市鏡町下有佐
⑤一志　（JR東海）名松線。三重県津市一志町八太
⑥安立町（電停）　阪堺電気軌道阪堺線。大阪市住吉区
⑦入野　（JR九州）指宿枕崎線。鹿児島県指宿市開聞十町
⑧暘谷　（JR九州）日豊本線。大分県速見郡日出町佐尾
⑨大胡　上毛電鉄上毛線。群馬県前橋市茂木町
⑩大江山口内宮　京都丹後鉄道宮福線。京都府福知山市大江町内宮

第1章　難読駅名を楽しむ．和食，糬，飯給は何と読みますか　**117**

①**しんしょう**　昭和40年からみえる地名。「しんせい」ではない。②**おんががわ**　『古事記』にみえる「岡の水門」（現芦屋浦）で海へ注ぐ「岡川」。いつの頃からか，岡（オカ）を「遠賀」と書き，「遠」を「オン」と呉音読みするようになったという。「オン」と読む地名に京都府京丹後市丹後町遠下（おんげ）がある。③**かみのたいし**　聖徳太子の墓所がある叡福寺（太子町）への最寄り駅。「上ノ太子」の由来は，八尾市太子堂に「下の太子」（大聖勝軍寺），羽曳野市野々上に「中の太子」（青龍山野中寺）と呼ばれる太子ゆかりのお寺があるからだという。④**おとがわ**　旧額田郡男川村名（明治22〜昭和3）から。村名は当地を流れる乙川の源流男川に因む。男川や乙川も瀬音のする川である。男を「オト」と読む地名は他にないようである。⑤**きりきり**　アイヌ語のキリキリ説。「歩くとキリキリと音をたてる砂浜」の意という。平成23年3月の東日本大震災で営業休止。⑥**おぢや**　谷間にある多数の集落が統合されて出来た小国や，信濃川支流の湯殿川と茶郷川が落合うところに因むなど諸説がある。⑦**こうづき**　駅の約1km南にある上月城址に因む。佐用川のほとりの「川付（こうつき）」の意か。姓氏あり。⑧**いちぶ**　旧球磨郡一武村名（明治22〜昭和30）から。村名は，イチ（櫟）・ブ（生）で，櫟（クヌギ）の木が茂っていたことに因むともいう。⑨**こうざい**　香東（こうとう）川の西側に位置していることから。姓氏あり。⑩**みなみごうち**　旧玖珂郡南河内村名（明治22〜昭和30）から。村名は河内郷の南部地域に因む。

---

①**えんこうばしちょう**　猿猴川に架かる橋名から。猿猴川の由来は猿に似た河童の生息地であったことに因むともいう。＊猿猴は猿類の総称，河童の異名。②**いたやど**　由来には2説がある。(1)永正（えいしょう）14年（1517）の大洪水で鳴滝明神の社が大手村（現須磨区権現町）にある聖霊権現の森（現・証誠（しょうせい）神社）に流れ着いたので，板屋をつくって祀ったことから，イタヤドリといい，これが転訛したという。(2)当地は井戸を中心に形成された所であることから，板井戸の変化したものという（『角川・兵庫』）。③**おおやち**　大きな谷地（湿地帯）であったことに由来するという。④**ありさ**　旧八代郡有佐村名（明治22〜昭和30）から。新坂（あらさ）の転訛といわれている。⑤**いちし**　孝安天皇の皇兄の天押帯日子命（アメオシタラシヒコノミコト）の子孫・壱志君に因むという。⑥**あんりゅうまち**　この地を安立なる者が開拓したとも，半井安立（なからいあんりゅう）なる名医が治療活動を行ったことに由来するともいう。⑦**いりの**　山よりの野に由来するのか。姓氏あり。⑧**ようこく**　駅の南にある暘谷城趾（日出城）に因む。＊暘の字義は日の出。⑨**おおご**　大児臣（オオゴノオミ）に由来するともいわれるが，なぜ，児が胡になったのか不明。中世には大胡城の城下町として栄えた。姓氏あり。⑩**おおえやまぐちないく**　皇大（こうたい）神社（元伊勢内宮）に由来。祭神は天照大神で，崇神天皇のときに伊勢に移す。「ないくう」ではない。

①六渡寺　万葉線高岡軌道線・新湊港線。富山県射水市庄西町
②神志山　（JR東海）紀勢本線。三重県南牟婁郡御浜町下市木
③大阿太　（近鉄）吉野線。奈良県吉野郡大淀町佐名伝
④武庫之荘　阪急神戸本線。兵庫県尼崎市武庫之荘一丁目
⑤早来　（JR北海道）室蘭本線。勇払郡安平町早来大町
⑥大阪上本町　近鉄大阪線・奈良線。天王寺区上本町六丁目
⑦大島　東京都営地下鉄新宿線。江東区大島五丁目
⑧各務ヶ原　JR高山本線。岐阜県各務原市鵜沼各務原町一丁目
⑨日向沓掛　（JR九州）日豊本線。宮崎市清武町今泉
⑩王子保　（JR西日本）北陸本線。福井県越前市四郎丸町

---

①呼続　（名鉄）名古屋本線。名古屋市南区呼続一丁目
②江尾　（JR西日本）伯備線。鳥取県日野郡江府町江尾
③湯の洞温泉口　長良川鉄道越美南線。岐阜県美濃市保木脇
④高岳　名古屋市営地下鉄桜通線。東区東桜二丁目
⑤諫早　JR長崎本線・大村線・島原鉄道。長崎県諫早市永昌町
⑥真岡　真岡鐵道真岡線。栃木県真岡市台町
⑦市布　（JR九州）長崎本線。長崎県諫早市多良見町市布
⑧因原　（JR西日本）三江線。島根県邑智郡川本町因原
⑨伊豆北川　伊豆急行。静岡県賀茂郡東伊豆町奈良本
⑩奥武山公園　沖縄都市モノレール線。那覇市奥武山町

①**ろくどうじ** 平安末期からみえる地名。中古の六動寺という寺があったことに因むといわれる。②**こうしやま** 藩政村の神木・志原・金山の合成地名の旧南牟婁郡神志山村名（明治22〜昭和33）から。③**おおあだ** 吉野川右岸に位置。旧宇智郡大阿太村名（明治24〜昭和32）から。阿太（アダ）の語源には，吾田（＝私田），崖・急斜面，間，川岸，日当たりの良い所などの意があるという。④**むこのそう** 『和名抄』にみえる旧武庫郡は武庫川の下流域，尼崎市などから神戸市にまたがる広大な地域。神功（じんぐう）皇后が三韓遠征の帰りに武器を埋めた地という説，難波（大阪）の地から見ると大阪湾の「向こう」にある地など諸説がある。⑤**はやきた** アイヌ語「サク・ルベシベ」（夏に越える沢道）の上部の「サク・ル」を採って早来（さつくる）の字を当て，「はやきた」と読ませたという。⑥**おおさかうえほんまち** 江戸期に上町の高台を大阪城追手馬場先から南に一直線にのびる道路に町名を付けたことに由来するという。⑦**おおじま** 「おおしま」ではない。ゼロメートル地域の低湿地で，かつては比較的大きな島であったという。⑧**かがみがはら** 各務は，金属による鏡（銅鏡）などを作る鏡作部があったことに由来すると伝えられ，原は，この地が台地上にあることから付けられたという。なお，名古屋鉄道は「名鉄各務原駅」で市名と同じで「ヶ」が付いていない。⑨**ひゅうがくつかけ** 旅人はここで破れかけたワラジを脱いで，店にカケてあるのを買って履き替えたことに由来するという。沓掛の地名は多数あり。沓は国訓。⑩**おうしお** 旧南条郡王子保村名（明治22〜昭和29）から。oushiHoのH音の脱落。

---

①**よびつぎ** 旧東海道筋にあり，明治22年，藩政村の合併により呼続村（明治30町制〜大正10）と命名。村名は，この付近の海は，干潮時には裾をつまみあげれば，渡れるほどで，上り下りの人々があちこちから呼び交わしつつ渡ったことに由来するという。②**えび** 戦国期からみえる地名。日野川が大湾曲部で海老の形に似た形状を示していることに由来するといわれている。江は国訓。③**ゆのほらおんせんぐち** 湯の洞温泉への下車口。数少ない6文字駅の一つ。④**たかおか** 家康の第八子・仙千代（せんちよ）の菩提寺「高岳寺」から。岳は会意文字（丘＋山）。岳は名乗で「おか」。⑤**いさはや** 有明海は干満の差が大きく，潮流の早い小石原の港（磯）に因むという（『日本地名基礎辞典』）。⑥**もおか** 昔この付近の台地の上空を鶴が群れをなして飛んでいたことから，舞丘（まいおか）と呼ばれたのが転訛したという説などがある。
⑦**いちぬの** 市場が開かれた野原の意（『JR・第三セ』）という。
⑧**いんばら** 江の川の川原が入り込んだ所の意ではないかともいわれる（『JR・第三セ』）。⑨**いずほっかわ** 「ホッ」は「ホッケ」（崖）と関係があるのかもしれない。⑩**おうのやまこうえん** 那覇埠頭に接する公園。沖縄戦以前は漫湖の入江に浮かぶ奥武山と呼ばれる島であった（『角川・沖縄』）。

①矢向　（JR東日本）南武線。横浜市鶴見区矢向六丁目
②石和温泉　JR中央本線。山梨県笛吹市石和町松本
③三間坂　（JR九州）佐世保線。佐賀県武雄市山内町三間坂
④松久(はちこう)　（JR東日本）八高線。埼玉県児玉郡美里町甘粕
⑤因幡社　（JR西日本）因美線。鳥取市用瀬町宮原
⑥水間観音　水間鉄道水間線。大阪府貝塚市水間
⑦椋野　錦川鉄道錦川清流線。山口県岩国市美川町南桑(まちなぐわ)
⑧谷保　（JR東日本）南武線。東京都国立市谷保
⑨胡町（電停）　広島電鉄。広島市中区鉄砲町・幟(のぼり)町
⑩太市　（JR西日本）姫新線。兵庫県姫路市相野

---

①夢前川　山陽電鉄網干線。兵庫県姫路市広畑区東新町三丁目
②保田　えちぜん鉄道勝山永平寺線。福井県勝山市鹿谷町(しかたに)保田
③小島谷　（JR東日本）越後線。新潟県長岡市小島谷
④大河内　（JR西日本）岩徳線。山口県周南市大河内
⑤八川　（JR西日本）木次線。島根県仁多郡奥出雲町(ちょう)八川
⑥安足間　（JR北海道）石北本線。上川郡愛別(あいべつちょう)町愛山
⑦宇土　JR鹿児島本線・三角線。熊本県宇土市三拾町(きじっちょう)
⑧大外羽　養老鉄道。岐阜県大垣市西大外羽三丁目
⑨水上　JR上越線。群馬県利根郡みなかみ町鹿野沢
⑩大矢知　三岐鉄道三岐線。三重県四日市市大矢知町

第1章　難読駅名を楽しむ，和食，糒，飯給は何と読みますか　**121**

①**やこう**　川が合流する所を指すという説がある。②**いさわおんせん**　石ころの多い沢に由来か。昭和 31 年ブドウ園から温泉が湧出し，温泉街を形成。③**みまさか**　戦国期からみえる地名。盆地の峠部分が三方に通じる交通の要所となっていたことによると伝えられる（『角川・佐賀県』）。④**まつひさ**　旧児玉郡松久村名（明治 22 〜昭和 29）から。村名は中世の松久荘に因む。姓氏あり。⑤**いなばやしろ**　旧八頭郡社村名（明治 22 〜昭和 30）から。村名は犬上神社に因む。因幡は鳥取県東部の旧国名。⑥**みずまかんのん**　水間は近木（こぎ）川と秬谷（きびたに）川にはさまれた合流点近くに位置していることから命名されたという。水間観音は行基の開創と伝えられる。駅名は平成 21 年に水間駅から水間観音駅へ改称された。⑦**むくの**　落葉高木「ムクノキ」，あるいは「ムクドリ」と関係があるのかもしれない。姓氏あり。⑧**やほ**　地名は「やぼ」ともいう。谷あいに開けた保（荘や郷とならぶ行政区画の一つ）ではないかともいう。俗語として使われる「やぼてん」は当地に鎮座する谷保天満宮に由来する説もある。⑨**えびすちょう**　旧西引御堂（にしひきみどう）町（現中区十日市町 2 丁目）にあった胡社をこの地に移し鎮守としたことに因むという。⑩**おおいち**　この地を訪れた応神天皇が，「狭い土地と思ったが，大内（オオウチ）ではないか」といったことから転訛したのではないかという伝承もある（『兵庫難読』）。

---

①**ゆめさきがわ**　駅のすぐ近くを流れる夢前川（源流は姫路市北部の雪彦山）から。川名は『風土記』にみえる「射目崎（いめさき）」から命名されたと伝えられる。②**ほた**　河岸段丘崖があることから，湿地・沼田などの意とみられるという。JR 内房線の保田駅（千葉県安房郡鋸南町保田）も「ほた」と読む。③**おじまや**　谷筋に出来た小さな島状の土地に因むという（『JR・第三セ』）。④**おおかわち**　川（河）の内側に開かれた地に因むのか。⑤**やかわ**　この地に 8 つの川があることに因むという。⑥**あんたろま**　アイヌ語「アンタロマプ，antar-oma-p」（縁・ある・もの），あるいは「アン・タオル・オマ・プ，artaor-oma-p」（片側・高岸・ある・もの）の当て字という（『山田・アイヌ』）。⑦**うと**　鎌倉期〜南北朝期に宇土荘（荘園）とみえる。ウトウという鳥のくちばしの形に由来するとか，かつて島であったとみられることから「浮上」の転訛など諸説がある。⑧**おおとば**　桑名から杭瀬（くいせ）川などへの上り下りの船でにぎわう大きな渡場（とば）があったことに由来するという。⑨**みなかみ**　利根川の水源地帯の村々が合併し成立した旧利根郡水上村名（明治 22 〜昭和 22 町制〜平成 17）から。117 年続いた水上の地名は消滅した。⑩**おおやち**　朝明（あさけ）川流域で大きな谷地を形成していることに因むという。

①出雲神西　（JR 西日本）山陰本線。島根県出雲市東神西町
②石垣　JR 指宿枕崎線。鹿児島県南九州市頴娃町別府
③礼受　（JR 北海道）留萌本線。留萌市礼受町
④蓬田　JR 津軽線。青森県東津軽郡蓬田村阿弥陀川
⑤大曽根　（JR 東海）中央本線・（名鉄）瀬戸線・名古屋市営地下鉄。東区・北区
⑥内海　（名鉄）知多新線。愛知県知多郡南知多町内海
⑦舞木　（JR 東日本）磐越東線。福島県郡山市舞木町字平
⑧石見簗瀬　JR 三江線。島根県邑智郡美郷町簗瀬
⑨猪田道　伊賀鉄道伊賀線。三重県伊賀市依那具
⑩美作千代　（JR 西日本）姫新線。岡山県津山市領家

----

①逢隈　JR 常磐線。宮城県亘理郡亘理町逢隈下郡
②絹延橋　能勢電鉄妙見線。兵庫県川西市絹延町
③海浦　肥薩おれんじ鉄道。熊本県葦北郡芦北町海浦
④大篠津町　（JR 西日本）境線。鳥取県米子市大篠津町
⑤依那古　伊賀鉄道伊賀線。三重県伊賀市沖
⑥錦江　JR 日豊本線。鹿児島県姶良市加治木町新生町
⑦的形　山陽電気鉄道本線。兵庫県姫路市的形町的形
⑧石鳥谷　JR 東北本線。岩手県花巻市石鳥谷町好地
⑨犬吠　銚子電鉄。千葉県銚子市犬吠埼
⑩本川内　JR 長崎本線。長崎県西彼杵郡長与町本川内郷

①いずもじんざい　かつて神西氏が所領した地に因むようである。②いしかき　「いしがき」ではない。天然の岩礁が石垣のようにみえたからかともいう。③れうけ　アイヌ語「reuke-p，レウケ・プ」(海岸が曲がっている・処)の略の当て字という。④よもぎた　ヨモギが群生していた所を開拓したからという。姓氏あり。⑤おおぞね　市営地下鉄の駅の東半分は東区にある。江戸期〜明治22年は大曽根村とみえる。矢田川左岸の低湿地に位置。曽根が城下や市場などの端を表わすことが多いことから，名古屋城の艮（うしとら，北東）の口を示しているという説，河川の底根，または砂地のことを曽根と呼ぶ説などがある。⑥うつみ　昔，海が谷深く入り込んでいたことに由来する地形地名ともいう（『角川・愛知』）。姓氏あり。⑦もうぎ　戦国期からみえる地名。姓氏あり。⑧いわみやなぜ　江の川（ごうのかわ）中流南岸にある氾濫原に位置。江の川の瀬に初めて簗が出来たことから，民部省が簗瀬村と号したという。「瀬」は「ぜ」と濁音。石見は旧国名で現在の島根県の西半分を指す。石見を冠したのは，山陰本線の梁瀬（やなせ）駅と区別するため。＊簗は国字。
⑨いだみち　猪田は「猪の明神」に因むという。＊「いのだみち」の略か。
⑩みまさかせんだい　美作は岡山県北東部の旧国名。千代は好字地名ともいわれる。美作を冠したのは，飯田線の千代（ちよ）駅（長野県飯田市）や東北本線の仙台駅，鹿児島本線の川内駅と区別するため。

①おおくま　旧亘理郡逢隈村名（明治22〜昭和30）から。村名は阿武隈川に逢う所に因むという。②きぬのべばし　昔，この地付近に呉の国（中国）から機織りや多色染め技術が伝わり，猪名（いな）川で水洗いし，川原に布を延べて干したことに因むという。③うみのうら　山が海にすぐ迫っている港の意という（『JR・第三セ』）。④おおしのづちょう　地内の沢に多くの篠が繁茂していたことによる。⑤いなこ　旧名賀郡依那古村名（明治22〜昭和30）から。⑥きんこう　鹿児島湾の旧称，錦江湾から。なお，中国四川省成都市内に錦江という川がある。古代，錦をさらしたのでその名がある。⑦まとがた　諸説がある。(1)往時，当地は入江で，その形が円形で的の形に似ていた。(2)遠浅で潮が引いた時には歩いて通れたので，待潟と名づけ，それが転訛した。(3)当地の山の形が円形であった。⑧いしどりや　アイヌ語「イシトルヤ」（大きい湖の岸）の当て字説（『東北六県』）など諸説がある。当地は南部杜氏（とうじ）発祥の地。⑨いぬぼう　源義経が兄の頼朝に追われて奥州平泉に逃げる際，この地に立ち寄り，海岸に残された愛犬が主人を慕って7日7晩，吠え続けたという伝承に由来するとも伝えられる。⑩ほんかわち　本谷の里の意という（『JR・第三セ』）。長与町はミカンの産地で知られる。なお，川内は「かわち」のほか，「かわうち」「かわない」「こうち」「せんだい」などの地名がある。

①赤平　（JR北海道）根室本線。赤平市美園町
②仁川　（阪急）今津線。兵庫県宝塚市仁川北三丁目
③菰野　（近鉄）湯の山線。三重県三重郡菰野町(ちょう)菰野
④水海道　関東鉄道常総線。茨城県常総市水海道宝町(まち)
⑤餘部　JR山陰本線。兵庫県美方郡香美町(かみちょう)香住区余部(かすみ)
⑥東犀川三四郎　平成筑豊鉄道田川線。福岡県京都郡みやこ町犀川
　続命院(ぞくみょういん)
⑦日本橋　大阪市営地下鉄。中央区日本橋一丁目
⑧姶良　（JR九州）日豊本線。鹿児島県姶良市西餅田
⑨下和知　（JR西日本）芸備線。広島県三次市和知町(まち)
⑩多比良町　島原鉄道。長崎県雲仙市国見町多比良乙

---

①鴫野　JR片町線・大阪市営地下鉄。城東区鴫野
②穴生　筑豊電鉄。福岡県北九州市八幡西区穴生一丁目
③大堂津　（JR九州）日南線。宮崎県日南市大堂津三丁目
④渡島砂原　（JR北海道）函館本線。茅部郡森町砂原4丁目
⑤日向市　（JR九州）日豊本線。宮崎県日向市上町(うえまち)
⑥穴太　三岐鉄道北勢線。三重県員弁郡東員町(いなべ)(とういんちょう)筑紫(つくし)
⑦額田　（近鉄）奈良線。大阪府東大阪市山手町
⑧網引　北条鉄道北条線。兵庫県加西市網引町
⑨烏丸御池　京都市営地下鉄烏丸線・東西線。中京区虎屋町
⑩石原　秩父鉄道秩父本線。埼玉県熊谷市石原

①**あかびら** アイヌ語「フレ・ピラ，hure-pia」(赤い・崖)の日本語訳と当て字が混じったものといわれているが，古くから「アカピラ」であったとの説や「ワッカ・ピラ」(水・崖)の転訛説もある。②**にがわ** 駅のすぐ近くを流れる仁川(六甲山の東麓が源流)から。③**こもの** 三滝川上流右岸の湿地で，マコモなどが生い茂っていたことに因むという。④**みつかいどう** 古くは，「水飼戸(かいと)」「御津海道」と呼称された。当地を鬼怒川や小貝川が南流しており，水とのかかわりに由来するといわれている。坂上田村麻呂が東夷征討の際に，この地の井戸で馬に水飼い(水を飲ませること)をしたという伝承に由来するともいう。⑤**あまるべ** 律令制下で50戸を郷(里)としたが，これに満たない小集落を余戸(あまるべ)といったことに因むという。駅は「余部」にあるが，駅名が「餘部」となっているのは，JR姫新線の余部(よべ)駅との混乱を避けるためである。駅の近くにある余部鉄橋は高さ41m，長さ309mの日本一の橋脚の橋梁。⑥**ひがしさいがわさんしろう** 夏目漱石の小説『三四郎』の三四郎の出身地が京都郡という設定であったことから命名された。⑦**にっぽんばし** 東京地下鉄(東京メトロ)・都営地下鉄(東京都中央区日本橋一丁目)の日本橋駅は，「にほんばし」。⑧**あいら** 「アヘ(饗)ラ(接尾語で場所をいう)」の転訛で，海幸・山幸神話から朝廷に食料する所という(『吉田・語源』)。アイヌ語説(川又の低地)などがある。姓氏あり。⑨**しもわち** 和知とは川の曲流部の土地の意ともいう。⑩**たいらまち** 旧多比良町名から。町名の由来は平らな地形によるとも，地内に多量のカナクソ(鉄を鍛えるときに落ちるくず)などがあったことから，タタラ製鉄の転訛ではないかともいう。

---

①**しぎの** 寝屋川と第二寝屋川の合流点に位置し，かつては低湿地でシギが群生したことに因むともいう。鴫は国字，会意文字(田+鳥)で，田や沢に来る鳥の意。姓氏あり。②**あのお** 室町期からみえる地名。③**おおどうつ** 往古，大きなお堂があったことに由来するともいう。駅付近の海水浴場は清んだ海として知られる。④**おしまさわら** 砂原はアイヌ語「サラ」(葭原)の当て字かもしれないが，砂地なので日本語で砂原と書かれたのかもしれないという。渡島は「御島」の意ともいう。⑤**ひゅうがし** 日向は宮崎県の旧国名で，「朝日の直刺す国」の意という。⑥**あのう** アナホ(穴穂・穴太)の転訛か。また，古代の穴穂部の居住地，ゆかりの地かという。(京阪)石山坂本線の穴太駅(滋賀県大津市)は「あのお」と読む。⑦**ぬかた** 古代に額田氏が居住していたことに因むという。JR水郡線の額田駅(茨城県那珂市額田)は「ぬかだ」と濁音。⑧**あびき** 諸説がある。(1)駅の南を流れる万願寺川(加古川の支流)に沿って，河川改修以前に大きな沼があり，村人が網を引いて魚を獲ったことから。(2)薬師堂のご本尊の薬師如来像を川から網で引き上げたから。(3)古代氏族で鳥や魚を獲る大膳部網引部(あびきべ)が居住していた地。
⑨**からすまおいけ** 大きな池があった神泉苑の横を通ることに因むという。
⑩**いしわら** 駅所在地は「いしはら」であるが，駅名は「いしわら」と表示。

①青郷　（JR西日本）小浜線。福井県大飯郡高浜町青
②波根　（JR西日本）山陰本線。島根県大田市波根町中浜
③不二越　富山地方鉄道不二越線（不二越・上滝線）。富山市石金
④大狩部　（JR北海道）日高本線。新冠郡新冠町大狩部
⑤海田市　JR山陽本線・呉線。広島県安芸郡海田町新町
⑥御室仁和寺　京福電鉄北野線。京都市右京区御室小松野町
⑦居組　JR山陰本線。兵庫県美方郡新温泉町居組
⑧佐味田川　（近鉄）田原本線。奈良県北葛城郡河合町城内
⑨浮鞭　土佐くろしお鉄道中村線。高知県幡多郡黒潮町浮鞭
⑩久谷　JR山陰本線。兵庫県美方郡新温泉町久谷

---

①たのうら御立岬公園　肥薩おれんじ鉄道。熊本県葦北郡芦北町田浦
②藍本　（JR西日本）福知山線。兵庫県三田市藍本
③鯰田　（JR九州）筑豊本線。福岡県飯塚市鯰田
④竈山　和歌山電鐵貴志川線。和歌山市和田
⑤新里　上毛電鉄上毛線。群馬県桐生市新里町小林
⑥上古沢　南海電鉄高野線。和歌山県伊都郡九度山町上古沢
⑦湖山　（JR西日本）山陰本線。鳥取市湖山町東一丁目
⑧市部　伊賀鉄道伊賀線。三重県伊賀市市部
⑨親不知　えちごトキめき鉄道。新潟県糸魚川市歌
⑩備中神代　JR伯備線・芸備線。岡山県新見市西方

第1章　難読駅名を楽しむ，和食，糲，飯給は何と読みますか　**127**

①**あおのごう**　駅の北方にそびえる青葉山（693m）に由来するという。
②**はね**　「出雲の国の端根」が地名になり，神亀3年（726）波根に改まったという。また，「埴土（ハニ）」の転訛ともみられ，粘土地に因むのか。
③**ふじこし**　駅の近くにある精密工具メーカーの大手「不二越」に由来。
④**おおかりべ**　アイヌ語「オ・カリ・ペ，o-kari-pe」（川尻が・回っている・もの（川））の当て字か（『山田・アイヌ』）。⑤**かいたいち**　旧安芸郡海田市町名（明治22～昭和31）から。南北朝時代に海田荘となる。海田はカイタで干拓した地，市は市場の意ともいう。近世は山陽道の宿駅として栄えた。旧呉海軍基地との関係が深い。⑥**おむろにんなじ**　宇多天皇（867～931）が延喜4年（904）に仁和寺に御室（御座所）をつくり移り住んだことから。「和」は「なごむ」「なごやか」の語幹の一部の「な」。　⑦**いぐみ**　結川（むすびがわ）下流域に位置。この駅を出ると鳥取県に入る。同じ地域内で縁組する風習があり，居ながらにして縁組むという意味に由来するという（『兵庫難読』）。
⑧**さみたがわ**　河合町域内で大和川に流入する佐味田川名から。⑨**うきぶち**　駅の近くにある浮津と鞭との地名を合成したもの。鞭の字義はむち，むちうつ。
⑩**くたに**　奥まった谷の意という（『JR・第三セ』）。駅のすぐ東に山陰本線最長の桃観（とうかん）トンネル（1,841m）がある。難工事で多数の死亡者が出た。

---

①**たのうらおたちみさきこうえん**　同線で最も新しい駅（平成17年3月開設）。岬は国訓。②**あいもと**　かつて藍が栽培されていたことに因むという。＊藍本（らんぽん）という語句がある。字義は(1)絵の下書き。(2)翻訳・校訂などのもとになる本。原典。③**なまずた**　遠賀川右岸の停湿地に位置し，鯰が多くいたからという。④**かまやま**　駅の南にある竈山神社に因む。＊竈の字義はかまど。
⑤**にいさと**　近隣の11ヵ村が合併し，新しい里をつくるとの意を込めて命名された旧勢多郡新里村名（明治22～平成17）に由来。⑥**かみこさわ**　由来等は不明。⑦**こやま**　駅近くの湖山池（淡水湖の中に3つの山がある）に由来。「湖山長者」伝説の地。⑧**いちべ**　市場の形成と関係があるのかもしれない。⑨**おやしらず**　日本海にのぞむ断崖の波打ちぎわを通過する際には，波にさらわれないように，波間を縫って親は子を，子は親をふりかえる間もなく走り抜けなければならなかったことに由来するという。アイヌ語説もある。唯一のレ点読みの駅名。⑩**びっちゅうこうじろ**　備中は岡山県西部の旧国名，神代は対岸の旧神代村名（現新見市神郷（しんごう））から。かつて，伊勢神宮の領地であったという。備中を冠したのは，山陽本線の神代駅（山口県岩国市）と区別するため。代は国訓。

①新木　（JR東日本）成田線。千葉県我孫子市新木
②比羅夫　（JR北海道）函館本線。虻田郡倶知安町(ちょう)比羅夫
③三谷　（JR西日本）山口線。山口市阿東生雲東(くもひがしぶん)分字三谷
④大街道　（電停）　伊予鉄道城南線（軌道）。愛媛県松山市大街道3丁目・一番町2丁目
⑤五十石　（JR北海道）釧網本線。川上郡標茶町(しべちゃちょう)五十石
⑥天見　南海電鉄高野線。大阪府河内長野市天見
⑦川越富洲原　（近鉄）名古屋線。三重県三重郡川越町(ちょう)豊田
⑧湖遊館新駅　一畑電車北松江線。島根県出雲市園町(いちばた)
⑨千里　（JR西日本）高山本線。富山市婦中町(まち)千里
⑩防府　（JR西日本）山陽本線。山口県防府市戎町(えびすまち)一丁目

---

①羽前前波　（JR東日本）陸羽西線。山形県新庄市升形字前波
②ふれあい生力　平成筑豊鉄道伊田線。福岡県田川郡福智町赤池
③房前　高松琴平電鉄志度線。香川県高松市牟礼町原
④久寿川　阪神本線。兵庫県西宮市今津曙町
⑤市塙　真岡鐵道真岡線。栃木県芳賀郡市貝町市塙(いちはな)
⑥臼杵　（JR九州）日豊本線。大分県臼杵市海添(かいぞえ)
⑦長万部　（JR北海道）函館本線。山越郡長万部町(ちょう)
⑧関下有知　長良川鉄道越美南線。岐阜県関市下有知
⑨海士有木　小湊鉄道。千葉県市原市海士有木
⑩明塚　（JR西日本）三江線。島根県邑智郡美郷町(さんこう)(ちょう)明塚

①**あらき** 新たに開墾された地の意ではないかという。②**ひらふ** 斉明天皇の4年（658）安倍比羅夫（あべのひらふ，奈良期の政治家・安倍宿奈麻呂（あべのすなまろ ?〜720）の父）が180艘の水軍を率いて，当時北海道で勢力を奮っていたミンセンの征伐に来て，後方羊蹄に政庁を置いたという故事に因み命名されたという。③**みたに** 阿武川の上流域に位置し，3つの谷川の合流点に因むともいう。姓氏あり。④**おおかいどう** 昭和5年成立の町名から。町名の由来は，従来の小唐人町の俗称によるという。⑤**ごじっこく** 弟子屈町（てしかがちょう）のアトサヌプリ（裸の山）の硫黄を運搬するため，釧路川を五十石船がここまで遡ってきたため名付けられたという。「ごじゅっこく」ではない。⑥**あまみ** 旧南河内郡天見村（明治22〜昭和29）から。村名は古代の余部（あまるべ）郷の転訛といわれている。⑦**かわごえとみすはら** 明治22年，富田一色・天ヶ須賀・松原の3ヵ村が合併し，富・洲（須）・原の一字ずつをとって命名された合成地名の旧富洲原村名に由来。平成21年3月，富洲原駅から現駅名に変更。⑧**こゆうかんしんえき** 湖遊館新駅駅と「駅駅」と駅が続く駅名は他に例がなく，ここだけである。⑨**ちさと** 瑞祥地名といわれる旧婦負（ねい）郡千里村名（明治22〜昭和17）から。⑩**ほうふ** 「周防の国府」の所在地であったことによる。「ぽうふ」ではない。「ホウ」は漢音，「ボウ」は呉音。

---

①**うぜんぜんなみ** 前波は最上川沿いの地名で，川の波と関係があるのかもしれない。旧国名の羽前を冠したのは，駅開設の昭和41年当時，国鉄能登線に前波（まえなみ）駅があったため（平成17年，能登線の廃止により廃駅）。②**ふれあいしょうりき** ふれあいは旧田川郡赤池町の標語から。生力は小字名。③**ふさざき** 由来等不明。④**くすがわ** 駅の東側を流れる久寿川に由来。＊川は濁音。⑤**いちはな** はじめ市場縄と称したが，承平7年（937）益子氏の一族・市花十郎直政が館を平台に築いてから市花と改め，さらに市塙と書くようになったという（『角川・栃木』）。塙は漢音では「コウ」と読むが，国訓では「はなわ」と読み，山のさし出た所，小高い所の意。⑥**うすき** 臼や杵（きね）の産地に由来するとも，臼については，湾や半島の形が臼のようだからとの説もある。⑦**おしゃまんべ** アイヌ語「オ・シャマム・ペッ」（川尻が・横になっている・川）であるとか，シャマンペ（鰈（かれい））を連想して「オ・シャマン・ペ」となり，川口付近で鰈が多く獲れたのでこの名があるという。⑧**せきしもうち** 下有知は旧下有知村名（明治22〜昭和26）に由来。昭和61年開設の中濃西高前駅を平成18年，関下有知駅に改称。⑨**あまありき** 旧海士村と旧有木村の合成村名から。海士は「航海・漁撈などに従事した朝廷の部」で，有木は蟻木（この地に戦国期の蟻木城址がある）とも書いた。アリキは「新たに開拓した地」の意で，当て字であろう。⑩**あかつか** 昔，この地にあった塚から夜な夜な光が出ていたことに由来するという。

①浅海　（JR四国）予讃線。愛媛県松山市浅海本谷（ほんだに）
②外川　銚子鉄道。千葉県銚子市外川町（まち）二丁目
③安茂里　（JR東日本）信越本線。長野市安茂里
④潮来　（JR東日本）鹿島線。茨城県潮来市あやめ一丁目
⑤網干　（JR西日本）山陽本線。兵庫県姫路市網干区和久（わく）
⑥美章園　JR阪和線。大阪市阿倍野区美章園一丁目
⑦余子　（JR西日本）境港線。鳥取県境港市竹内町（たけのうち）旭田
⑧朝熊　（近鉄）鳥羽線。三重県伊勢市朝熊町
⑨和賀仙人　（JR東日本）北上線。岩手県北上市和賀（わが）町仙人
⑩浮間舟渡　（JR東日本）埼京線。東京都北区浮間四丁目・板橋区舟渡一丁目

---

①保々　三岐鉄道三岐線。三重県四日市市小牧町
②青谷　（JR西日本）山陰本線。鳥取市青谷町青谷
③江端　福井鉄道福武線。福井市江端町
④七ヶ岳登山口　会津鉄道。福島県南会津郡南会津町糸沢
⑤美濃青柳　養老鉄道。岐阜県大垣市青柳（あおやなぎ）町
⑥会津坂下（にしきがわ）　JR只見線。福島県河沼郡会津坂下町五反田
⑦柳瀬　錦川鉄道錦川清流線。山口県岩国市美川町（みかわまち）四馬神（しめがみ）
⑧若桜　若桜鉄道若桜線。鳥取県八頭郡若桜町（ちょう）若桜
⑨内海　（JR九州）日南線。宮崎市内海
⑩上金田　平成筑豊鉄道伊田線。福岡県田川郡福智町金田

①**あさなみ**　かつて一面浅い海であったが、地変によって陸地になったという。「あさうみ」の転訛か。②**とかわ**　古くは戸川と書き、川にさしかかる所の意という。③**あもり**　旧上水内（かみのみち）郡安茂里村名（明治22～昭和29）から。村名は古語「天降（あも）る」に因み「安らけく茂る里」の意を込めて命名されたという。④**いたこ**　古くは板来（いたく）と書いたが、元禄11年（1698）に徳川光圀が潮来と改めたという。利根川口から潮（イタ……方言）がさして来ることに因むという。アイヌ語 i-tak「われらの水中の大礁（しょう、かくれた岩）」の当て字説もある（『山本・アイヌ』）。⑤**あぼし**　養老4年（720）放生会（ほうじょうえ、供養のため、捕らえられた生き物を放してやる儀式）の式日に殺生を禁じ、氏子の漁師は漁を休み、浜で網を干して祭礼に参加したことから、網干祭といい、近郷を網干と称するようになったという（『角川・兵庫』）。当駅から北へ約3km離れた所に、山陽電鉄網干線の終着駅「山陽網干駅」がある。⑥**びしょうえん**　当地の開発者・山岡美章（大阪鉄工所社長などを務めた山岡順太郎の父）に因む。⑦**あまりこ**　古くからの産土神・余子神社に因む旧西伯郡余子村名（明治22～昭和29）から。
⑧**あさま**　川の浅瀬の屈曲した地を表わす浅隈によるとする説など諸説がある。
⑨**わかせんにん**　仙人が住む所の意から付けられたという。和賀はほかにもある仙人地名と区別するため。駅所在地は「わが」と濁音。
⑩**うきまふなど**　北区と板橋区にまたがった位置にある珍しい駅。

---

①**ほ**　平安期以降に成立した荘や郷と並ぶ国衙（こくが）内の行政単位である「保」に由来するのではないかという。②**あおや**　『三代実録』の相屋神社の転訛ではないかともいう。③**えばた**　江端川名から。江端川は日野川または足羽（あすわ）川の「ふち、へり」の意か。江は国訓。姓氏あり。
④**ななつがたけとざんぐち**　駅の西方にある七ヶ岳（1,636m）は、北から南にノコギリ状の峰が七つ連なる（実際には11や13あるともいう）。
⑤**みのやなぎ**　駅所在地は「あおやなぎちょう」だが、駅名は「やなぎ」。
⑥**あいづばんげ**　6世紀に会津盆地丘陵の周辺に高寺（たかでら）を中心に寺院群が創設されたといわれ、坂下は高寺の下の意という（『角川・福島』）。
⑦**やなぜ**　「やなせ」ではない。梁瀬の当て字で、錦川の川筋に鮎をとるヤナセキがあったという（『続・山口県地名考』）。錦川鉄道錦川清流線は旧国鉄岩日（がんにち）線。⑧**わかさ**　後醍醐天皇（在位1318～1339）が当地に来られた際、若木の桜をご覧になったという故事に因むとも、履中天皇（在位は5世紀前半ごろ）の時に当地を領した若桜部ノ造の姓氏に因むともいう。
⑨**うちうみ**　静かな湾内に因む地名。⑩**かみかなだ**　金田は、金田荘（鎌倉期～南北朝期）の開発領主である金田六郎左衛門尉時通に由来するともいう。

①洞沼　鹿島臨海鉄道大洗鹿島線。茨城県鉾田市下太田

②厚床　（JR北海道）根室本線。根室市厚床

③恵我ノ荘　（近鉄）南大阪線。大阪府羽曳野市南恵我之荘

④梅ヶ峠　JR山陰本線。山口県下関市豊浦町厚母郷字梅ヶ峠

⑤河野原円心　智頭急行。兵庫県赤穂郡上郡町河野原

⑥矢口渡　（東急）多摩川線。東京都大田区多摩川一丁目

⑦毛呂　（JR東日本）八高線。埼玉県入間郡毛呂山町岩井

⑧焼石　（JR東海）高山本線。岐阜県下呂市焼石

⑨日登　（JR西日本）木次線。島根県雲南市木次町寺領

⑩青梅　（JR東日本）青梅線。東京都青梅市本町

---

①甘地　（JR西日本）播但線。兵庫県神崎郡市川町甘地

②馬出九大病院前　福岡市地下鉄箱崎線。東区馬出二丁目

③女満別　JR石北本線。網走郡大空町女満別本通１丁目

④和気　（JR西日本）山陽本線。岡山県和気郡和気町福富

⑤蓮花寺　三岐鉄道北勢線。三重県桑名市蓮花寺

⑥伊勢奥津　（JR東海）名松線。三重県津市美杉町奥津

⑦呼人　（JR北海道）石北本線。網走市呼人

⑧小波瀬西工大前　JR日豊本線。福岡県京都郡苅田町新津

⑨相浦　松浦鉄道西九州線。長崎県佐世保市相浦町

⑩伊賀上津　（近鉄）大阪線。三重県伊賀市伊勢路

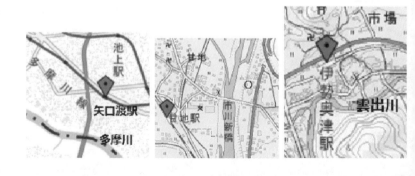

①**ひぬま** 駅近くの涸沼から。干潮時に水がかれることに因む。涸の字義は「かれる」「ひる（干）」。②**あっとこ** アイヌ語「アッ・トコ・ト，at-tok-to」（オヒョウが生えている沼）の当て字という。オヒョウはニレ科の落葉高木（約25m）。③**えがのしょう** 駅名は「恵我ノ荘」であるが，町名は「恵我之荘」。中世の荘園に因むという。由来には，鳥獣の餌の取引を行った餌（エ）・処（ガ）説や，東除川（ひがしよけがわ）などがある江（エ）・処（ガ）説など諸説がある。④**うめがとう** 梅の木が多くあった「とうげ」の略転訛か。しかし，当地の峠は頂上ではなく，山の尾根のへこんだ，たわんだ所にあることから，「撓（たわ）む」（タワ→タオ→トー）が語源になっているのではないかともいわれる。峠は国字。⑤**こうのはらえんしん** 駅所在地の河野原と白旗城を居城とした南北朝時代の武将・赤松則村（のりむら，1277～1350）の法名「円心」に由来。⑥**やぐちのわたし** 昭和24年まで当駅近くにあった多摩川の渡し場の一つ「矢口の渡し」に由来。⑦**もろ** 旧毛呂村名（明治22～昭和14）から。モロはムラの転で，村落を表わす。⑧**やけいし** 火山と関係があるのかしれない。⑨**ひのぼり** 南北朝期の日登郷に因む。⑩**おうめ** 地内にある金剛寺の梅樹の実が常に青く落ちることがなかったからとも，大きな梅樹「大梅」の転訛ともいわれる。

---

①**あまじ** 旧神崎郡甘地村名（明治22～昭和30）から。村名は甘地の対岸・川辺地区より土地が高く，天地と呼ばれたことに由来するという（『兵庫難読』）。②**まいだしきゅうだいびょういんまえ** 馬出は，昔筥崎宮の神輿が博多夷社（えびすしゃ）へ下向する際，ここから供奉（ぐぶ）の人（行列の供をする人）が乗る馬を出したことに因むという。また，秀吉が島津攻めの際，軍馬の調達を行った場所に因むともいう。③**めまんべつ** アイヌ語「メマン・ペッ，meman-pet」（涼しい・川）の当て字。当地は網走湖から吹く風で，夏でも涼しいという。また「メム・アン・ペッ，mem-an-pet」（泉池・ある・川）の当て字ともいう。④**わけ** 古代和気氏に因む。和気清麻呂（733～99）の生誕地。⑤**れんげじ** かつて駅近くにあった蓮花寺に因む。⑥**いせおきつ** 雲出（くもず）川の上流（奥）で船差場または渡し場として重要な場所であったことに因むという。⑦**よびと** アイヌ語「コピト，yopi-to」（親沼から分かれて出ている湖），もと「イ・オピ・ト，i-opi-to」（そこから別れて行った沼の義）の転訛で，親沼は網走湖を指すという。⑧**おばせにしこうだいまえ** 小波瀬は旧京都郡小波瀬村名（明治22～昭和29）から。西工大は西日本工業大学の略。⑨**あいのうら** 当地が浦に向かい合っているからか。⑩**いがこうづ** 木津川の上流にある船着場の意か。伊賀を冠したのは，同音の東海道本線の国府津駅と混乱を避けるためか。

①山中渓　（JR 西日本）阪和線。大阪府阪南市山中渓
②千頭　大井川鐵道。静岡県榛原郡川根本町千頭
③本宮　富山地方鉄道立山線。富山市本宮
④荏原中延　（東急）池上線。東京都品川区中延二丁目
⑤相知　（JR 九州）唐津線。佐賀県唐津市相知町相知
⑥八東　若桜鉄道若桜線。鳥取県八頭郡八頭町才代
⑦干潟　（JR 東日本）総武本線。千葉県旭市ニ
⑧常陸青柳　JR 水郡線。茨城県ひたちなか市枝川
⑨打保　（JR 東海）高山本線。岐阜県飛騨市宮川町打保
⑩登戸　JR 南武線・小田急小田原線。神奈川県川崎市多摩区登戸

---

①柳津　（名鉄）竹鼻線。岐阜市柳津町梅松一丁目
②浮孔　（近鉄）南大阪線。奈良県大和高田市田井
③宇美　（JR 九州）香椎線。福岡県糟屋郡宇美町宇美五丁目
④生野屋　（JR 西日本）岩徳線。山口県下松市生野屋南三丁目
⑤指宿　（JR 九州）指宿枕崎線。鹿児島県指宿市湊一丁目
⑥守内かさ神　錦川鉄道錦川清流線。山口県岩国市御庄
⑦足羽　（JR 西日本）越美北線。福井市稲津町
⑧上小田井　（名鉄）・名古屋市営地下鉄。西区貴生町
⑨美々津　JR 日豊本線。宮崎県日向市美々津町清水ヶ谷
⑩森小路　（京阪）京阪本線。大阪市旭区森小路一丁目

①やまなかだに　大阪府の最南端の駅。山中にある「渓谷」に因むのか。当地は桜の名所として知られる。渓の字義はタニ（谷），渓谷。②せんず　セマ（狭）・ト（処）の転訛で，大井川沿岸の狭い地形を表わすという。また，当地を開発した泉頭四郎兵衛に因むともいう。駅の海抜は299.8m。当駅はSL列車（1940年製造の蒸気機関車，C11型190号機）の折り返し点として知られる。中部の駅百選選定駅。寸又峡（すまたきょう）温泉への玄関口。③ほんぐう由来等不明。④えばらなかのぶ　開業時（昭和2年8月）の地名，旧荏原郡荏原町大字中延から。関東大震災（大正12）以降，近郊農村から急激に都市化。⑤おうち　松浦川（西川）と厳木（きゅうらぎ）川（東川）の南東部の平坦地に位置。両河川や伊万里道と佐賀道の「逢う地」，または，人々が「会う地」などが転訛したのではないかという。⑥はっとう　旧八東郡八東村名（明治22～昭和31）から。八東郡は平安後期八上（やかみ）郡東半を分割してできた。八上郡は『古事記』の八上比売（ヤカミヒメ）伝説に因む。⑦ひがた　寛文10～11年（1670～71），「椿の海」と呼ばれる大きな湖（東西12km・南北6km，面積約5,100ha）を干拓し，「干潟八万石」という水田地帯が誕生したことに因む。⑧ひたちあおやぎ　青い柳が生育していたことに因むか。⑨うつぼ　中に空洞のある大木，空木（うつほぎ）が多数あったことに因む説や，夏枯草（ウツボ草）が繁茂していたことが転訛した説など諸説があるという。⑩のぼりと　「トは所を意味し，古い街道が多摩丘陵の登りにかかる所」の意と思われるという（『川崎市HP』）。京成電鉄千葉線の西登戸駅（千葉市中央区登戸）は「にしのぶと」と読む。

---

①やないづ　木曽川支流境川の南に位置。簗（やな）場と関係があるのかもしれない。②うきあな　旧北葛城郡浮孔村名（明治22～昭和16）から。村名は安寧（あんねい）天皇の皇居「片塩浮孔宮（かたしおのうきあなのみや）」に由来するという。③うみ　宇美八幡宮に因む。神功皇后が新羅遠征帰還の折に，この地で応神天皇を出産されたと伝えられる。当神社は，安産の神として信仰されている。④いくのや　『和名抄』に生屋郷とみえる。開墾で出来た耕作地の意ではないかという（『JR・第三セ』）。地元請願駅。⑤いぶすき　『和名抄』に「以夫須岐（イフスキ）」とあり，温泉が湧くことから「湯豊宿（ユホスキ）」が転訛したのではないかとも，また，イブスキのイブは湯生（ゆぶ）の転訛，スキは古代朝鮮語で村の意ともいう。姓氏あり。⑥しゅうちかさがみ　駅近くの守内にある「かさ神神社」（かさ＝瘡＝皮膚病にご利益があるといわれる）から。⑦あすわ　アズ・ハで，アズは洪水などで崩れた地形，荒れた湿地，ハは場で土地を示し，足羽は当て字という（『丹羽・難読』）。かつて足羽郡美山町（ちょう）があったが，平成18年2月福井市と合併したため，足羽郡の名称は消滅した。足を「あす」と読む地名は殆どないようである。⑧かみおたい　「かみおだい」ではない。⑨みみつ　神武天皇船出の港として御津（みつ）といったのが転訛したともいう。⑩もりしょうじ　淀川左岸に位置。かつてこの地帯にはエノキなどの樹木が繁茂しており，その森の中の小路の意という。

①湯ノ峠　JR美祢(み ね)線。山口県山陽小野田市厚狭字立石
②葭川公園　千葉都市モノレール１号線。千葉市中央区中央
③萱島　京阪本線。大阪府寝屋川市萱島本町(まち)
④阿分　（JR北海道）留萌本線。増毛郡増毛町(ちょう)阿分
⑤新野　（JR西日本）播但線。兵庫県神崎(かんざき)郡神河(かみかわちょう)町新野
⑥愛知御津　JR東海道本線。愛知県豊川市御津町西方松本(にしがた)
⑦余目　JR羽越本線・羽越西線。山形県東田川郡庄内町余目
⑧海鹿島　銚子電鉄。千葉県銚子市小畑(こばたけしんまち)新町
⑨磐城塙　（JR東日本）水郡線。福島県東白川郡塙町塙
⑩鷲塚針原　えちぜん鉄道三国芦原線。福井市川合鷲塚町

---

①伊賀神戸　（近鉄）大阪線・伊賀鉄道。三重県伊賀市比土(ひ ど)
②居能　JR宇部線・小野田線。山口県宇部市居能町二丁目
③綾羅木　JR山陰本線。山口県下関市綾羅木本町二丁目
④青海　東京臨海新交通臨海線（ゆりかもめ）。江東区青海
⑤伊予寒川　（JR四国）予讃線。愛媛県四国中央市寒川町
⑥恵良　（JR九州）久大本線。大分県玖珠郡九重町右田(ここのえ)
⑦上一万（電停）　伊予鉄道城南線。愛媛県松山市勝山町
⑧上挙母　（名鉄）三河線。愛知県豊田市金谷町(かな や)
⑨御宿　（JR東日本）外房線。千葉県夷隅郡御宿町須賀
⑩鮫　（JR東日本）八戸線。青森県八戸市鮫町

①**ゆのとう** 峠付近に温泉がわいていたことに因む。農家はその湯を汲み，風呂を沸かして疲れをとっていたという。地元の地主等が土地建物を寄贈して大正10年2月に設置された請願駅（『駅長駅名』）。峠は国字。②**よしかわこうえん** 葭は難読。類似地名：愛知県碧南市葭生町（よしおいまち）。③**かやしま** かつては寝屋川の中洲。カヤが生い茂っていたが，新田として開発。萱は国訓。④**あふん** アイヌ語「アフン・イ，ahun-i」（入る・処，入り口）の転訛という。どこへの入口なのかわからないという。⑤**にいの** 谷間の低湿地を開発した所の意とも，付近に産出する赤土（丹（に））に関係しているとの説などがある。JR牟岐線の新野駅（徳島県阿南市）は「あらたの」と読む。
⑥**あいちみと** 御津は水門で港の意という。孝元天皇がこの地に船を着けたという伝承がある。「津」を「と」読む地名には，静岡県沼津市内浦三津（うちうらみと）などがある。「と」は「みなと」の前略か。⑦**あまるめ** 律令制の余戸の転訛という。令制では50戸を1里としたが，これに満たない集落を別にアマリベ・アマルベと呼んだ。⑧**あしかじま** 銚子半島突端の伊勢路浦，沖合約500mにある岩礁「海鹿島」（約300坪）から。⑨**いわきはなわ** ハナワは周りの土地より高い場所（台地）に付けられた地形地名。旧国名の磐城を冠したのは，同読異字の旧国鉄両毛線（現わたらせ渓谷鐵道）の花輪駅（群馬県みどり市）と区別するため。塙は国訓。⑩**わしづかはりばら** 福井市川合鷲塚町と坂井市春江町針原の中間付近に駅が設置されたため。

---

①**いがかんべ** 伊賀を冠したのは，豊橋鉄道渥美線の神戸駅（愛知県田原市）と区別するため。②**いのう** この地を山から見ると，「犬の尾」を巻いているように見えるので「犬の尾」と呼んでいたが，住み良い所から，「居り能い土地」が「居能」に転訛したという。③**あやらぎ** 竹生観音開基の実仲法師が，香りのよい木が空に舞い上がるのをみて「あらや！」と感歎の声をあげたとする説や，神功皇后が凱旋し，当地で勝どきをあげたので新羅（しらぎ）に由来する説，当地に居住したとみられる秦氏系列の漢部（あやべ）に由来する説などがある。④**あおみ** 前面に広がる青い海に由来か。⑤**いよさんがわ** 地内を流れる川が冷たかったからともいう。伊予を冠したのは，JR相模線に同字異読の寒川（さむかわ）駅やJR羽越本線に越後寒川（かんがわ）駅があるため。なお，「寒」を「さん」と読む地名は当地と香川県の旧寒川町（現さぬき市）以外にはないようである。⑥**えら** エラとは川の曲流部をさし，この地で町田川が曲流しているからという（『JR・第三セ』）。⑦**かみいちまん** 一万は，松山市一万町名（明治22～昭和5年）から。⑧**うわごろも** この地域はかつて挙母藩が治めた地域。挙母は朝鮮渡来の絹織物（衣）の産地であったことに由来するのであろう。＊上手（うわて），上乗せ（うわのせ）の上。
⑨**おんじゅく** 鎌倉幕府5代執権の北条時頼（1227～63）が，地方の実情を知るため諸国行脚中に立ち寄ったこの地で詠んだ「御宿（みやど）せしその時よりと人間はば網代（あじろ）の海に夕影の松」に因むという。
⑩**さめ** 八戸市の東部にある鮫崎に由来するという。

①白老　（JR北海道）室蘭本線。白老郡白老町末広町2丁目
②相老　わたらせ渓谷鐵道・東武鉄道桐生線。群馬県桐生市相生町
③安積永盛　JR東北本線・水郡線。福島県郡山市笹川三丁目
④鳴尾　阪神本線。兵庫県西宮市里中町三丁目
⑤県　東武鉄道伊勢崎線。栃木県足利市県町
⑥渕東　アルピコ交通上高地線。長野県松本市波田
⑦安里　沖縄都市モノレール線。沖縄県那覇市安里
⑧浅海井　（JR九州）日豊本線。大分県佐伯市上浦浅海井浦
⑨阿左美　東武鉄道桐生線。群馬県みどり市笠懸町阿左美
⑩雲雀丘花屋敷　阪急宝塚本線。兵庫県宝塚市雲雀丘一丁目

----

①青笹　（JR東日本）釜石線。岩手県遠野市青笹町青笹
②厚狭　JR山陽新幹線・山陽本線・美祢線。山口県山陽小野田市厚狭
③阿下喜　三岐鉄道北勢線。三重県いなべ市北勢町阿下喜
④阿漕　（JR東海）紀勢本線。三重県津市大倉
⑤逢妻　（JR東海）東海道本線。愛知県刈谷市熊野町二丁目
⑥五ノ三　（名鉄）尾西線。愛知県弥富市五之三町
⑦海路　（JR九州）肥薩線。熊本県葦北郡芦北町海路
⑧千平　上信電鉄上信線。群馬県富岡市南蛇井乙
⑨北河内　（JR四国）牟岐線。徳島県海部郡美波町北河内
⑩石見都賀　JR三江線。島根県邑智郡美郷町都賀本郷

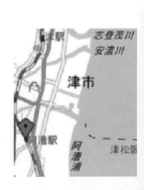

①しらおい　アイヌ語「シラウ・オ・イ，siraw-o-i」（アブの多いところ）の当て字という。②あいおい　駅所在地の旧相生村（明治22～昭和29）の村名をそのまま使用すると兵庫県の相生駅と重なることから，『生』の代わりに同じ読みの『老』に変更した。③あさかながもり　旧安積郡永盛村名（明治22～昭和18町制～29）から。安積は古くは阿尺（あさか）と書いた。年代は不明だが安積の字を当てたという。アサ（浅，湿地）・カ（処），ア（接頭語）・サカ（坂，峠・傾斜地），ア（接頭語）・スカ（洲処）などの語源説がある。安積や永盛の姓氏あり。④なるお　緩やかな傾斜の意の「ナル」と武庫川の端（河口）を意味する「尾」から出来たと思われるという。⑤あがた　毛野（けぬの）国の県主が居住した地であったという伝承に因む。アガタは国土をアガチ（分割，分配，分離）ワケて県としたものという。⑥えんどう　由来等不明。なお，東を「どう」と読む駅名に和歌山電鐵貴志川線の山東駅（さんどう，和歌山市永山）がある。⑦あさと　鹿児島県奄美市名瀬朝戸からの伝来地名とする説が有力という（『JR・第三七』）。⑧あざむい　遠浅の海辺に因むのか。旧南海部（あまべ）郡上浦町（平成17年3月，佐伯市となる）。九州最東端の駅。⑨あざみ　この地にある阿左美沼は古くから水田を潤し，奈良期には「淡甘」と記し，「アワマ」「アサマ」と称していたが，後に「アザミ」に転じ，阿左美の字が当てられたともいう。⑩ひばりがおかはなやしき　駅の所在地は宝塚市雲雀丘一丁目であるが，構内敷地の半分以上は川西市花屋敷二丁目にあることから。

---

①あおざさ　江戸初期に青篠の文字を用いており，篠や笹の植生と関係があるのではないか。笹は国字で，会意文字（竹＋世（葉の省略体ともいわれる））。②あさ　かつて麻が栽培されており，これが転訛したのではないかという。また，アサは温泉関係の語と思われるともいう。③あげき　「アゲ（上）キ（接頭語）」で，川上にある高所の地域をさす地名であろうという（『吉田・語源』）。同路線は線路幅762mmのナローゲージで知られる。④あこぎ　阿漕ヶ浦に因む。「阿漕な商売をする」の「阿漕」は阿漕ヶ浦にまつわる伝説（伊勢神宮に供える魚をとるための禁漁地で，阿漕の平次という漁夫が母の難病をなおすため，密漁をして捕らえられた）に由来するという。また，この付近はもと阿濃（あのう）と呼ばれていたが，これが転訛したともいう。⑤あいづま　刈谷市と大府市の境を流れる逢妻川に因む。川名は，在原業平と杜若（かきつばた）姫がこの川を隔てて逢ったという伝承から。⑥ごのさん　五之三町から。由来は不明。五之一町，五之二町はない。⑦かいじ　カイ（峡）・ジ（路）の意で，山々の間を通る路という（『JR・第三七』）。⑧せんだいら　由来等不明。⑨きたがわち　「かわち」でなく「がわち」と濁音。⑩いわみつが　平安期に都賀郷とみえる。石見（島根県東部の旧国名）を冠したのはJR房総本線の都賀駅（千葉市若葉区都賀三丁目）と区別するため。

① 七日町 （JR 東日本）只見線。福島県会津若松市七日町（なのかまち）
② 十弗 （JR 北海道）根室本線。中川郡豊頃町（ちょう）十弗宝町
③ 十三里 （JR 北海道）石勝線。夕張市紅葉山（もみじやま）
④ 三才 しなの鉄道北しなの線。長野市三才
⑤ 善行 小田急電鉄江ノ島線。神奈川県藤沢市善行一丁目
⑥ 三保三隅 JR 山陰本線。島根県浜田市三隅町西河内（さいごうち）
⑦ 吾桑 （JR 四国）土讃線。高知県須崎市吾井郷（あいのごう）甲
⑧ 上牧 JR 上越線。群馬県利根郡みなかみ町上牧
⑨ 新村 アルピコ交通上高地線。長野県松本市新村
⑩ 上道 JR 境線。鳥取県境港市中野町字下駒ケ坪

---

① 大麻 （JR 北海道）函館本線。江別市大麻中町
② 大蛇 JR 八戸線。青森県三戸郡階上町（はしかみちょう）道仏字大蛇
③ 小俣 （JR 東日本）両毛線。栃木県足利市小俣町
④ 矢作 （JR 東日本）弥彦線。新潟県西蒲原郡弥彦村矢作
⑤ 今宮戎 南海電鉄。大阪市浪速区敷津東三丁目
⑥ 弓削 JR 津山線。岡山県久米郡久米南町（なんちょう）下弓削
⑦ 木幡 （京阪）宇治線。京都府宇治市木幡（こはた）
⑧ 中納言 （電停） 岡山電気軌道東山本線。岡山市中区中納言町・小橋町二丁目
⑨ 夫婦石 松浦鉄道西九州線。佐賀県西松浦郡有田町二ノ瀬
⑩ 足立 （JR 西日本）伯備線。岡山県新見市神郷油野（ゆの）

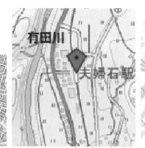

第1章 難読駅名を楽しむ．和食，糯，飯給は何と読みますか **141**

①なぬかまち　駅名は「なぬかまち」であるが，駅の所在地名は「なのかまち」。毎月7日の日に市が開かれたことに由来するとみられる。②とおふつ　アイヌ語「トー・プッ，to-putu」（沼の口）の当て字という。駅のホームには「十弗は10＄駅」と記した10ドル紙幣の大きな看板が建っている。
③とみさと　開業時，起点の追分駅から十三哩（じゅうさんマイル）あったことに由来。＊1マイルは1,609m，13マイルは20,917m。北海道新幹線の開業（平成28年3月26日）に関連し，前日の25日を最後に廃止され，信号場となった。④さんさい　三才とは天・地・人を示して，共同で働く意の佳名で開拓地名という（『吉田・語源』）。⑤ぜんぎょう　昔，善行寺というお寺があったことに因むともいう。⑥みほみすみ　駅は旧三保村（明治43〜昭和30）にある。三保村は昭和30年（1955）4月，三隅町，岡見・黒沢（くろざわ）村，井野，大麻（たいま）2村の一部と合体し，三隅町となり，平成17年10月浜田市と合併。なお，三隅の地名は律令時代からみえる。⑦あそう　旧高岡郡吾桑村名（明治22〜昭和29）から。村名は，吾井ノ郷（あいノごう）村と桑田山（そうだやま）村の頭文字をとって名付けた。⑧かみもく　古代牧場の上方を意味するのか，駅の南に下牧（しももく）という地名がある。⑨にいむら　旧東筑摩郡新村名（明治7〜昭和29）から。⑩あがりみち　旧西伯郡上道村名（明治22〜昭和27）から。当地が境港で下船した人々の南進路（上方）の出発地点（進路）に当たっていたことによるという。

::

①**おおあさ**　明治26年入植者が麻を栽培したことに由来。②**おおじゃ**　崖崩れまたは大社（神社）と関係があるのかもしれないという。千葉県佐倉市に同じ読みの大蛇町（まち）がある。③**おまた**　足利氏の被官小俣氏の名字の地に因むという。近鉄山田線の小俣駅（三重県伊勢市小俣町）は「おばた」と読む。④**やはぎ**　矢を作る職人がいた地に因むともいわれる。古語で矢を作ることを「矧（は）ぐ」といった。姓氏あり。⑤**いまみやえびす**　駅の東側にある今宮夷神社に因む。今宮とは新しい宮の意で，本家は同じく「えべっさん」と呼ばれる兵庫県西宮市の西宮神社。⑥**ゆげ**　古代部民で弓を製作した弓削部に因むのではないかという。姓氏あり。⑦**こわた**　所在地は「こはた」であるが，駅名は「こわた」。250mほど離れているJR奈良線の木幡駅は「こはた」と，表示が異なる。由来には何年も耕作を続け，地力が低下した畑の意から「小畑」「古畑」説や，当地は古くから「許（こ）乃国」と呼ばれていたこともあり，「許の国のほとり＝許端」説などがある。⑧**ちゅうなごん**　町名から。町名は，江戸期に小橋町東に店を開いた焼餅屋（やきもちや）が，この時，ほぼ同音の万葉歌人の中納言大伴家持（やかもち）をもじって，「中納言の焼餅」の看板を掲げたのが評判となり，略されて「中納言」と呼ばれようになったという（『岡山地名事典』）。⑨**めおといし**　有田川にある大小一対の岩に由来するという。⑩**あしだち**　付近の地名から。石灰の産地。石灰岩の絶壁が屹立（きつりつ）していることと関連があるかもしれない。

① 羽間　高松琴平電鉄琴平線。香川県まんのう町羽間
② 北河内　錦川鉄道錦川清流線。山口県岩国市天尾
③ **北新・松本大学前**　アルピコ交通上高地線。長野県松本市新村
④ 北条　（JR東日本）信越本線。新潟県柏崎市本条
⑤ 北府　福井鉄道福武線。福井県越前市北府2丁目
⑥ 出来島　（阪神）なんば線。大阪市西淀川区出来島二丁目
⑦ 出水　九州新幹線・肥薩おれんじ鉄道。鹿児島県出水市上鯖淵
⑧ 生山　（JR西日本）伯備線。鳥取県日野郡日南町生山
⑨ 加太　南海電鉄加太線。和歌山市加太
⑩ 札的　（JR北海道）札沼線。北海道樺戸郡浦臼町札的内

---

① 弘明寺　京浜急行本線。横浜市南区弘明寺町。横浜市営地下鉄（ブルーライン1号線）。南区通町四丁目
② 安針塚　京浜急行本線。神奈川県横須賀市長浦町二丁目
③ 百草園　京王電鉄京王線。東京都日野市百草
④ 蕨岱　（JR北海道）函館本線。山越郡長万部町蕨岱
⑤ 西金　（JR東日本）水郡線。茨城県久慈郡大子町西金
⑥ 西院　（阪急）京都本線。京都市右京区西院高山寺町
⑦ 印南　（JR西日本）紀勢本線。和歌山県日高郡印南町印南
⑧ **伊勢崎**　JR両毛線・東武鉄道伊勢崎線。群馬県伊勢崎市曲輪町
⑨ 日下　（JR四国）土讃線。高知県高岡郡日高村本郷
⑩ **伊勢八太**　（JR東海）名松線。三重県津市一志町小山

第1章 難読駅名を楽しむ，和食，糀，飯給は何と読みますか **143**

①**はざま** 琴電の駅では最も高い地点（88.9m）にある。山と山の間にある意か。なお，高知県香美市土佐山田町間は一字で「はざま」と読む。②**きたごうち** 旧玖珂（くが）郡北河内村名（明治22～昭和30）から。村名は往古の河内郷の北部に当たることから命名されたという。③**きたにい・まつもとだいがくまえ** 松本大学開校により，平成14年2月，北新駅を現駅名に改称。④**きたじょう** 中世の条里制に因むという。⑤**きたご** 日野川中流域に位置。越前国府の北部に位置していたことから，北国府（きたこう）と呼ばれていたが，国の字が省略され，「こう」が「ご」に変化したと考えられるという。⑥**できじま** 新田開発がよく出来た（成功した）ことから付けられたという。同地名は新潟・埼玉・徳島・宮崎県などにもある。⑦**いずみ** 平野部周辺の台地末端に豊富な湧水があったことに因むという。⑧**しょうやま** 孝霊天皇巡幸の際，皇妃細姫が福姫を生誕したという伝承がある。⑨**かだ** 海岸近くにあり，かつて「干潟」であったことに因むともいう。JR関西本線加太駅は「かぶと」と読む。⑩**さってき** アイヌ語「サッテケ・ナイ」（やせる川，乾いた川）のsattekの当て字。satは「乾いた，乾く」の意で，この駅に限らず，札沼線沿線には「夏になると干上がる」川名に由来する駅名（於札内，札比内）がある。なお，札幌は「sat-poro，乾いた・広い（地帯）」の当て字といわれている。

①**ぐみょうじ** 養老5年（721）開創と伝えられる瑞応山弘明寺に由来するという。「弘」は呉音。京浜急行弘明寺駅と地下鉄の弘明寺駅は約600m離れている。②**あんじんづか** 三浦按針夫妻墓の『安針塚』に因む。「針」を「じん」と読む。按針（1564～1620）は最初に渡来したイギリス人航海士，家康の政治顧問を務めた。③**もぐさえん** 『新編武蔵』に百草は「ことに草莽（そうもう）の地なりにしや，昔は茂草とかきたりといえり」とみえ，江戸中期以降，百草と書くようになったという。百草園は，多摩丘陵の一角に京王電鉄が所有する庭園。④**わらびたい** アイヌ語「ワルンピ・フル」（ワラビのある丘）の転訛。この付近一帯にワラビが繁茂していたという。⑤**さいがね** 久慈川支流の湯沢川流域に位置。「にしがね」ではない。⑥**さいいん** 平安初期に淳和（じゅんな）天皇の後院（ごいん，天皇の常の御所以外の予備的なもの）で西院とも称した淳和院があったことに由来するという。京福電鉄の駅名は「さい」と読む。⑦**いなみ** 旧印南荘名から。「印南」には，入浪・入波（いりなみ）の約説や稲実（いなみ），稲部（いなべ），海部（うなべ）などの転訛説がある。⑧**いせさき** 「いせざき」ではない。古くは「赤石（あかいし）郷」と呼ばれていた。この地に伊勢神宮を分祀し，その神社領のさき（前）に開けた土地に由来するという。⑨**くさか** 「日の下のクサカ」という枕詞的表現からとか，草処（クサカ＝草生の地），アイヌ語説など諸説がある（『山中・語源』）。⑩**いせはた** 往古，洪水時には波瀬（はぜ）川と雲出（くもず）川の水が合流し，波が極めて多かったことから，波多と呼び，いつしか八太と書くようになったという（『角川・三重』）。

①**安牛**　(JR北海道) 宗谷本線。天塩郡幌延町開進字安牛
②**安比高原**　(JR東日本) 花輪線。岩手県八幡平市安比高原
③**安子ヶ島**　JR磐越西線。福島県郡山市熱海町安子島
④**羽場**　JR飯田線。長野県上伊那郡辰野町伊那富
⑤**羽前金沢**　(JR東日本) 左沢線。山形県東村山郡中山町金沢
⑥**用瀬**　(JR西日本) 因美線。鳥取市用瀬町用瀬
⑦**我孫子**　JR常磐線・成田線。千葉県我孫子市本町二丁目
⑧**相内**　(JR北海道) 石北本線。北見市相内町
⑨**味美**　(名鉄) 小牧線 (愛知県春日井市西本町)。東海交通事業城北線 (同市中新町二丁目)
⑩**岩原スキー場前**　JR上越線。新潟県南魚沼郡湯沢町土樽

---

①**妹尾**　JR宇野線 (瀬戸大橋線)。岡山市南区東畦
②**長門峡**　(JR西日本) 山口線。山口市阿東生雲東分
③**油日**　(JR西日本) 草津線。滋賀県甲賀市甲賀町上野
④**阿品**　JR山陽本線。広島県廿日市市阿品二丁目
⑤**阿知須**　(JR西日本) 宇部線。山口県阿知須浜
⑥**周布**　(JR西日本) 山陰本線。島根県浜田市治和町
⑦**いわて沼宮内**　東北新幹線・いわて銀河鉄道。岩手町江刈内
⑧**神戸**　豊橋鉄道渥美線。愛知県田原市神戸町
⑨**相可**　(JR東海) 紀勢本線。三重県多気郡多気町相可
⑩**厚岸**　(JR北海道) 根室本線。厚岸郡厚岸町宮園1丁目

①やすうし　アイヌ語「ヤシ・ウシ」(網を引く所) の当て字で，天塩川の網引き場であったという (『北海道駅名の起源』)。②あっぴこうげん　安比の由来には，前九年の役 (1051～62) の安倍氏のアベと安比のアビを結び付けたとする説もある。③あこがしま　アコ (船頭) が住みついたシマ (場所) の転訛という (『JR・第三セ』)。④はば　中世の城・羽場城に因む。河岸段丘上に位置し，飯田線内では最標高地 (723m) にある。姓氏あり。
⑤うぜんかねざわ　「かなざわ」ではない。金山に因む地名か。旧国名の羽前を冠したのは，北陸本線の金沢駅と区別するため。⑥もちがせ　千代川畔の河谷地 (瀬) で，それを利用し産業が発展したことに因むという (『日本地名基礎辞典』)。「用瀬流しびな」で知られる。⑦あびこ　大化前代の部族の姓 (かばね) の一つ。大阪市住吉区に同じ駅名 (市営地下鉄御堂筋線，苅田七丁目) や我孫子町 (ちょう) 駅 (JR阪和線，我孫子三丁目)，我孫子前駅 (南海高野線，遠里小野 (おりおの) 五丁目) がある。姓氏あり。⑧あいのない　アイヌ語「アイヌ・オマ・ナイ」(アイヌの居る沢) または「アイヌ・ナイ」(アイヌの沢) の当て字という。⑨あじよし　旧東春日井郡味美村名 (明治22～39) に由来。村名は合瀬 (あわせ) 川を取水源とする新木津 (しんこっつ) 川用水の改修の完成で，水利に恵まれ，味鋺 (あじま) 原新田一帯が美田になったことから，「味鋺原新田」の「味」と美田の「美」を合わせた合成地名。⑩**いわっぱらスキーじょうまえ**　国鉄時代，東京競馬場前駅や宇都宮貨物ターミナル駅と並んで，仮名書きで国鉄一長い駅名として知られていた (13文字)。

①せのお　旧都窪郡妹尾町名 (明治29～昭和46) から。町名はこの地の丘に居館を設け，瀬戸内海における平家方の有力な拠点をつくった平家の武将妹尾太郎兼康 (1123～1183) に因むという。妹背 (いもせ) という言葉が妹と背が混合して使われ，妹尾が発生したともいう。②ちょうもんきょう　阿武 (あぶ) 川中流にある渓谷名から。③あぶらひ　油日神社に由来。祭神は油の神「油日大神」。④あじな　港町なので，シナ (階段状の地形，坂道) がア＝たくさん集まっている土地の意という (『JR・第三セ』)。⑤あじす　アジガモが海辺の「州」に多くいたことに由来するという。⑥すふ　この地で大国主命の子の和加布都主命 (ワカフツヌシノミコト) が狩りに出た際，幔幕を張り渡したことに因むという。＊同字の愛媛県西条市周布は「しゅうふ」と読む。⑦いわてぬまくない　アイヌ語「ヌマクナイ」(町の背後から湧き出ている川) や「ヌムンケ・ナイ」(山津波・川)，「ヌ・マクン・ナイ」(豊漁・奥・川，温泉・奥・川)，沼の内側の土地の当て字説などがある。⑧かんべ　伊勢神宮に貢物を献納する神領地に由来するという。⑨おうか　大鹿首 (オガノオビト) が住んだ地であることに因み，後に，これが転訛したという説や，街道の会合点「合う処 (か)」や，川の合流点「合河 (あうか)」の転訛説がある。souka → ouka ?。⑩**あっけし**　アイヌ語「アッ・ケ・ウシ・イ，at-ke-ush-i」(オヒョウ楡 (ニレ) の皮をはぐ処) の転訛という。

①荒河かしの木台　京都丹後鉄道宮福線。京都府福知山市上荒河
②浅水　福井鉄道福武線。福井市浅水町
③高師浜　南海電鉄高師浜線。大阪府高石市高師浜四丁目
④鬼瀬　（JR九州）久大本線。大分県由布市挾間町鬼瀬
⑤納内　（JR北海道）函館本線。深川市納内町
⑥麻生田　三岐鉄道北勢線。三重県いなべ市北勢町麻生田
⑦鹿賀　（JR西日本）三江線。島根県江津市桜江町鹿賀
⑧深日町　南海電鉄多奈川線。大阪府泉南郡岬町深日
⑨菖蒲池　（近鉄）奈良線。奈良市あやめ池南二丁目
⑩越前開発　えちぜん鉄道勝山永平寺線。福井市開発町

---

①越前富田　（JR西日本）越美北線。福井県大野市上野
②越前新保　えちぜん鉄道勝山永平寺線。福井市新保
③渡波　JR石巻線。宮城県石巻市渡波町一丁目
④小野新町　JR磐越東線。福島県田村郡小野町谷津作
⑤新田野　いすみ鉄道。千葉県いすみ市新田野
⑥新崎　（JR東日本）白新線。新潟市北区新崎一丁目
⑦新可児　（名鉄）広見線。岐阜県可児市下恵土今広
⑧新瑞橋　名古屋市営地下鉄。瑞穂区洲山町二丁目
⑨新鹿　（JR東海）紀勢本線。三重県熊野市新鹿町
⑩鈴鹿サーキット稲生　伊勢鉄道。三重県鈴鹿市稲生西

①**あらがかしのきだい** 由良川左岸に位置。川が荒れたことと関係があるかもしれない。河は呉音。②**あそうず** 鎌倉期からみえる地名。「水」を「ず」と読む地名に石川県加賀市山中温泉生水町（しょうずまち）がある。③**たかしのはま** 古来，歌枕として有名で，白砂青松の海岸美で知られる高師浜に因む。高石（たかいし）はもと高石（たかし，高志，高師，高脚）であった。高師はこの地に百済系渡来人西文（かわちのふみ）氏の分派が住みついて高志（コシまたはタカシ）と称したと伝えられる。駅近くの高石神社はその祖先を祀った神社とみられている（『大阪難読』）。④**おにがせ** 流れの速い大分川の恐ろしい川瀬に由来するという（『JR・第三セ』）。⑤**おさむない** アイヌ語「オ・サル・ウン・ナイ」（川尻に・葦原・がある・川）の転訛とも，「オタ・ナイ」（砂川）の当て字ともいわれる。⑥**おうだ** 昔，麻績部（おみべ）の居住地であったことに因むと伝えられる。⑦**しかが** 江の川の氾濫原に位置し，「シキカ（敷処）」の転訛で，川原敷を開拓した所という（『吉田・語源』）。⑧**ふけちょう** 旧泉南郡深日町名（昭和 18 〜 30）から。フケとは湿地をさす場合が多く，当地の海岸に由来するのかもしれない。また，『万葉集』にみえる「吹飯（フケイ）」が転訛したのではないかともいう。⑨**あやめいけ** 「しょうぶ池」ではない。⑩**えちぜんかいほつ** 九頭竜川の堆積した砂礫からなる荒蕪地が開発された地とみられるという。越前を冠したのは，富山地方鉄道上滝線の同じ読みの開発駅（富山市月岡町）と区別するため。なお，仏教語の開発は同じ読みで，まことの道理をさとることを意味する語句という。

---

①**えちぜんとみだ** 「とみた」ではない。越前を冠したのは，関西本線に富田駅（三重県四日市市富田三丁目）があるため。JR 両毛線の富田駅（栃木県足利市）は「とみた」と清音。②**えちぜんしんぼ** 開墾などで新しく出来た田畑などに因むと思われる。③**わたのは** 海上から波が渡ってくる土地の意という（『JR・第三セ』）。アイヌ語説もある。平成 23 年 3 月，東日本大震災（大津波）で営業休止。翌年 3 月，営業再開。④**おのにいまち** 駅開設時（大正 4 年 3 月）の町名から。小野新町は昭和 30 年 2 月合併により小野町となる。⑤**にったの** 江戸期からみえる地名。原野が開墾されて新たにできた田畑に因むのか。⑥**にいざき** 天文年間（1532 〜 55），武田氏に追われた占山家外七人衆が開いたという伝承がある。⑦**しんかに** 可児は木曽川の支流可児川が，蟹が這うように大きく湾曲するためかとも，当地を開拓した可児氏に因むともいう。児は呉音。⑧**あらたまばし** 山崎川に架かる橋名から。新瑞はこの付近の呼称で，地名ではない。瑞（みず）は国訓で，みずみずしいの意。⑨**あたしか** 『日本書紀』にみえる「熊野の荒坂津に至った」の「アラサカ」の転訛とも，海岸一帯が白砂であることから，渡洲処（ワタスカ）の転訛ともいう。⑩**すずかサーキットいのう** 稲生は伊奈富（いのう）神社に「稲生神社大国道命」を賜ったことに因むという。

①鈴蘭台　神戸電鉄。神戸市北区鈴蘭台北町(まち)一丁目
②網代　（JR東日本）伊東線。静岡県熱海市下多賀
③稲子　（JR東海）身延線。静岡県富士宮市下稲子
④遙堪　一畑電車大社線。島根県出雲市常松町(いちばた)
⑤磐城常葉　JR磐越東線。福島県田村市船引町(ふねひきまち)今泉字田中
⑥蔵宿　松浦鉄道西九州線。佐賀県西松浦郡有田町蔵宿
⑦鵡川　（JR北海道）日高本線。勇払郡むかわ町(ちょう)末広
⑧巌根　（JR東日本）内房線。千葉県木更津市岩根三丁目
⑨野州山辺　東武鉄道伊勢崎線。栃木県足利市八幡町
⑩不破一色　（名鉄）竹鼻線。岐阜県羽島市正木町須賀(すが)道下

-----

①三河三谷　JR東海道本線。愛知県蒲郡市三谷町上野
②道徳　（名鉄）常滑線。名古屋市南区豊田一丁目
③手力　（名鉄）各務原線。岐阜市蔵前七丁目
④三柿野　（名鉄）各務原線。岐阜県各務原市蘇原三柿野町
⑤七宝　（名鉄）津島線。愛知県あま市七宝町沖之島返上地
⑥勝幡　（名鉄）津島線。愛知県愛西市(あいさい)勝幡町
⑦鹿又　（JR東日本）石巻線。宮城県石巻市鹿又
⑧宍喰　阿佐海岸鉄道。徳島県海部郡海陽町(ちょう)久保
⑨紀伊日置　JR紀勢本線。和歌山県西牟婁郡白浜町(ちょう)矢田
⑩牛島　（JR四国）徳島線。徳島県吉野川市鴨島町牛島(うしじま)

①**すずらんだい** 沿線が開発された際,一般公募で当初の小部駅から「健康」が花言葉である「スズラン」に因み,昭和7年に鈴蘭台と改称された。
②**あじろ** 旧網代町名(藩政村～大正13町制～昭和30)から。村名は魚を捕らえるため網を入れる場所に因む。駅開設は昭和10年3月。③**いなこ** 稲の栽培と関係があるとみられる。④**ようかん** 「出雲大社」の東に,斐伊(ひい)川が注ぐ菱根池という大池があり,「遥かに水を湛(たた)える」が変化して「遙堪」になったといわれている。⑤**いわきときわ** 常葉は旧田村郡常葉町名(明治31～平成17)から。町名は,1665年の文書に常盤とあるが,松の緑が変わらぬように祈りを込めて常葉と命名された願望地名という。旧国名の磐城を冠したのは,駅開設時(大正10年)に,大正4年開設の信濃鉄道(現・大糸線)の常盤駅(現・信濃常盤駅)と区別するため。⑥**ぞうしゅく** 蔵宿川からか。ゾウ(水音),シュク(宿)。⑦**むかわ** アイヌ語「ムカ・ペッ」(ふさがった川)の転訛。満潮のたびごとに,大量の砂が鵡川の川口をふさぐという。＊「鵡」を含む語句に「鸚鵡(おうむ)」がある。⑧**いわね** 住民の崇拝を集める神社の祭神・巌根手力雄命(イワネタヂカラオミノミコト)に因む旧君津郡巌根村名(明治22～昭和17)から。⑨**やしゅうやまべ** 旧足利郡山辺村名(明治22～昭和13町制～昭和28)から。山辺の地名は消滅したが,小・中学校名などにその名を残す。野州は下野(しもつけ)国の異称。駅開設は大正13年。⑩**ふわいしき** 不破は古代地名,由来等不明。一色は「一色田(いしきでん)」とみられ,雑役が免除されて年貢だけを納める新開墾の田地のことであろうという。不破,一色の姓氏あり。

---

①**みかわみや** 三谷は古代地名の「美養」の転訛ともいう。②**どうとく** 文化9年(1812),尾張藩はそれまで農民に替地として与えていた御替地(おかえち)新田を「道徳新田」と改称した。これは「道義を以て徳を施す」という藩の方針を農民に自覚させるためのものであったという(『名古屋「駅名」の謎』)。③**てぢから** 近くにある手力雄(てぢからお)神社に因む。④**みかきの** 明治初期,三滝新田・柿沢村・野村が合併した際,それぞれの頭文字をとった合成地名。⑤**しっぽう** 七宝焼の産地に因む。⑥**しょばた** かつてこの地に信長の父信秀が居城した勝幡城があり,信長はここで生まれたともいう。もともとは「塩畑」という地名であったが,信長が縁起の良い「勝幡」に変えたという。⑦**かのまた** カノは焼畑のことか。マタは旧北上川が又状になっているのと関係があるのかもしれない。⑧**ししくい** 『日本書紀』の「阿波脚咋(あわあしくい)」を起源とするという。「喰う」は浸食により,崩(く)えた崩壊地の意ともいわれる。⑨**きいひき** 日置部(神仏に捧げる火の管理など)の居住地であったともいわれている。紀伊を冠したのは,各地にみられるためと思われる。日置の姓氏あり。⑩**うしのしま** 吉野川下流右岸に位置。はじめ麻を作り,布を織る人が住む川中島であったことから,苧師島(おしのしま)と称し,大人島(うしのしま)を経て転訛したものとみられるという(『角川・徳島』)。

①牧落　（阪急）箕面線。大阪府箕面市百楽荘一丁目
②鼓滝　能勢電鉄妙見線。兵庫県川西市鼓が滝町
③掛澗　（JR北海道）函館本線。茅部郡森町砂原西３丁目
④南方　（阪急）京都本線。大阪市淀川区西中島一丁目
⑤伊太祈曽　和歌山電鐵貴志川線。和歌山市伊太祈曽
⑥神代　（JR東日本）田沢湖線。秋田県仙北市田沢湖卒田
⑦吹田　東海道本線（吹田市朝日町）。阪急千里線（西の庄町）
⑧山城青谷　（JR西日本）奈良線。京都府城陽市市辺五島
⑨小内海　（JR九州）日南線。宮崎市内海
⑩平端　（近鉄）橿原線・天理線。奈良県大和郡山市昭和町

---

①豊科　（JR東日本）大糸線。長野県安曇野市豊科
②稲枝　（JR西日本）東海道本線。滋賀県彦根市稲枝町
③川口元郷　埼玉高速鉄道。埼玉県川口市元郷一丁目
④名谷　神戸市営地下鉄西神・山手線。須磨区中落合
⑤蒲池　（名鉄）常滑線。愛知県常滑市蒲池町
⑥土合　（JR東日本）上越線。群馬県利根郡みなかみ町湯桧曽
⑦黄金　（JR北海道）室蘭本線。伊達市南黄金町
⑧明覚　（JR東日本）八高線。埼玉県比企郡ときがわ町番匠
⑨白久　秩父鉄道秩父本線。埼玉県秩父市荒川白久
⑩幾寅　（JR北海道）根室本線。空知郡南富良野町幾寅

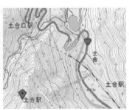

①**まきおち** 『延喜式』にみえる「右馬寮豊嶋牧」に由来するという。
②**つづみがたき** かつて当地にあった滝が鼓のような音を立てていたことに因むという。③**かかりま** 「かかり」は，船が停泊する意で，「船が停泊する・入江」の意であろうともいう。＊澗の字義は谷。谷川。④**みなみかた** 淀川の近くにあり，地形（潟）の転訛とみられるという。姓氏あり。⑤**いだきそ** 近くの伊太祈曽神社に因む。『日本書紀』にみえる五十猛命（イタケルノミコト）を祀り，植林に関する木の神様として崇拝されている。＊同線の終着駅「貴志駅」は「たま（猫の駅長）」で知られる。⑥**じんだい** 旧仙北郡神代村名（明治22～昭和31）から。村名は安閑天皇を祀る金峰（きんぽう）神社に因むと思われる。

⑦**すいた** 旧庄名。湿地帯の泓田（ふけた）の転訛かともいわれる。『摂津志』に水田に生えるクワイ・セリの産地と見える。古名は次田（すきた）とある（『日本地名基礎辞典』）。⑧**やましろあおだに** 青谷は駅の南東にある青谷川沿いの丘陵に拡がる梅の名所「青谷梅林」に由来か。山城を冠したのは，山陰本線に同字異読の青谷（あおや）駅（鳥取市青谷町）があるため。
⑨**こうちうみ** 前駅の内海駅のある内海より小さな湾内に因むという。
⑩**ひらはた** 旧平群郡平端村名（明治22～昭和10）から。村名は平群郡の「端（はし）」の意といわれている。駅開設は大正11年4月。

---

①**とよしな** 明治7年新村発足の際，鳥羽・吉野・新田・成相（なりあい）の4村を合併，頭文字（とよしな）をとった合成地名。②**いなえ** 稲村郷と日枝荘の合成地名の旧稲枝村名（明治22～昭和30町制～昭和43）から。
③**かわぐちもとごう** 元郷とは元の村の意という。④**みょうだに** 藩政村の名谷村名（現垂水区，須磨区にわたる地域）から。由来には諸説がある。(1)茗荷が採れる谷の転訛。(2)名谷村（現垂水区名谷町）にある明王寺に因む。(3)稲の穂を神に祀る場所である「名」があった。⑤**かばいけ** 由来等不明。同字の（西鉄）天神大牟田線の蒲池駅（福岡県柳川市）は「かばち」と読む。
⑥**どあい** 川の合流点の意ともいう。下り線ホームへは462段の階段を降り，さらに改札まで24段の階段がある（計486段）。上り線は地上駅。日本一のモグラ駅といわれている。⑦**こがね** 駅開設時（大正14年）は，アイヌ語「オ・コンプ・ウシ・ペ」（川尻に昆布が群生する処）の当て字から地名と同じく黄金蕊（おこんしべ）と付けられたが，その後，地名が前の二字を採って「黄金（こがね）」となったため，駅名も昭和27年に改称された。⑧**みょうかく** 往古，この地を妙覚郷と称したことに因む旧明覚村名（明治22～昭和30）から。
⑨**しろく** 「久」は処の意で，白い土質のある地に因むという。
⑩**いくとら** アイヌ語「ユㇰ・トラシ，yuk-turashi」（鹿・登ってゆく処）の転訛という。

第2章　難読駅名（珍しい駅名などを含む）の分類

各分類では該当する駅名をすべて収録したものではない。

1. 駅命名時に使用した地名は消滅したが，その名を残す無形文化財としての駅名

　　一般に町村などが合併した場合，旧町村名などは広域地名であるため，地名として残らない場合が多いが，駅・学校・郵便局などにその名を残しており，貴重な無形文化財となっている。

安積永盛　あさかながもり　JR東北本線・水郡線。福島県郡山市笹川三丁目
　　＊村名は永盛村。永盛小学校。
足羽　あすわ　JR越美北線(えつみほくせん)。福井市稲津町(いなづ)
余子　あまりこ　JR境港線。鳥取県境港市竹内町旭田
在良　ありよし　三岐鉄道北勢線。三重県桑名市額田
依那古　いなこ　伊賀鉄道伊賀線。三重県伊賀市沖
稲梓　いなずさ　伊豆急行。静岡県下田市落合
浮孔　うきあな　近鉄南大阪線。奈良県大和高田市田井
内部　うつべ　四日市あすなろう鉄道内部線。三重県四日市市小古曽(おごそ)三丁目
越中三郷　えっちゅうさんごう　富山地方鉄道本線。富山市水橋開発
　　＊村名は三郷村。三郷小学校。
王子保　おうしお　JR北陸本線。福井県越前市四郎丸町
大阿太　おおあだ　近鉄吉野線。奈良県吉野郡大淀町佐名伝(ちょうさなて)
大歳　おおとし　JR山口線。山口市朝田
男衾　おぶすま　東武鉄道東上本線。埼玉県大里郡寄居町富田
柿生　かきお　小田急電鉄。神奈川県川崎市麻生区上麻生五丁目
禾生　かせい　富士急行大月線。山梨県都留市古川渡(ふるかわど)
堅下　かたしも　近鉄大阪線。大阪府柏原市大県(おおがた)二丁目
河内堅上　かわちかたかみ　JR関西本線。大阪府柏原市青谷(あおたに)
　　＊村名は堅上村。堅上小学校，堅上中学校。
北河内　きたごうち　錦川鉄道錦川清流線。山口県岩国市天尾
国英　くにふさ　JR因美線。鳥取市河原町釜口
漕代　こいしろ　近鉄山田線。三重県松阪市稲木町
神志山　こうしやま　JR紀勢本線。三重県南牟婁郡御浜町下市木(ちょうしもいちぎ)
厚東　ことう　JR山陽本線。山口県宇部市吉見
古里　こり　JR青梅線。東京都西多摩郡奥多摩町小丹波(こたば)

指扇　さしおうぎ　JR川越線。埼玉県さいたま市西区宝来
椎柴　しいしば　JR成田線。千葉県銚子市野尻町
新関　しんせき　JR磐越西線。新潟市秋葉区大関
末恒　すえつね　JR山陰本線。鳥取市伏野
須津　すど　岳南鉄道。静岡県富士市中里
雑色　ぞうしき　京浜急行本線。東京都大田区仲六郷二丁目
常澄　つねずみ　鹿島臨海鉄道大洗鹿島線。茨城県水戸市塩崎町
富木　とのき　JR阪和線。大阪府高石市取石二丁目
騰波ノ江　とばのえ　関東鉄道常総線。茨城県下妻市若柳甲
豊栄　とよさか　JR白新線。新潟市北区白新町一丁目
中原　なかばる　JR長崎本線。佐賀県三養基郡みやき町原古賀
中山香　なかやまが　JR日豊本線。大分県杵築市山香町野原
浪花　なみはな　JR外房線。千葉県いすみ市小沢
新居　にい　伊賀鉄道伊賀線。三重県伊賀市東高倉
日立木　にったき　JR常磐線。福島県相馬市赤木字上原田
布忍　ぬのせ　近鉄南大阪線。大阪府松原市北新町一丁目
野馳　のち　JR芸備線。岡山県新見市哲西町畑木
日代　ひしろ　JR日豊本線。大分県津久見市網代字平地
備中呉妹　びっちゅうくれせ　井原鉄道井原線。岡山県倉敷市真備町尾崎井野
　　＊村名は呉妹村。呉妹小学校。
日当山　ひなたやま　JR肥薩線。鹿児島県霧島市隼人町内
日向大束　ひゅうがおおつか　JR日南線。宮崎県串間市奈留
　　＊村名は大束村。大束小学校，大束中学校，大束郵便局。
枚岡　ひらおか　近鉄奈良線。大阪府東大阪市出雲井町
平端　ひらはた　近鉄橿原線・天理線。奈良県大和郡山市昭和町
総元　ふさもと　いすみ鉄道。千葉県夷隅郡大多喜町三又
二名　ふたな　JR予土線。愛媛県宇和島市三間町中野中
上枝　ほずえ　JR高山本線。岐阜県高山市ト切町
勾金　まがりかね　平成筑豊鉄道田川線。福岡県田川郡香春町
馬来田　まくた　JR久留里線。千葉県木更津市真里
松任　まっとう　JR北陸本線。石川県白山市相木町
松久　まつひさ　JR八高線。埼玉県児玉郡美里町甘粕
箕田　みだ　近鉄名古屋線。三重県鈴鹿市南堀江一丁目
弥刀　みと　近鉄大阪線。東大阪市友井三丁目
水上　みなかみ　JR上越線。群馬県利根郡みなかみ町鹿野沢
南小谷　みなみおたり　JR大糸線。長野県北安曇郡小谷村千国乙

南河内　みなみごうち　錦川鉄道錦川清流線。山口県岩国市角
　　＊村名は「みなみこうちそん」
明覚　みょうかく　JR八高線。埼玉県比企郡ときがわ町番匠
六会日大前　むつあいにちだいまえ　小田急電鉄江ノ島線。神奈川県藤沢市亀井野
　　＊村名は六会村。
野州山辺　やしゅうやまべ　東武鉄道伊勢崎線。栃木県足利市八幡町
　　＊村名は山辺村。山辺小学校，山辺中学校。
八積　やつみ　JR外房線。千葉県長生郡長生村岩沼
八柱　やばしら　新京成電鉄。千葉県松戸市日暮１丁目
掖上　わきがみ　JR和歌山線。奈良県御所市柏原

2．珍しい駅名

朝来　あっそ　JR紀勢本線。和歌山県西牟婁郡上富田町朝来
左沢　あてらざわ　JR左沢線。山形県西村山郡大江町左沢
大金　おおがね　JR烏山線。栃木県那須烏山市大金
大蛇　おおじゃ　JR八戸線。青森県三戸郡階上町道仏字大蛇
帯解　おびとけ　JR桜井線。奈良市今市町
愛子　あやし　JR仙山線。宮城県仙台市青葉区愛子中央一丁目
蚊爪　かがつめ　北陸鉄道浅野川線。石川県金沢市蚊爪町
挿頭丘　かざしがおか　高松琴平電鉄琴平線。綾歌郡綾川町畑田
帷子ノ辻　かたびらのつじ　嵐電嵐山本線・北野線。右京区太秦帷子ヶ辻町
京終　きょうばて　JR桜井線。奈良市南京終町
吉里吉里　きりきり　JR山田線。岩手県上閉伊郡大槌町吉里吉里
久下村　くげむら　JR加古川線。兵庫県丹波市山南町谷川字弓貫
五ノ三　ごのさん　名鉄尾西線。愛知県弥富市五之三町西本田
後免　ごめん　JR土讃線。高知県南国市駅前町二丁目
昆布　こんぶ　JR函館本線。北海道磯谷郡蘭越町
昆布盛　こんぶもり　JR根室本線。根室市昆布盛
湖遊館新駅　こゆうかんしんえき　一畑電車北松江線。島根県出雲市園町
　　＊駅名に駅が付いた全国唯一の駅名。
銭函　ぜにばこ　JR函館本線。北海道小樽市銭函２丁目
宗太郎　そうたろう　JR日豊本線。大分県佐伯市宇目大字重岡字宗太郎
大福　だいふく　近鉄大阪線。奈良県桜井市大福三丁目
道徳　どうとく　名鉄常滑線。名古屋市南区豊田一丁目
十弗　とおふつ　JR根室本線。北海道中川郡豊頃町十弗宝町
土底浜　どそこはま　JR信越本線。新潟県上越市大潟区土底浜

虎姫　とらひめ　JR北陸本線。滋賀県長浜市大寺町細田
南蛇井　なんじゃい　上信電鉄上信線。群馬県富岡市南蛇井
及位　のぞき　JR奥羽本線。山形県最上郡真室川町及位
半家　はげ　JR予土線。高知県四万十市西土佐半家
飯山満　はさま　東葉高速鉄道。千葉県船橋市飯山満町二丁目
放出　はなてん　JR片町線・おおさか東線。大阪市鶴見区放出東三丁目
腹帯　はらたい　JR山田線。岩手県宮古市腹帯
東犀川三四郎　ひがしさいがわさんしろう　平成筑豊鉄道田川線。福岡県京都郡みやこ町犀川続命院
上枝　ほずえ　JR高山本線。岐阜県高山市下切町
母恋　ぼこい　JR室蘭本線。北海道室蘭市母恋北町１丁目
掖上　わきがみ　JR和歌山線。奈良県御所市柏原
和食　わじき　土佐くろしお鉄道阿佐線。高知県安芸郡芸西村和食

３．読み違えやすい駅名

浅海　あさなみ　JR予讃線。愛媛県松山市浅海本谷
朝熊　あさま　近鉄鳥羽線。三重県伊勢市朝熊町
青木　おおぎ　阪神本線。神戸市東灘区北青木三丁目
足立　あしだち　JR伯備線。岡山県新見市神郷油野
伊賀和志　いかわし　JR三江線。広島県三次市作木町伊賀和志
石原　いさ　JR山陰本線。京都府福知山市石原一丁目
石垣　いしかき　JR指宿枕崎線。鹿児島県南九州市頴娃町別府
伊豆北川　いずほっかわ　伊豆急行。静岡県賀茂郡東伊豆町奈良本
出水　いずみ　九州新幹線・肥薩おれんじ鉄道。鹿児島県出水市
伊勢崎　いせさき　JR両毛線・東武鉄道。群馬県伊勢崎市曲輪町
伊勢治田　いせはった　三岐鉄道三岐線。三重県いなべ市北勢町東村
板荷　いたが　東武鉄道日光線。栃木県鹿沼市板荷
因幡社　いなばやしろ　JR因美線。鳥取市用瀬町宮原
井原市　いばらいち　JR芸備線。広島市安佐北区白木町井原
牛島　うしのしま　JR徳島線。徳島県吉野川市鴨島町牛島
羽前金沢　うぜんかねざわ　JR左沢線。山形県東村山郡中山町金沢
永覚　えかく　愛知環状鉄道。愛知県豊田市永覚町
大神　おおが　JR日豊本線。大分県速見郡日出町大神
大河内　おおかわち　JR岩徳線。山口県周南市大河内
大島　おおじま　東京都営地下鉄新宿線。江東区大島五丁目
大平　おおだい　JR津軽線。青森県東津軽郡外ヶ浜町蟹田大平

第2章 難読駅名（珍しい駅名などを含む）の分類　157

大乗　おおのり　JR呉線。広島県竹原市高崎町
小作　おざく　JR青梅線。東京都羽村市小作台五丁目
小島　おしま　JR徳島線。徳島県美馬市穴吹町三島
小俣　おばた　近鉄山田線。三重県伊勢市小俣町元町
小林　おばやし　阪急今津線。兵庫県宝塚市小林二丁目
小柳　おやなぎ　北陸鉄道石川線。石川県白山市小柳町(まち)
下立　おりたて　富山地方鉄道本線。黒部市宇奈月町下立
大和田　おわだ　大井川鐵道。静岡県島田市川根町家山
海路　かいじ　JR肥薩線。熊本県葦北郡芦北町海路
烏森　かすもり　近鉄名古屋線。名古屋市中村区牛田通四丁目
勝木　がつぎ　JR羽越本線。新潟県村上市勝木
勝原　かどはら　JR越美北線。福井県大野市西勝原
金田　かなだ　平成筑豊鉄道。福岡県田川郡福智町金田
銀山町（電停）　かなやまちょう　広島電鉄。広島市中区幟(のぼり)町
北条　きたじょう　JR信越本線。新潟県柏崎市大字本条
久住　くすみ　JR成田線。千葉県成田市飯岡
黒川　くろごう　松浦鉄道西九州線。佐賀県西松浦郡有田町黒川
栗田　くんだ　京都丹後鉄道宮津線。京都府宮津市上司(じょうし)
桂川　けいせん　JR豊肥本線・篠栗線。福岡県嘉穂郡桂川町豆田
高田　こうだ　JR長崎本線。長崎県西彼杵郡長与町高田郷
木尾　こんの　長良川鉄道越美南線。岐阜県郡上市美並町上田
城西　しろにし　JR飯田線。静岡県浜松市天竜区佐久間町相月(あいづき)
神田（電停）　しんでん　鹿児島市電唐湊線。鹿児島市上荒田町
笹原　ささばる　JR鹿児島本線。福岡市南区井尻三丁目
山東　さんどう　和歌山電鐵　貴志川線。和歌山県和歌山市永山
水原　すいばら　JR羽越本線。新潟県阿賀野市下条町
隅田　すだ　JR和歌山線。和歌山県橋本市隅田町芋(いも)
須津　すど　岳南鉄道。静岡県富士市中里
寒河　そうご　JR赤穂線。岡山県備前市日生町寒河(ひなせ)
筑前大分　ちくぜんだいぶ　JR篠栗線。福岡県飯塚市大分
千里　ちさと　近鉄名古屋線。三重県津市河芸町(かわげ)上野
太地　たいじ　JR紀勢本線。和歌山県東牟婁郡太地町森浦
大入　だいにゅう　JR筑肥線。福岡県糸島市二丈福井
大物　だいもつ　（阪神）阪神本線・なんば線。兵庫県尼崎市大物町
高原　たかはる　JR吉都線。宮崎県西諸県郡高原町西(にしもろかた)麓(にしふもと)
建部　たけべ　JR津山線。岡山市北区建部町中田

千年　ちとせ　弘南鉄道大鰐線。青森県弘前市松原西
東名　とうな　JR仙石線。宮城県東松島市野蒜字北大仏
富田　とんだ　阪急京都本線。大阪府高槻市富田町三丁目
長太ノ浦　なごのうら　近鉄名古屋線。三重県鈴鹿市長太栄町（なごさかえまち）
新ノ口　にのくち　近鉄橿原線。奈良県橿原市新口町（かしはら）
二郎　にろう　神戸電鉄三田線。神戸市北区有野町二郎
博労町　ばくろうまち　JR境線。鳥取県米子市博労町一丁目
馬喰町　ばくろちょう　JR総武本線。東京都中央区日本橋馬喰町
秦野　はだの　小田急電鉄小田原線。神奈川県秦野市大秦町一丁目（たいしん）
花堂　はなんどう　福井鉄道福武線。福井市花堂北１丁目
日向和田　ひなたわだ　JR青梅線。東京都青梅市日向和田三丁目
富貴　ふき　名鉄河和線・知多新線。愛知県知多郡武豊町富貴
豊前松江　ぶぜんしょうえ　JR日豊本線。福岡県豊前市松江横園
二名　ふたな　JR予土線。愛媛県宇和島市三間町中野中
二見浦　ふたみのうら　JR参宮線。三重県伊勢市二見町
古山　ふるさん　JR室蘭本線。北海道夕張郡由仁町古山（ゆにちょう）
平田　へいた　三陸鉄道南リアス線。岩手県釜石市平田
別府　べふ　山陽電鉄本線。兵庫県加古川市別府町朝日町
別府　べふ　福岡市地下鉄七隈線。福岡市城南区別府二丁目
逸見　へみ　京浜急行本線。神奈川県横須賀市東逸見町二丁目
防府　ほうふ　JR山陽本線。山口県防府市戎町一丁目
布施屋　ほしや　JR和歌山線。和歌山市布施屋
堀内　ほりない　三陸鉄道北リアス線。岩手県下閉伊郡普代村
松前　まさき　伊予鉄道郡中線。愛媛県伊予郡松前町（ちょう）
松橋　まつばせ　JR鹿児島本線。熊本県宇城市不知火町御領
御井　みい　JR久大本線。福岡県久留米市御井旗崎五丁目
箕田　みだ　近鉄名古屋線。三重県鈴鹿市南堀江一丁目
三沢　みつさわ　西鉄天神大牟田線。福岡県小郡市三沢
水鳥　みどり　樽見鉄道。岐阜県本巣市根尾水鳥
南部　みなべ　JR紀勢本線。和歌山県日高郡みなべ町芝
宮田　みやだ　JR飯田線。長野県上伊那郡宮田村
余戸　ようご　伊予鉄道郡中線。愛媛県松山市余戸中６丁目
免田　めんでん　JR七尾線。石川県羽咋郡宝達志水町免田（ほうだつしみずちょう）
茂木　もてぎ　真岡鐵道。栃木県芳賀郡茂木町（もおか）
門田　もんでん　会津鉄道会津線。福島県会津若松市門田町面川（まちおもがわ）
谷峨　やが　JR御殿場線。神奈川県足柄上郡山北町谷ケ（やが）

第 2 章 難読駅名（珍しい駅名などを含む）の分類　**159**

八橋　や<u>ば</u>せ　JR 山陰本線。鳥取県東伯郡琴浦町八橋
来迎寺　らい<u>こう</u>じ　JR 信越本線。新潟県長岡市来迎寺
礼拝　<u>らいはい</u>　JR 越後線。新潟県柏崎市西山町礼拝
陸中門崎　りくちゅう<u>かん</u>ざき　JR 大船渡線。岩手県一関市川崎町門崎

4．普通名詞の駅名
(1)「読み方」が本来の名詞の読み方と同じ

相生　あいおい　JR 山陽新幹線・山陽本線・赤穂線。兵庫県相生市
相生　あいおい　長良川鉄道越美南線。岐阜県郡上市八幡町相生
阿漕　あこぎ　JR 紀勢本線。三重県津市大倉
網引　あびき　北条鉄道北条線。兵庫県加西市網引町
一分　いちぶ　近鉄生駒線。奈良県生駒市壱分町
内海　うちうみ　JR 日南線。宮崎県宮崎市内海
風祭　かざまつり　箱根登山鉄道。神奈川県小田原市風祭
唐笠　からかさ　JR 飯田線。長野県下伊那郡泰阜村唐笠
下馬　げば　JR 仙石線。宮城県多賀城市下馬二丁目
黄金　こがね　JR 室蘭本線。北海道伊達市南黄金町
国母　こくぼ　JR 身延線。山梨県中巨摩郡昭和町西条
極楽　ごくらく　明知鉄道明知線。岐阜県恵那市岩村町
胡麻　ごま　JR 山陰本線。京都府南丹市日吉町胡麻
昆布　こんぶ　JR 函館本線。北海道磯谷郡蘭越町
斎宮　さいくう　近鉄山田線。三重県多気郡明和町斎宮
社家　しゃけ　JR 相模線。神奈川県海老名市社家
上下　じょうげ　JR 福塩線。広島県府中市上下町上下
墨染　すみぞめ　京阪本線。京都市伏見区墨染町
摂待　せったい　三陸鉄道北リアス線。岩手県宮古市田老字摂待
雑色（歴史用語）　ぞうしき　京浜急行本線。東京都大田区仲六郷
大安　だいあん　三岐鉄道三岐線。三重県いなべ市大安町大井田
中田　ちゅうでん　JR 牟岐線。徳島県小松島市中郷町長手
勅旨（歴史用語）　ちょくし　信楽高原鐵道。滋賀県甲賀市信楽町勅旨
柘植　つげ　JR 関西本線・草津線。三重県伊賀市柘植町
手柄　てがら　山陽電鉄本線。兵庫県姫路市東延末五丁目
天道　てんとう　JR 筑豊本線。福岡県飯塚市天道
道徳　どうとく　名鉄常滑線。名古屋市南区豊田一丁目
舎人（歴史用語）　とねり　東京都交通局日暮里・舎人ライナー。足立区舎人一丁目
苦竹　にがたけ　JR 仙石線。宮城県仙台市宮城野区苦竹一丁目

土師ノ里　はじのさと　近鉄南大阪線。藤井寺市道明寺一丁目
番田（歴史用語）　ばんでん　えちぜん鉄道三国芦原線。福井県あわら市番田
二股　ふたまた　JR函館本線。北海道山越郡長万部町字双葉
日向和田　ひなたわだ　JR青梅線。東京都青梅市日向和田三丁目
本宮　ほんぐう　富山地方鉄道立山線。富山市本宮
真土　まつち　JR予土線。愛媛県北宇和郡松野町 蕨生（ちょうわらびしょう）
三日月　みかづき　JR姫新線。兵庫県佐用郡佐用町（ちょう）三日月
御厨（歴史用語）　みくりや　松浦鉄道西九州線。長崎県松浦市御厨町
夜明　よあけ　JR久大本線・日田彦山線。大分県日田市夜明
礼拝　らいはい　JR越後線。新潟県柏崎市西山町礼拝

(2)「読み方」が本来の名詞の読み方と異なる駅名
会津荒海　あいづあらかい　会津鉄道会津線。福島県南会津郡南会津町関本字百一（ももいち）
会津坂下　あいづばんげ　JR只見線。福島県河沼郡会津坂下町五反田
藍本　あいもと　JR福知山線。兵庫県三田市藍本
青海　あおみ　東京臨海新交通臨海線（ゆりかもめ）。江東区青海
浅水　あそうず　福井鉄道福武線。福井市浅水町
油田　あぶらでん　JR城端線。富山県砺波市三郎丸
家中　いえなか　東武鉄道日光線。栃木県都賀町家中
出水　いずみ　九州新幹線・肥薩おれんじ鉄道。鹿児島県出水市
出目　いずめ　JR予土線。愛媛県北宇和郡鬼北町（きほくちょう）出目
出馬　いずんま　JR飯田線。静岡県浜松市天竜区佐久間町浦川
石刀　いわと　名鉄名古屋本線。愛知県一宮市今伊勢町馬寄西流（うまよせ）
内部　うつべ　四日市あすなろう鉄道内部線。三重県四日市市小古曽（おごそ）三丁目
越前開発　えちぜんかいほつ　えちぜん鉄道。福井市開発町
大蛇　おおじゃ　JR八戸線。青森県三戸郡階上町（はしかみちょう）道仏字大蛇（どうぶつ）
大乗　おおのり　JR呉線。広島県竹原市高崎町
刑部　おさかべ　JR姫新線。岡山県新見市人佐小阪部（おおさおさかべ）
小作　おざく　JR青梅線。東京都羽村市小作台五丁目
海路　かいじ　JR肥薩線。熊本県葦北郡芦北町海路
開発　かいほつ　富山地方鉄道上滝線。富山市月岡町（まち）
河辺　かべ　JR青梅線。東京都青梅市河辺町五丁目
清音　きよね　JR伯備線・井原鉄道。岡山県総社市清音
区界　くざかい　JR山田線。岩手県宮古市区界
車道　くるまみち　名古屋市営地下鉄桜通線。東区葵三丁目
蚕桑　こぐわ　山形鉄道フラワー長井線。西置賜郡白鷹町高玉（たかだま）

下段　したたん　富山地方鉄道立山線。中新川郡立山町榎
地名　じな　大井川鐵道。静岡県榛原郡川根本町地名
上戸　じょうこ　JR磐越西線。福島県耶麻郡猪苗代町山潟
善行　ぜんぎょう　小田急江ノ島線。神奈川県藤沢市善行一丁目
蔵宿　ぞうしゅく　松浦鉄道西九州線。佐賀県有田町蔵宿
大物　だいもつ　（阪神）阪神本線・なんば線。兵庫県尼崎市大物町
高角　たかつの　近鉄湯の山線。三重県四日市市高角町
高原　たかはる　JR吉都線。宮崎県西諸県郡高原町西麓
茶所　ちゃじょ　名鉄名古屋本線。岐阜市加納八幡町
築城　ついき　JR日豊本線。福岡県築上郡築上町東築城
遠浅　とあさ　JR室蘭本線。北海道勇払郡安平町遠浅
名手　なて　JR和歌山線。和歌山県紀の川市名手市場
新居　にい　伊賀鉄道伊賀線。三重県伊賀市東高倉
階上　はしかみ　JR八戸線。青森県三戸郡階上町道仏
放出　はなてん　JR片町線・おおさか東線。大阪市鶴見区放出東三丁目
埴生　はぶ　JR山陽本線。山口県山陽小野田市埴生
原木　ばらき　伊豆箱根鉄道駿豆線。静岡県伊豆の国市原木
腹帯　はらたい　JR山田線。岩手県宮古市腹帯
日出　ひじ　JR日豊本線。大分県速見郡日出町川崎
日当　ひなた　樽見鉄道。岐阜県本巣市日当
二名　ふたな　JR予土線。愛媛県宇和島市三間町中野中
上枝　ほずえ　高山本線。岐阜県高山市下切町
本名　ほんな　JR只見線。福島県大沼郡金山町本名
三里　みさと　三岐鉄道三岐線。三重県いなべ市大安町平塚
美談　みだみ　一畑電車北松江線。島根県出雲市美談町
水上　みなかみ　JR上越線。群馬県利根郡みなかみ町鹿野沢
撫養　むや　JR鳴門線。徳島県鳴門市撫養町南浜
養父　やぶ　JR山陰本線。兵庫県養父市堀畑字石郡

5．同じ漢字で，読み方が異なる駅名（同字異読駅名）
入野　にゅうの　JR山陽本線。東広島市河内町入野
　　　いりの　JR指宿枕崎線。鹿児島県指宿市開聞十町
上牧　かみもく　JR上越線。群馬県利根郡みなかみ町上牧
　　　かんまき　阪急京都本線。大阪府高槻市神内二丁目
上道　あがりみち　JR境線。鳥取県境港市中野町字下駒ケ坪
　　　じょうとう　JR山陽本線。岡山市東区中尾

岩泉小本　いわいずみおもと　三陸鉄道北リアス線。岩手県下閉伊郡岩泉町小本
　　小本　こもと　名古屋臨海高速鉄道西名古屋港線（あおなみ線）。名古屋市中川区小本一丁目
小串　こぐし　JR山陰本線。山口県下関市豊浦町小串
小串郷　おぐしごう　JR大村線。長崎県東彼杵郡川棚町小串郷
小俣　おまた　JR両毛線。栃木県足利市小俣町
　　おばた　近鉄山田線。三重県伊勢市小俣町元町
山家　やまが　JR山陰本線。京都府綾部市上原町戸尻
筑前山家　ちくぜんやまえ　JR筑豊本線。福岡県筑紫野市山家
三郷　みさと　JR武蔵野線。埼玉県三郷市三郷一丁目
　　さんごう　JR関西本線。奈良県生駒郡三郷町
越中三郷　えっちゅうさんごう　富山地方鉄道本線。富山市水橋開発
木幡　こばた　神戸電鉄粟生線。神戸市西区押部谷町木津
　　こわた　京阪宇治線。京都府宇治市木幡
　　こはた　JR奈良線。京都府宇治市木幡
日本橋　にっぽんばし　大阪市営地下鉄。中央区日本橋一丁目
　　にほんばし　東京都営地下鉄。中央区日本橋一丁目
内海　うちうみ　JR日南線。宮崎県宮崎市大字内海
　　うつみ　名鉄知多新線。愛知県知多郡南知多町内海
石原　いさ　JR山陰本線。京都府福知山市石原一丁目
　　いしわら　秩父鉄道秩父本線。埼玉県熊谷市石原
加太　かだ　南海電鉄加太線。和歌山市加太
　　かぶと　JR関西本線。三重県亀山市加太市場
本宮　もとみや　JR東北本線。福島県本宮市本宮
　　ほんぐう　富山地方鉄道立山線。富山市本宮
北河内　きたごうち　錦川鉄道錦川清流線。山口県岩国市天尾
　　きたがわち　JR牟岐線。徳島県海部郡美波町北河内
穴太　あのお　京阪石山坂本線。滋賀県大津市穴太二丁目
　　あのう　三岐鉄道北勢線。三重県員弁郡東員町筑紫
西院　さいいん　阪急京都本線。京都府右京区西院高山寺町
　　さい　京福電鉄嵐山本線。京都市中京区壬生仙念町
別府　べふ　山陽電鉄本線。兵庫県加古川市別府町朝日町
　　べふ　福岡市地下鉄七隈線。福岡市城南区別府二丁目
　　べっぷ　JR日豊本線。大分県別府市駅前町
国府　こう　名鉄名古屋本線・豊川線。愛知県豊川市久保町葉善寺
　　こくぶ（電停）　熊本市電。中央区水前寺公園・国府一丁目

第 2 章　難読駅名（珍しい駅名などを含む）の分類　**163**

飛騨国府　ひだこくふ　JR 高山本線。岐阜県高山市国府町広瀬町
青海　あおみ　東京臨海新交通臨海線（ゆりかもめ）。江東区青海
　　　おうみ　えちごトキめき鉄道。新潟県糸魚川市青海
青谷　あおや　JR 山陰本線。鳥取市青谷町青谷
山城青谷　やましろあおだに　JR 奈良線。京都府城陽市市辺五島
東雲　しののめ　京都丹後鉄道宮津線。京都府舞鶴市水間
　　　しののめ　東京臨海高速鉄道りんかい線。江東区東雲
　　　とううん　JR 石北本線。北海道上川郡上川町東雲
神前　こうざき　和歌山電鐵貴志川線。和歌山市神前
　　　かんざき　JR 高徳線。香川県さぬき市寒川町神前
神田　かんだ　JR 中央線・京浜東北線・山手線，東京都地下鉄
　　　こうだ　松浦鉄道西九州線。長崎県北松浦郡佐々町皆瀬免
　　　しんでん（電停）　鹿児島市電唐湊線。上荒田町
神代　こうじろ　JR 山陽本線。山口県岩国市由宇町神東区原
　　　じんだい　JR 田沢湖線。秋田県仙北市田沢湖卒田字白旗
柏原　かしわら　JR 関西本線・近鉄道明寺線。大阪府柏原市
　　　かしわばら　JR 東海道本線。滋賀県米原市柏原
　　　かいばら　JR 福知山線。兵庫県丹波市柏原町柏原
富田　とんだ　阪急京都本線。大阪府高槻市富田町三丁目
　　　とみだ　JR 関西本線。三重県四日市市富田三丁目
　　　とみた　JR 両毛線。栃木県足利市駒場町
番田　ばんでん　えちぜん鉄道三国芦原線。福井県あわら市番田
　　　ばんだ　JR 相模線。神奈川県相模原市中央区上溝
寒川　さむかわ　JR 相模線。神奈川県高座郡寒川町岡田
越後寒川　えちごかんがわ　JR 羽越本線。新潟県村上市寒川
伊予寒川　いよさんがわ　JR 予讃線。愛媛県四国中央市寒川町
渡瀬　わたらせ　東武鉄道佐野線。群馬県館林市足次町
　　　わたぜ　JR 鹿児島本線。福岡県みやま市高田町濃施
西鉄渡瀬　にしてつわたぜ　西鉄天神大牟田線。福岡県大牟田市倉永
新野　にいの　JR 播但線。兵庫県神崎郡神河町新野
　　　あらたの　JR 牟岐線。徳島県阿南市新野町信里
新井　にい　JR 播但線。兵庫県朝来市新井
　　　あらい　えちごトキめき鉄道。新潟県妙高市栄町
新居　にい　伊賀鉄道伊賀線。三重県伊賀市東高倉
新居町　あらいまち　JR 東海道本線。静岡県湖西市新居町
新里　にさと　弘南鉄道弘南線。青森県弘前市新里

	にいさと	上毛電気鉄道上毛線。群馬県桐生市新里町
新川	にっかわ	上毛電気鉄道上毛線。群馬県桐生市新里町新川
	しんかわ	JR札沼線。札幌市北区新川4条1丁目
	しんかわ	伊予鉄道郡中線。愛媛県伊予市下吾川
	しんかわ（電停）	豊橋鉄道東田本線。愛知県豊橋市駅前大通
蒲池	かまち	西鉄天神大牟田線。福岡県柳川市蒲生（がもう）
	かばいけ	名鉄常滑線。愛知県常滑市蒲池町
箕島	みのしま	JR紀勢本線。和歌山県有田市箕島
備中箕島	びっちゅうみしま	JR宇野線。岡山市南区箕島
額田	ぬかだ	JR水郡線。茨城県那珂市額田
	ぬかた	近鉄奈良線。大阪府東大阪市山手町

6. 同じ読み方で，漢字が異なる駅名（同読異字駅名）

あいおい	相生	長良川鉄道越美南線。岐阜県郡上市八幡町相生
	相生	山陽新幹線・山陽本線・赤穂線。兵庫県相生市
	相老	わたらせ渓谷鐡道わたらせ渓谷線・東武鉄道桐生線。群馬県桐生市相生町二丁目
あのお	穴太	京阪石山坂本線。滋賀県大津市穴太（あのう）二丁目
	穴生	筑豊電鉄。北九州市八幡西区穴生一丁目
いちぶ	一分	近鉄生駒線。奈良県生駒市壱分町
	一武	くま川鉄道湯前線。熊本県球磨郡錦町一武
いなこ	稲子	JR身延線。静岡県富士宮市下稲子
	依那古	伊賀鉄道伊賀線。三重県伊賀市（いがし）沖
うすき	臼杵	JR日豊本線。大分県臼杵市海添（かいぞえ）
	宇宿	JR指宿枕崎線。鹿児島市宇宿三丁目
おうだ	麻生田	三岐鉄道北勢線。三重県いなべ市北勢町麻生田
	網田	JR三角線。熊本県宇土市下網田町（まち）
おぎの	荻布	万葉線高岡軌道線。富山県高岡市荻布
	荻野	JR磐越西線。福島県喜多方市高郷町上郷
おく	尾久	JR東北本線。東京都北区昭和町一丁目
	邑久	JR赤穂線。岡山県瀬戸内市邑久町山田庄（やまだしょう）
おばた	小幡	名鉄瀬戸線。愛知県名古屋市守山区小幡南
	小俣	近鉄山田線。三重県伊勢市小俣町元町
かいぜ	皆瀬	松浦鉄道西九州線。長崎県佐世保市皆瀬町
	海瀬	JR小海線。長野県南佐久郡佐久穂町海瀬
がくでん	学田	JR富良野線。北海道富良野市西学田二区

第 2 章　難読駅名（珍しい駅名などを含む）の分類　**165**

	楽田	名鉄小牧線。愛知県犬山市若宮
かぶと	加太	JR 関西本線。三重県亀山市加太市場
	兜	阿武隈急行線。福島県伊達市梁川町舟生
かんだ	苅田	JR 日豊本線。福岡県京都郡苅田町提
	神田	JR 山手線など。東京都千代田区鍛冶町 2 丁目
こう	国府	名鉄名古屋本線・豊川線。愛知県豊川市久保町
	府中	JR 徳島線。徳島市国府町府中
こうだ	高田	JR 長崎本線。長崎県西彼杵郡長与町高田郷
	神田	松浦鉄道西九州線。長崎県北松浦郡佐々町皆瀬免
こうづ	国府津	JR 東海道本線・JR 御殿場線。神奈川県小田原市国府津四丁目
	郡津	京阪交野線。大阪府交野市郡津五丁目
こうみ	小海	JR 小海線。長野県南佐久郡小海町小海
	神海	樽見鉄道。岐阜県本巣市神海
ごうど	郷戸	JR 只見線。福島県河沼郡柳津町郷戸
	神戸	わたらせ渓谷鐵道。群馬県みどり市東町神戸
	顔戸	名鉄広見線。岐阜県可児郡御嵩町顔戸
こくぶ	国分	JR 予讃線。香川県高松市国分寺町国分
	国府（電停）	熊本市電。中央区水前寺公園，国府一丁目
せんだい	仙台	（JR 東日本）仙台市青葉区中央一丁目
	川内	（JR 九州）・肥薩おれんじ鉄道。鹿児島県薩摩川内市鳥追町
	美作千代	JR 姫新線。岡山県津山市領家
とどろき	轟木	JR 五能線。青森県西津軽郡深浦町轟木
	等々力	東急大井町線。東京都世田谷区等々力 3 丁目
にい	新居	伊賀鉄道伊賀線。三重県伊賀市東高倉
	新井	JR 播但線。兵庫県朝来市新井字中川原
にゅうがわ	丹生川	三岐鉄道三岐線。三重県いなべ市大安町丹生川中
	壬生川	JR 予讃線。愛媛県西条市三津屋
はぶ	埴生	JR 山陽本線。山口県山陽小野田市埴生
	筑前垣生	JR 筑豊本線。福岡県中間市垣生
ふたまた	二股	JR 函館本線。北海道山越郡長万部町双葉
	二俣	京都丹後鉄道。京都府福知山市大江町二俣
まさき	松前	伊予鉄道郡中線。愛媛県伊予郡松前町
	真幸	JR 肥薩線。宮崎県えびの市内竪
みくりや	御来屋	JR 山陰本線。鳥取県西伯郡大山町西坪
	御厨	松浦鉄道西九州線。長崎県松浦市御厨町
みさき	三咲	新京成電鉄。千葉県船橋市三咲 2 丁目

	御崎	JR室蘭本線。北海道室蘭市御崎町2丁目
みさと	三郷	JR武蔵野線。埼玉県三郷市三郷一丁目
	美里	JR小海線。長野県小諸市市(いち)
	三里	三岐鉄道三岐線。三重県いなべ市大安町平塚
みずま	三潴	西鉄天神大牟田線。福岡県久留米市三潴町
	水間観音(かんのん)	水間鉄道水間線。大阪府貝塚市水間

7. 漢字も，読み方も同じ駅名（同字同読駅名）

相生	あいおい	長良川鉄道。岐阜県郡上市八幡町相生
		山陽新幹線・山陽本線・赤穂線。兵庫県相生市本郷町
井口	いのくち	北陸鉄道石川線。石川県白山市明光2丁目
		広島電鉄宮島線。広島市西区井口明神二丁目
黄金	こがね	JR室蘭本線。北海道伊達市南黄金町
		近鉄名古屋線。名古屋市中村区黄金通八丁目
古見	こみ	名鉄常滑線。愛知県知多市新知森下
		JR姫新線。岡山県真庭市古見
山王	さんのう	名鉄名古屋本線。中川区山王三丁目
		えちぜん鉄道勝山永平寺線。福井県吉田郡永平寺町山王
羽場	はば	名鉄各務原線。岐阜県各務原市鵜沼羽場(うぬま)町六丁目
		JR東海飯田線。長野県上伊那郡辰野町伊那富
日向	ひゅうが	JR総武本線。千葉県山武市椎崎
日向市	ひゅうがし	JR日豊本線。宮崎県日向市上町
保田	ほた	JR内房線。千葉県安房郡鋸南町保田
		えちぜん鉄道勝山永平寺線。福井県勝山市鹿谷町保田

8. 国字の入った駅名

青笹	あおざさ	JR釜石線。岩手県遠野市青笹町青笹
鮎喰	あくい	JR徳島線。徳島市南島田町四丁目
宍喰	ししくい	阿佐海岸鉄道。徳島県海部郡海陽町久保
馬喰町	ばくろちょう	JR総武本線。東京都中央区日本橋馬喰町
岩峅寺	いわくらじ	富山地方鉄道立山線・上滝線（不二越・上滝線）。富山県中新川(なかにいかわ)郡立山町岩峅寺
石見簗瀬	いわみやなぜ	JR三江線。島根県邑智郡美郷町簗瀬
梅ヶ峠	うめがとう	JR山陰本線。下関市豊浦町厚母郷(あつもごう)字梅ヶ峠
湯ノ峠	ゆのとう	JR美祢(みね)線。山口県山陽小野田市厚狭字立石
大畑	おこば	JR肥薩線。熊本県人吉市大畑麓町

第2章　難読駅名（珍しい駅名などを含む）の分類　167

小俣　おばた　近鉄山田線。三重県伊勢市小俣町元町
小俣　おまた　JR両毛線。栃木県足利市小俣町
帷子ノ辻　かたびらのつじ　嵐電嵐山本線・北野線。右京区太秦帷子ヶ辻町
四辻　よつつじ　JR山陽本線。山口市鋳銭司
糀谷　こうじや　京浜急行空港線。東京都大田区西糀谷四丁目
鴫野　しぎの　JR片町線・大阪市営地下鉄。城東区鴫野
栂・美木多　とが・みきた　泉北高速鉄道。堺市南区桃山台二丁
椥辻　なぎつじ　京都市営地下鉄東西線。山科区椥辻草海道町
二ツ杁　ふたついり　名鉄名古屋本線。清須市西枇杷島町芳野二丁目
馬込沢　まごめざわ　東武鉄道野田線。千葉県船橋市藤原七丁目
実籾　みもみ　京成電鉄本線。千葉県習志野市実籾
鑓見内　やりみない　JR田沢湖線。秋田県大仙市鑓見内

9．国訓の入った駅名

赤迫（電停）　あかさこ　長崎電気軌道赤迫支線。長崎市赤迫一丁目
櫟本　いちのもと　JR桜井線。奈良県天理市櫟本町
市塙　いちはな　真岡鐵道真岡線。栃木県芳賀郡市貝町市塙
小塙　こばな　JR烏山線。栃木県那須烏山市小塙
磐城塙　いわきはなわ　JR水郡線。福島県東白川郡塙町塙
梅迫　うめざこ　JR舞鶴線。京都府綾部市梅迫町
江吉良　えぎら　名鉄竹鼻線・羽島線。岐阜県羽島市江吉良町
小江　おえ　JR長崎本線。長崎県諫早市高来町上与
大江山口内宮　おおえやまぐちないく　京都丹後鉄道宮福線。京都府福知山市大江町内宮
折生迫　おりゅうざこ　JR日南線。宮崎市折生迫
鰍沢口　かじかざわぐち　JR身延線。山梨県市川三郷町黒沢
萱島　かやしま　京阪本線。大阪府寝屋川市萱島本町
たのうら御立岬公園　たのうらおたちみさきこうえん　肥薩おれんじ鉄道線。熊本県葦北郡芦北町田浦
手柄　てがら　山陽電鉄本線。兵庫県姫路市東延末五丁目
騰波ノ江　とばのえ　関東鉄道常総線。茨城県下妻市若柳甲
野江内代　のえうちんだい　大阪市営地下鉄谷町線。都島区内代町

10．呉音読みの駅名

板荷　いたが　東武鉄道日光線。栃木県鹿沼市板荷
有家　うげ　JR八戸線。岩手県九戸郡洋野町有家

有年　うね　JR山陽本線。兵庫県赤穂市有年横尾
飫肥　おび　JR日南線。宮崎県日南市星倉一丁目
遠賀川　おんががわ　JR鹿児島本線。福岡県遠賀郡遠賀町(ちょう)遠賀川
清荒神　きよしこうじん　阪急宝塚本線。兵庫県宝塚市清荒神
孝子　きょうし　南海電鉄本線。大阪府泉南郡岬町孝子
玖珂　くが　JR岩徳線。山口県岩国市玖珂町萃石(まちすいせき)
九品寺交差点（電停）　くほんじこうさてん　熊本市電。中央区大江四丁目・九品寺一丁目
九品仏　くほんぶつ　東急大井町線。東京都世田谷区奥沢七丁目
求名　ぐみょう　JR東金線。千葉県東金市求名
弘明寺　ぐみょうじ　京浜急行本線。横浜市南区弘明寺町。横浜市営地下鉄（ブルーライン1号線）。南区通町四丁目
花原市　けばらいち　JR山田線。岩手県宮古市花原市
興戸　こうど　近鉄京都線。京都府京田辺市興戸
御器所　ごきそ　名古屋市営地下鉄。昭和区御器所通三丁目
金浦　このうら　JR羽越本線。秋田県にかほ市金浦
社家　しゃけ　JR相模線。神奈川県海老名市社家
夙川　しゅくがわ　阪急神戸本線。兵庫県西宮市相生町
杉塘（電停）　すぎども　熊本市電。中央区段山本町・西区上熊本
斎宮　さいくう　近鉄山田線。三重県多気郡明和町(たきめいわ)斎宮
相良藩願成寺　さがらはんがんじょうじ　くま川鉄道湯前線。熊本県人吉市北泉田町(まち)
慈眼寺　じげんじ　JR指宿枕崎線。鹿児島市慈眼寺町
新可児　しんかに　名鉄広見線。岐阜県可児市下恵土今広(しもえど)
銭座町（電停）　ぜんざまち　長崎電気軌道本線。長崎市銭座町
大聖寺　だいしょうじ　JR北陸本線。石川県加賀市熊坂町
道成寺　どうじょうじ　JR紀勢本線。和歌山県御坊市藤田町藤井
伯耆大山　ほうきだいせん　JR山陰本線・伯備線。鳥取県米子市蚊屋
宝積寺　ほうしゃくじ　JR東北本線・烏山線。栃木県塩谷郡高根沢町宝積寺
弥刀　みと　近鉄大阪線。東大阪市友井三丁目
鵡川　むかわ　JR日高本線。北海道勇払郡むかわ町末広
和邇　わに　JR湖西線。滋賀県大津市和邇中浜

11.　好字・佳字・瑞祥・願望地名に由来するとみられる駅名

相生　あいおい　山陽新幹線・山陽本線・赤穂線。兵庫県相生市
阿久比　あぐい　名鉄河和線。愛知県知多郡阿久比町(ちょう)阿久比
味美　あじよし　名鉄小牧線。愛知県春日井市西本町(にしほんまち)

第 2 章　難読駅名（珍しい駅名などを含む）の分類　169

安茂里　あもり　JR 信越本線。長野市安茂里
磐城常葉　いわきときわ　JR 磐越東線。福島県田村市船引町今泉
梅迫　うめざこ　JR 舞鶴線。京都府綾部市梅迫町
頴娃　えい　JR 指宿枕崎線。鹿児島県南九州市頴娃町 郡(こおり)
小前田　おまえだ　秩父鉄道秩父本線。埼玉県深谷市小前田
小見川　おみがわ　JR 成田線。千葉県香取市小見川
賀来　かく　JR 久大本線。大分市賀来北三丁目
佳景山　かけやま　JR 石巻線。宮城県石巻市鹿又字欠(かのまた)山
鼎　かなえ　JR 飯田線。長野県飯田市鼎中(なかだいら)平
金手　かねんて　JR 身延線。山梨県甲府市城東一丁目
喜入　きいれ　JR 指宿枕崎線。鹿児島市喜入町
香淀　こうよど　JR 三江線。広島県三次市作木町門田(もんで)字下組
五香　ごこう　新京成電鉄。千葉県松戸市金ヶ作
咲花　さきはな　JR 磐越西線。新潟県五泉市佐取
栄生　さこう　名鉄名古屋本線。名古屋市西区栄生二丁目
三才　さんさい　しなの鉄道北しなの線。長野市三才
勝幡　しょばた　名鉄津島線。愛知県愛西市勝幡町
末恒　すえつね　JR 山陰本線。鳥取市伏野
摂津富田　せっつとんだ　JR 東海道本線。大阪府高槻市富田町
大安　だいあん　三岐鉄道三岐線。三重県いなべ市大安町
玉柏　たまがし　JR 津山線。岡山市北区玉柏
田吉　たよし　JR 日南線・宮崎空港線。宮崎市田吉
千里　ちさと　JR 高山本線。富山市婦中町千里
千里　ちさと　近鉄名古屋線。三重県津市河芸(かわげ)町上野
鶴来　つるぎ　北陸鉄道石川線。白山市鶴来本町 4 丁目
天和　てんわ　JR 赤穂線。兵庫県赤穂市鵜(てんわ)和字苗座
富海　とのみ　JR 山陽本線。山口県防府市富海
豊栄　とよさか　JR 白新(はくしん)線。新潟市北区白新町一丁目
豊四季　とよしき　東武鉄道野田線。千葉県柏市豊四季
新里　にいさと　上毛電鉄上毛線。群馬県桐生市新里町小林
飯山満　はさま　東葉高速鉄道。千葉県船橋市飯山満町二丁目
初富　はつとみ　新京成電鉄。千葉県鎌ケ谷市中央一丁目
平福　ひらふく　智頭急行智頭線。兵庫県佐用郡佐用町平福
福渡　ふくわたり　JR 津山線。岡山市北区建部町福渡
二和向台　ふたわむこうだい　新京成電鉄。千葉県船橋市二和東
真申　まさる　松浦鉄道西九州線。長崎県佐世保市光町

御井　みい　　JR久大本線。福岡県久留米市御井旗崎五丁目
三河内　みかわち　　JR佐世保線。長崎県佐世保市三川内
三咲　みさき　　新京成電鉄。千葉県船橋市三咲２丁目
美里　みさと　　JR小海線。長野県小諸市市
美談　みだみ　　一畑電車　北松江線。島根県出雲市美談町
美祢　みね　　JR美祢線。山口県美祢市大嶺町東分字平城
美作千代　みまさかせんだい　　JR姫新線。岡山県津山市領家
吉川美南　よしかわみなみ　　JR武蔵野線。埼玉県吉川市美南

12.「生」の付く駅名（同字異読駅名）

「生」にはいろいろな「読み」（いく，う，お，ゅう，ぶ等）がある。

●なま
生瀬　なまぜ　　JR福知山線。兵庫県西宮市生瀬町一丁目
生麦　なまむぎ　　京浜急行本線。横浜市鶴見区生麦三丁目

●いく
生地　いくじ　　あいの風とやま鉄道。富山県黒部市吉田字浦島
生田　いくた　　小田急電鉄小田原線。神奈川県川崎市多摩区生田
生野屋　いくのや　　JR岩徳線。山口県下松市生野屋南三丁目

●う，〜う
麻生田　おうだ　　三岐鉄道北勢線。三重県いなべ市北勢町麻生田
石生　いそう　　JR福知山線。兵庫県丹波県氷上町石生
入生田　いりうだ　　箱根登山鉄道。神奈川県小田原市入生田
狩生　かりう　　JR日豊本線。大分県佐伯市狩生
葛生　くずう　　東武鉄道佐野線。栃木県佐野市葛生東
栄生　さこう　　名鉄名古屋本線。名古屋市西区栄生二丁目
佐志生　さしう　　JR日豊本線。大分県臼杵市佐志生
鈴鹿サーキット稲生　すずかサーキットいのう　　伊勢鉄道伊勢線。三重県鈴鹿市稲生西三丁目
能生　のう　　えちごトキめき鉄道。新潟県糸魚川市能生

●ゅう
荻生　おぎゅう　　富山地方鉄道本線。富山県黒部市荻生
中舟生　なかふにゅう　　JR水郡線。茨城県常陸大宮市舟生
壬生川　にゅうがわ　　JR予讃線。愛媛県西条市三津屋
丹生川　にゅうがわ　　三岐鉄道三岐線。三重県いなべ市大安町丹生川中
萩生　はぎゅう　　JR米坂線。山形県西置賜郡飯豊町萩生
羽生　はにゅう　　東武伊勢崎線・秩父鉄道。埼玉県羽生市南一丁目

第2章　難読駅名（珍しい駅名などを含む）の分類　171

羽生田　はにゅうだ　JR信越本線。新潟県南蒲原郡田上町羽生田
藤生　ふじゅう　JR山陽本線。山口県岩国市藤生町一丁目
●しょう
生田　しょうでん　JR田沢湖線。秋田県仙北市田沢湖神代
生山　しょうやま　JR伯備線。鳥取県日野郡日南町生山
●ふ
武生　たけふ　JR北陸本線。福井県越前市府中一丁目
●ぶ
麻生　あさぶ　札幌市営地下鉄南北線。北区北40条西5丁目
丹生　にぶ　JR高徳線。香川県東かがわ市土居
幡生　はたぶ　JR山陽本線と山陰本線の分岐駅。山口県下関市幡生宮の下町
埴生　はぶ　JR山陽本線。山口県山陽小野田市埴生
壬生　みぶ　東武鉄道宇都宮線。栃木県下都賀郡壬生町駅東町
吉野生　よしのぶ　JR予土線。愛媛県北宇和郡松野町吉野
貴生川　きぶかわ　JR草津線・信楽高原鐵道信楽線（起点）・近江鉄道本線の3線。滋賀県甲賀市水口町虫生野
筑前垣生　ちくぜんはぶ　JR筑豊本線。福岡県中間市垣生
●お
粟生　あお　JR加古川線・北条鉄道北条線・神戸電鉄粟生線（起点）の3社の共同利用駅。兵庫県小野市粟生町
粟生津　あおうづ　JR越後線。新潟県燕市下粟生津
益生　ますお　近鉄名古屋線。三重県桑名市矢田
●その他
晩生内　おそきない　JR札沼線。北海道樺戸郡浦臼町字晩生内
越生　おごせ　JR八高線・東武鉄道東武越生線。埼玉県入間郡越生町越生
笠上黒生　かさがみくろはえ　銚子電鉄。千葉県銚子市笠上町
野田生　のだおい　JR函館本線。北海道二海郡八雲町野田生
日生　ひなせ　JR赤穂線。岡山県備前市日生町寒河
福生　ふっさ　JR青梅線。東京都福生市本町

13.「神」の付く駅名（同字異読駅名）
●かみ
曽波神　そばのかみ　JR石巻線。宮城県石巻市鹿又字曽波神前
●か
神農原　かのはら　上信電鉄上信線。群馬県富岡市神農原
神畑　かばたけ　上田電鉄別所線。長野県上田市神畑

●が

大神　おお**が**　JR日豊本線。大分県速見郡日出町大神

●かん

伊賀神戸　いが**かん**べ　近鉄大阪線・伊賀鉄道。三重県伊賀市比土(ひど)

上神梅　かみ**かん**ばい　わたらせ渓谷鐵道。群馬県みどり市大間々町上神梅

神崎川　**かん**ざきがわ　阪急神戸本線。大阪市淀川区新高(にいたか)六丁目

神前　**かん**ざき　JR高徳線。香川県さぬき市寒川(さんがわ)町神前

神立　**かん**だつ　JR常磐線。茨城県土浦市神立中央一丁目

神俣　**かん**また　JR磐越東線。福島県田村市滝根町神俣(まち)

●こう

神前　**こう**ざき　和歌山電鐵貴志川線。和歌山市神前

神志山　**こう**しやま　JR紀勢本線。三重県南牟婁郡御浜町(ちょうしもいちぎ)下市木

神代　**こう**じろ　JR山陽本線。山口県岩国市由宇町神東

神代町　**こう**じろまち　島原鉄道。長崎県雲仙市国見町川北

備中神代　びっちゅう**こう**じろ　JR伯備線・芸備線。岡山県新見市西方

神目　**こう**め　JR津山線。岡山県久米郡久米南町(くめなんちょう)神目中

下総神崎　しもうさ**こう**ざき　JR成田線。千葉県香取郡神崎町(こおり)郡

●ごう

神戸　**ごう**ど　わたらせ渓谷鐵道。群馬県みどり市東(あずま)町神戸

広神戸　ひろ**ごう**ど　養老鉄道。岐阜県安八郡神戸町(ちょう)神戸

北神戸　きた**ごう**ど　養老鉄道。岐阜県安八郡神戸町北一色

●こ

神海　**こう**み　樽見鉄道樽見線。岐阜県本巣(もとす)市神海

●しん

神田（電停）　**しん**でん　鹿児島市電唐湊線。鹿児島市上荒田町(とそ)

●じん

神代　**じん**だい　JR田沢湖線。秋田県仙北市田沢湖卒田

清荒神　きよこう**じん**　阪急宝塚本線。兵庫県宝塚市清荒神

厄神　やく**じん**　JR加古川線。兵庫県加古川市上荘(かみじょう)町国包(くにかね)

●くわ

神水・市民病院前（電停）　**くわ**みず・しみんびょういんまえ　熊本市電。熊本市中央区神水本町・東区健軍二丁目

14. 「谷」の付く駅名（同字異読駅名）

●たに

谷頭　**たに**がしら　JR吉都線。宮崎県都城市山田町中霧島

第2章　難読駅名（珍しい駅名などを含む）の分類　**173**

箕谷　みの<u>たに</u>　神戸電鉄有馬線。神戸市北区山田町下谷上字箕谷
●だに
角茂谷　かくも<u>だに</u>　JR土讃線。高知県長岡郡大豊町角茂谷
名谷　みょう<u>だに</u>　神戸市営地下鉄西神・山手線。須磨区中落合
●たり
南小谷　みなみお<u>たり</u>　JR大糸線。長野県北安曇郡小谷(おたり)村千国乙(ちくに)
●た
六十谷　むそ<u>た</u>　JR阪和線。和歌山市六十谷
●や
谷峨　<u>や</u>が　JR御殿場線。神奈川県足柄上郡山北町谷ケ(やが)
谷保　<u>や</u>ほ　JR南武線。東京都国立市谷保
小島谷　おじま<u>や</u>　JR越後線。新潟県長岡市小島谷
小鳥谷　こず<u>や</u>　いわて銀河鉄道。岩手県二戸郡一戸町小鳥谷
大谷向　だい<u>や</u>むこう　東武鉄道鬼怒川線。栃木県日光市今市
前谷地　まえ<u>や</u>ち　JR石巻線・気仙沼線。宮城県石巻市前谷地
三河三谷　みかわみ<u>や</u>　東海道本線。愛知県蒲郡市三谷町上野
涌谷　わく<u>や</u>　JR石巻線。宮城県遠田郡涌谷町(ちょう)新町裏
●こく
方谷　ほう<u>こく</u>　JR伯備線。岡山県高梁市中井町西方(にしがた)
暘谷　よう<u>こく</u>　JR日豊本線。大分県速見郡日出(ひじ)町佐尾

15. 冒頭に，画数の多い，または難読・珍しい漢字を含む駅名　（　）は画数

薊野（16）　あぞうの　JR土讃線。高知県高知市薊野中町(まち)
苧ヶ瀬　おがせ　名鉄各務原線。岐阜県各務原市鵜沼各務原町
筬島　おさしま　JR宗谷本線。北海道音威子府村物満内小字筬島
蔚山町（電停）　うるさんまち　熊本市電。中央区新町(まち)
頴娃（16）　えい　JR指宿枕崎線。鹿児島県南九州市頴娃町(こおり)郡
帷子ノ辻　かたびらのつじ　嵐電嵐山本線・北野線。右京区太秦(うずまさ)帷子ヶ辻町
竈山（21）　かまやま　和歌山電鐵貴志川線。和歌山市和田
蹴上（19）　けあげ　京都市営地下鉄東西線。東山区東小物座町
猊鼻渓　げいびけい　JR大船渡線。岩手県一関市東山町長坂
欅平（21）　けやきだいら　黒部峡谷鉄道。富山県黒部市黒部
咥内（電停）　こうない　とさでん交通伊野線。高知市朝倉丙
菰野　こもの　近鉄湯の山線。三重県三重郡菰野町菰野
鴫野　しぎの　JR片町線・大阪市営地下鉄。大阪市城東区鴫野
夙川　しゅくがわ　阪急神戸本線。兵庫県西宮市相生町

栂・美木多　とが・みきた　泉北高速鉄道。堺市南区桃山台二丁
轟木（30）　とどろき　JR五能線。青森県西津軽郡深浦町轟木
　　＊一番画数の多い字を持つ駅名。
椥辻　なぎつじ　京都市営地下鉄東西線。山科区椥辻草海道町(くさかいどう)
贄川　にえかわ　JR中央本線。長野県塩尻市贄川
蟇目　ひきめ　JR山田線。岩手県宮古市蟇目
涸沼　ひぬま　鹿島臨海鉄道大洗鹿島線。茨城県鉾田市下太田
鵯越（19）　ひよどりごえ　神戸電鉄有馬線。神戸市兵庫区里山町
鰭ヶ崎（21）　ひれがさき　流鉄流山線。千葉県流山市鰭ヶ崎
鵡川（19）　むかわ　JR日高本線。北海道勇払郡むかわ町末広
鑓見内（22）　やりみない　JR田沢湖線。秋田県大仙市鑓見内
暘谷　ようこく　JR日豊本線。大分県速見郡日出町字佐尾
掖上　わきがみ　JR和歌山線。奈良県御所市柏原

16．2字以降に画数の多い，または難読・珍しい漢字を含む駅名　（　）は画数

味鋺（16）　あじま　名鉄小牧線。愛知県名古屋市北区東味鋺
安曇川（16）　あどがわ　JR湖西線。滋賀県高島市安曇川町西万木(にしゆるぎ)
石蟹（19）　いしが　JR伯備線。岡山県新見市石蟹
岩峅寺　いわくらじ　富山地方鉄道立山線・上滝線（不二越・上滝線）。富山県
　　中新川(なかにいかわ)郡立山町岩峅寺
石見簗瀬（17）　いわみやなぜ　JR三江線。島根県美郷町簗瀬
浮鞭（18）　うきぶち　土佐くろしお鉄道。高知県幡多郡黒潮町浮鞭
黄檗（17）　おうばく　JR奈良線・京阪宇治線。京都府宇治市五ケ庄
大鰐（20）　おおわに　弘南鉄道大鰐線。青森県南津軽郡大鰐町
大甕（18）　おおみか　JR常磐線。茨城県日立市大みか町二丁目
小櫃（18）　おびつ　JR久留里線。千葉県君津市末吉
掛澗（15）　かかりま　JR函館本線。茅部(かやべ)郡森町(まち)砂原西3丁目
唐櫃台（18）　からとだい　神戸電鉄有馬線。神戸市北区唐櫃台
伽羅橋（19）　きゃらばし　南海高師浜線。大阪府高石市羽衣五丁目
香櫨園（20）　こうろえん　阪神本線。兵庫県西宮市松下町
小繋（17）　こつなぎ　いわて銀河鉄道。岩手県二戸郡一戸町小繋
雑餉隈（15）　ざっしょのくま　西鉄天神大牟田線。福岡市博多区麦野四丁目
高擶（18）　たかたま　JR奥羽本線。山形県天童市長岡
熱郛　ねっぷ　JR函館本線。北海道寿都郡黒松内(ないちょう)町白井川
東觜崎　ひがしはしさき　JR姫新線。兵庫県たつの市神岡町
三潴（15）　みずま　西鉄天神大牟田線。福岡県久留米市三潴町

樅山（15）　もみやま　東武鉄道日光線。栃木県鹿沼市樅山町
谷峨　やが　JR御殿場線。神奈川県足柄上郡山北町谷ヶ
留辺蘂（19）　るべしべ　JR石北本線。北見市留辺蘂町東町

17．一字駅名
長　おさ　北条鉄道北条線。兵庫県加西市西長町
学　がく　JR徳島線。徳島県吉野川市川島町学
鼎　かなえ　JR東海飯田線。長野県飯田市鼎中平
兜　かぶと　阿武隈急行線。福島県伊達市梁川町舟生
楠　くす　近鉄名古屋線。三重県四日市市楠町南川
葛　くず　近鉄吉野線。奈良県御所市戸毛
盛　さかり　JR大船渡線・三陸鉄道。岩手県大船渡市盛町
鮫　さめ　JR八戸線。青森県八戸市鮫町字日二子石
陶　すえ　高松琴平電気鉄道琴平線。香川県綾歌郡綾川町陶
膳　ぜん　上毛電鉄上毛線。群馬県前橋市粕川町膳
高　たか　JR芸備線。広島県庄原市高町市場
轟　どめき　えちぜん鉄道勝山永平寺線。福井県吉田郡永平寺町轟
蓮　はちす　JR飯山線。長野県飯山市蓮
開　ひらき　西鉄天神大牟田線。福岡県みやま市高田町北新開
袋　ふくろ　肥薩おれんじ鉄道。熊本県水俣市袋
糒　ほしい　平成筑豊鉄道伊田線。福岡県田川市糒
鎧　よろい　JR山陰本線。兵庫県美方郡香美町香住区鎧
蕨　わらび　JR京浜東北線。埼玉県蕨市中央一丁目

18．駅名も読みも2文字の駅名
粟生　あお　JR加古川線・北条鉄道北条線・神戸電鉄粟生線（起点）の3社の共同利用駅。兵庫県小野市粟生町
頴娃　えい　JR指宿枕崎線。鹿児島県南九州市頴娃町郡
小江　おえ　JR長崎本線。長崎県諫早市高来町上与
　＊上記の3駅はローマ字で書いても2字（AO，EI，OE）。
安登　あと　JR呉線。広島県呉市安浦町安登西五丁目
飯井　いい　JR山陰本線。山口県萩市三見字前水無
石原　いさ　JR山陰本線。京都府福知山市石原一丁目
揖屋　いや　JR山陰本線。島根県松江市東出雲町揖屋
宇土　うと　JR鹿児島本線・三角線。熊本県宇土市三拾町
有年　うね　JR山陽本線。兵庫県赤穂市有年横尾

宇美	うみ	JR香椎線。福岡県糟屋郡宇美町宇美五丁目
小城	おぎ	JR唐津線。佐賀県小城市三日月町久米
賀来	かく	JR久大本線。大分市賀来北三丁目
加太	かだ	南海電鉄加太線。和歌山市加太
鹿渡	かど	JR奥羽本線。秋田県山本郡三種町(みたねちょう)鹿渡
可児	かに	JR太多(たいた)線。岐阜県可児市下恵土
河辺	かべ	JR青梅線。東京都青梅市河辺町五丁目
吉舎	きさ	JR福塩線。広島県三次市吉舎町三玉(みたま)
吉礼	きれ	和歌山電鐵貴志川線。和歌山市吉礼
岐波	きわ	JR宇部線。山口県宇部市東岐波
久手	くて	JR山陰本線。島根県大田市久手町波根西
国府	こう	名鉄名古屋本線・豊川線。愛知県豊川市久保町
府中	こう	JR徳島線。徳島市国府町(こくふ)府中
五和	ごか	大井川鐵道大井川本線。静岡県島田市竹下
隅田	すだ	JR和歌山線。和歌山県橋本市隅田町芋生(いもう)
周布	すふ	JR山陰本線。島根県浜田市治和町
膳所	ぜぜ	JR東海道本線。滋賀県大津市馬場二丁目
洗馬	せば	JR中央本線。長野県塩尻市宗賀洗馬
千路	ちじ	JR七尾線。石川県羽咋市千路町
都賀	つが	JR総武本線・成田線・千葉都市モノレール若葉区都賀
柘植	つげ	JR関西本線・草津線。三重県伊賀市柘植町
土気	とけ	JR外房線。千葉市緑区土気町
唐湊（電停）	とそ	鹿児島市電唐湊線。郡元一丁目
新居	にい	伊賀鉄道伊賀線。三重県伊賀市東高倉
新井	にい	JR播但線。兵庫県朝来市新井字中川原(あさご)
根雨	ねう	JR伯備線。鳥取県日野郡日野町根雨
能生	のう	えちごトキめき鉄道。新潟県糸魚川市能生
野芥	のけ	福岡市地下鉄七隈線。福岡市早良区野芥二丁目
能瀬	のせ	JR七尾線。石川県河北郡津幡町字能瀬
野馳	のち	JR芸備線。岡山県新見市哲西町(てっせい)畑木
葉木	はき	JR肥薩線。熊本県八代市坂本町葉木
波子	はし	JR山陰本線。島根県江津(ごうつ)市波子町
土師	はじ	JR因美線。鳥取県八頭郡智頭町(やずちず)三吉
波根	はね	JR山陰本線。島根県大田市波根町中浜
埴生	はぶ	JR山陽本線。山口県山陽小野田市埴生
日宇	ひう	JR佐世保線。長崎県佐世保市日宇町

第2章　難読駅名（珍しい駅名などを含む）の分類　177

日出	ひじ	JR日豊本線。大分県速見郡日出町川崎
比延	ひえ	JR加古川線。兵庫県西脇市鹿野町
仏子	ぶし	西武鉄道池袋線。埼玉県入間市仏子
戸田	へた	JR山陽本線。山口県周南市夜市字中村
逸見	へみ	京浜急行本線。神奈川県横須賀市東逸見町
馬路	まじ	JR山陰本線。島根県大田市仁摩町馬路
弥刀	みと	近鉄大阪線。東大阪市友井三丁目
六田	むだ	近鉄吉野線。奈良県吉野郡大淀町北六田
八家	やか	山陽電気鉄道本線。兵庫県姫路市八家前浜
養父	やぶ	JR山陰本線。兵庫県養父市堀畑
三会	みえ	島原鉄道。長崎県島原市大手原町
牟岐	むぎ	JR牟岐線。徳島県海部郡牟岐町中村
武庫	むこ	JR伯備線。鳥取県日野郡江府町武庫
谷保	やほ	JR南武線。東京都国立市谷保
油木	ゆき	JR木次線。広島県庄原市西城町油木
弓削	ゆげ	JR津山線。岡山県久米郡久米南町下弓削
遊佐	ゆざ	JR羽越本線。山形県飽海郡遊佐町遊佐
和気	わけ	JR山陽本線。岡山県和気郡和気町福富

19. 駅名も読みも3文字の駅名

英賀保	あがほ	JR山陽本線。兵庫県姫路市飾磨区山崎
阿久比	あぐい	名鉄河和線。愛知県知多郡阿久比町阿久比
阿下喜	あげき	三岐鉄道北勢線。三重県いなべ市北勢町阿下喜
阿左美	あざみ	東武鉄道桐生線。群馬県みどり市笠懸町阿左美
阿知須	あじす	JR宇部線。山口県山口市阿知須浜
安栖里	あせり	JR山陰本線。京都府船井郡京丹波町安栖里
小奴可	おぬか	JR芸備線。広島県庄原市東城町小奴可
我孫子	あびこ	JR常磐線・成田線。千葉県我孫子市
安茂里	あもり	JR信越本線。長野市安茂里
依那古	いなこ	伊賀鉄道伊賀線。三重県伊賀市沖
宇都井	うづい	JR三江線。島根県邑智郡邑南町宇都井
宇野気	うのけ	JR七尾線。石川県かほく市宇野気
江吉良	えぎら	名鉄竹鼻線・羽島線。岐阜県羽島市江吉良町
麻生田	おうだ	三岐鉄道北勢線。三重県いなべ市北勢町麻生田
小千谷	おぢや	JR上越線。新潟県小千谷市東栄一丁目
大和田	おわだ	大井川鐵道。静岡県島田市川根町家山

風合瀬	かそせ	JR 五能線。青森県西津軽郡深浦町風合瀬
学文路	かむろ	南海電鉄高野線。和歌山県橋本市学文路
狩留家	かるが	JR 芸備線。広島市安佐北区狩留家町
黄波戸	きわど	JR 山陰本線。山口県長門市日置上字黄波戸
国府津	こうづ	東海道本線・御殿場線。神奈川県小田原市国府津
小牛田	こごた	JR 東北本線。宮城県遠田郡美里町字藤ケ崎町
小鳥谷	こずや	いわて銀河鉄道。岩手県二戸郡一戸町小鳥谷
小歩危	こぼけ	JR 土讃線。徳島県三好市西祖谷山村徳善西
寒河江	さがえ	JR 左沢線。山形県寒河江市本町一丁目
四方津	しおつ	JR 中央本線。山梨県上野原市四方津
四十万	しじま	北陸鉄道石川線。石川県金沢市四十万4丁目
酒々井	しすい	JR 成田線。千葉県印旛郡酒々井町酒々井
志都美	しずみ	JR 和歌山線。奈良県香芝市上中
周参見	すさみ	JR 紀勢本線。和歌山県西すさみ町周参見
都野津	つのづ	JR 山陰本線。島根県江津市都野津町都野津
奈半利	なはり	土佐くろしお鉄道阿佐線。高知県安芸郡奈半利町
仁豊野	にぶの	JR 播但線。兵庫県姫路市仁豊野
野辺地	のへじ	JR 大湊線・青い森鉄道。青森県上北郡野辺地町
馬来田	まくた	JR 久留里線。千葉県木更津市真里
水無瀬	みなせ	阪急京都本線。大阪府三島郡島本町水無瀬
見奈良	みなら	伊予鉄道横河原線。愛媛県東温市見奈良
御代志	みよし	熊本電鉄菊池線。熊本県合志市御代志
御代田	みよた	しなの鉄道。長野県北佐久郡御代田町御代田
六十谷	むそた	JR 阪和線。和歌山市六十谷
八千穂	やちほ	JR 小海線。長野県南佐久郡佐久穂町穂積
湯檜曽	ゆびそ	JR 上越線。群馬県利根郡みなかみ町湯桧曽
夜間瀬	よませ	長野電鉄長野線。下高井郡山ノ内町夜間瀬

20．駅名も読みも4文字の駅名

安芸阿賀	あきあが	JR 呉線。広島県呉市阿賀中央六丁目
阿波加茂	あわかも	JR 徳島線。三好郡東みよし町加茂
伊賀和志	いかわし	JR 三江線。広島県三次市作木町伊賀和志
伊勢八太	いせはた	JR 名松線。三重県津市一志町小山
伊勢八知	いせやち	JR 名松線。三重県津市美杉町八知
伊太祈曽	いだきそ	和歌山電鐵貴志川線。和歌山市伊太祈曽
伊予土居	いよどい	JR 予讃線。愛媛県四国中央市土居町土居

伊予氷見　いよひみ　JR予讃線。愛媛県西条市氷見乙
伊予和気　いよわけ　JR予讃線。愛媛県松山市和気町
紀伊井田　きいいだ　JR紀勢本線。三重県南牟婁郡紀宝町(ちょう)井田
紀伊佐野　きいさの　JR紀勢本線。和歌山県新宮市佐野三丁目
紀伊日置　きいひき　JR紀勢本線。和歌山県西牟婁郡白浜町(ちょう)矢田
紀伊由良　きいゆら　JR紀勢本線。和歌山県日高郡由良町(ちょう)里
吉里吉里　きりきり　JR山田線。岩手県上閉伊郡大槌町吉里吉里
倶利伽羅　くりから　IRいしかわ鉄道・あいの風とやま鉄道。石川県河北郡津幡町(つばた)刈安
田井ノ瀬　たいのせ　JR和歌山線。和歌山市岩橋
土佐加茂　とさかも　JR土讃線。高知県高岡郡佐川町加茂
土佐久礼　とさくれ　JR土讃線。高知県高岡郡中土佐町久礼
土佐佐賀　とささが　土佐くろしお鉄道。高知県幡多郡黒潮町佐賀
騰波ノ江　とばのえ　関東鉄道常総線。茨城県下妻市若柳甲
中百舌鳥　なかもず　南海電鉄・泉北高速鉄道・大阪市営地下鉄。大阪府堺市北区中百舌鳥町2丁
保土ヶ谷　ほどがや　JR東海道本線。横浜市保土ケ谷区岩井町

21. 漢字と漢字の間に読みの「の」が入る駅名

相浦　あいのうら　松浦鉄道西九州線。長崎県佐世保市相浦町
相内　あいのない　JR石北本線。北海道北見市相内町
青郷　あおのごう　JR小浜線。福井県大飯郡高浜町青
飯浦　いいのうら　JR山陰本線。島根県益田市飯浦町
池谷　いけのたに　JR高徳線・鳴門線。徳島県鳴門市大麻町池谷
池戸　いけのべ　高松琴平電鉄長尾線。香川県木田郡三木町(ちょう)池戸
一戸　いちのへ　いわて銀河鉄道線。岩手県二戸郡一戸町西法寺
櫟本　いちのもと　JR桜井線。奈良県天理市櫟本町
猪谷　いのたに　JR高山本線。富山市猪谷
院庄　いんのしょう　JR姫新線。岡山県津山市二宮
鵜住居　うのすまい　JR山田線。岩手県釜石市鵜住居町
牛島　うしのしま　JR徳島線。徳島県吉野川市鴨島町(うしじま)牛島
内牧　うちのまき　JR豊肥本線。熊本県阿蘇市乙姫
海浦　うみのうら　肥薩おれんじ鉄道線。熊本県葦北郡芦北町海浦
奥武山公園　おうのやまこうえん　沖縄都市モノレール線。那覇市奥武山町
鹿瀬　かのせ　JR磐越西線。新潟県東蒲原郡阿賀町向鹿瀬
鹿又　かのまた　JR石巻線。宮城県石巻市鹿又
上相浦　かみあいのうら　松浦鉄道西九州線。長崎県佐世保市新田町

亀甲	かめのこう	JR津山線。	岡山県久米郡美咲町原田
甲浦	かんのうら	阿佐海岸鉄道。	高知県安芸郡東洋町河内(ちょうかわうち)
岸里玉出	きしのさとたまで	南海電鉄。	大阪府西成区玉出東
来宮	きのみや	JR伊東線。	静岡県熱海市福道町(ふくみち)
国府台	こうのだい	京成電鉄本線。	千葉県市川市市川三丁目
国府宮	こうのみや	名鉄名古屋本線。	稲沢市松下一丁目
金浦	このうら	JR羽越本線。	秋田県にかほ市金浦
木葉	このは	JR鹿児島本線。	熊本県玉名郡玉東町(ぎょくとう)木葉
木屋瀬	こやのせ	筑豊電気鉄道。	北九州市八幡西区木屋瀬
雑飼隈	ざっしょのくま	西鉄天神大牟田線。	福岡市博多区麦野
島越	しまのこし	三陸鉄道北リアス線。	岩手県下閉伊郡田野畑村
下庄	しものしょう	JR紀勢本線。	三重県亀山市下庄町
宿戸	しゅくのへ	JR八戸線。	岩手県九戸郡洋野(ひろの)町(ちょうたねいち)種市
陣原	じんのはる	JR鹿児島本線。	北九州市八幡西区陣原一丁目
住道	すみのどう	JR片町線。	大阪府大東市住道二丁目
妹尾	せのお	JR宇野線(瀬戸大橋線)。	岡山市南区東畦(ひがしうね)
曽波神	そばのかみ	JR石巻線。	宮城県石巻市鹿又字曽波神前(かのまた)
高師浜	たかしのはま	南海高師浜線。	大阪府高石市高師浜四丁目
忠海	ただのうみ	JR呉線。	広島県竹原市忠海中町一丁目
淡輪	たんのわ	南海電鉄本線。	大阪府泉南郡岬町(ちょう)淡輪
調川	つきのかわ	松浦鉄道西九州線。	長崎県松浦市調川町下免(しもめん)
槻木	つきのき	JR東北本線・阿武隈急行。	宮城県柴田郡柴田町槻木新町
富木	とのき	JR阪和線。	大阪府高石市取石二丁目(とりいし)
南風崎	はえのさき	JR大村線。	長崎県佐世保市南風崎町
肥後田浦	ひごたのうら	肥薩おれんじ鉄道線。	熊本県葦北郡芦北町小田浦(こだのうら)
日御子	ひのみこ	北陸鉄道石川線。	石川県白山市日御子町
富士宮	ふじのみや	JR身延線。	静岡県富士宮市中央町
二見浦	ふたみのうら	JR参宮線。	三重県伊勢市二見町三津
松尾寺	まつのおでら	JR小浜線。	京都府舞鶴市吉坂(きちさか)
道上	みちのうえ	JR福塩線。	広島県福山市神辺町字道上(かんなべ)
箕谷	みのたに	神戸電鉄有馬線。	北区山田町下谷上字箕谷
姪浜	めいのはま	JR筑肥線・福岡市地下鉄。	西区姪の浜四丁目
桃川	もものかわ	JR筑肥線。	佐賀県伊万里市松浦町桃川
矢口渡	やぐちのわたし	東急多摩川線。	大田区多摩川
湯尾	ゆのお	JR北陸本線。	福井県南条郡南越前町湯尾
湯平	ゆのひら	JR久大本線。	大分県由布市湯布院町下湯平

湯前　ゆのまえ　くま川鉄道湯前線。熊本県球磨郡湯前町
渡波　わたのは　JR石巻線。宮城県石巻市渡波町一丁目

22. 数字の付いた駅名
一貴山　いきさん　JR筑肥線。福岡県糸島市二丈田中
一身田　いしんでん　JR紀勢本線。三重県津市大里窪田町
一社　いっしゃ　名古屋市営地下鉄東山線。名東区一社
二名　ふたな　JR予土線。愛媛県宇和島市三間町中野中
二上　にじょう　近鉄大阪線。奈良県香芝市穴虫
二郎　にろう　神戸電鉄三田線。神戸市北区有野町二郎
三溝　さみぞ　アルピコ交通上高地線。長野県松本市波田三溝
三見　さんみ　JR山陰本線。山口県萩市三見
三柿野　みかきの　名鉄各務原線。岐阜県各務原市蘇原三柿野町
三河内　みかわち　JR佐世保線。長崎県佐世保市三川内
三日月　みかづき　JR姫新線。兵庫県佐用郡佐用町三日月
三門　みかど　JR外房線。千葉県いすみ市日在
三里　みさと　三岐鉄道三岐線。三重県いなべ市大安町平塚
三潴　みずま　西鉄天神大牟田線。福岡県久留米市三潴町田川
三松　みつまつ　JR小浜線。福井県大飯郡高浜町東三松
三間坂　みまさか　JR佐世保線。佐賀県武雄市山内町三間坂
三股　みまた　JR日豊本線。宮崎県北諸県郡三股町
四方津　しおつ　JR中央本線。山梨県上野原市四方津
四郷　しごう　愛知環状鉄道。愛知県豊田市四郷町
四所　ししょ　京都丹後鉄道宮津線。京都府舞鶴市上福井
四辻　よつつじ　JR山陽本線。山口市鋳銭司
五和　ごか　大井川鐵道。静岡県島田市竹下字籾蒔島
五知　ごち　近鉄志摩線。三重県志摩市磯部町五知
五ノ三　ごのさん　名鉄尾西線。愛知県弥富市五之三町
六田　むだ　近鉄吉野線。奈良県吉野郡大淀町北六田
六会日大前　むつあいにちだいまえ　小田急電鉄江ノ島線。神奈川県藤沢市亀井野
六実　むつみ　東武鉄道野田線。千葉県松戸市六実四丁目
六輪　ろくわ　名鉄尾西線。愛知県稲沢市平和町須ヶ脇
七飯　ななえ　JR函館本線。北海道亀田郡七飯町
七塚　ななつか　JR芸備線。広島県庄原市七塚町
八浜　はちはま　JR宇野線。岡山県玉野市八浜町大崎
八乙女　やおとめ　仙台市地下鉄南北線。泉区八乙女中央一丁目

八家　やか　山陽電気鉄道本線。兵庫県姫路市八家前浜
八鹿　ようか　JR山陰本線。兵庫県養父市八鹿町八鹿
九品仏　くほんぶつ　東急大井町線。世田谷区奥沢七丁目
九郎原　くろうばる　JR九州篠栗線。福岡県飯塚市内住
十弗　とおふつ　JR根室本線。北海道中川郡豊頃町十弗宝町
十村　とむら　JR小浜線。福井県三方上中郡若狭町井崎
十二兼　じゅうにかね　JR中央本線。長野県南木曽町読書
十三　じゅうそう　阪急電鉄。大阪市淀川区十三東二丁目
十三里　とみさと　JR石勝線。北海道夕張市紅葉山
二十四軒　にじゅうよんけん　札幌市営地下鉄。西区二十四軒
三十八社　さんじゅうはっしゃ　福井鉄道。福井市下江尻町
五十島　いがしま　JR磐越西線。新潟県東蒲原郡阿賀町五十島
五十猛　いそたけ　JR山陰本線。島根県大田市五十猛町
五十川　いらがわ　JR羽越本線。山形県鶴岡市五十川
五十石　ごじっこく　JR釧網本線。川上郡標茶町五十石
六十谷　むそた　JR阪和線。和歌山市六十谷
百舌鳥　もず　JR阪和線。大阪府堺市堺区百舌鳥夕雲町二丁
五百石　ごひゃくこく　富山地方鉄道立山線。立山町前沢
千国　ちくに　JR大糸線。長野県北安曇郡小谷村千国
千路　ちじ　JR七尾線。石川県羽咋市千路町
千頭　せんず　大井川鐵道。静岡県榛原郡川根本町千頭
千厩　せんまや　JR大船渡線。岩手県一関市千厩町千厩
八千穂　やちほ　JR小海線。長野県南佐久郡佐久穂町穂積
万能倉　まなぐら　JR福塩線。広島県福山市駅家町万能倉
万石浦　まんごくうら　JR石巻線。宮城県石巻市流留字垂水
四十万　しじま　北陸鉄道石川線。石川県金沢市四十万4丁目

(数字日に市・町のつく駅名)
一日市場　ひといちば　JR大糸線。長野県安曇野市三郷明盛
二日市　ふつかいち　JR鹿児島本線。福岡県筑紫野市二日市
東三日市　ひがしみっかいち　富山地方鉄道本線。黒部市三日市
四日市　よっかいち　JR関西本線。三重県四日市市本町
五日市　いつかいち　JR山陽本線。広島市佐伯区五日市駅前
六日町　むいかまち　JR上越線・北越急行。新潟県南魚沼市六日町
上州七日市　じょうしゅうなのかいち　上信電鉄上信線。群馬県富岡市七日市
七日町　なぬかまち　JR只見線。福島県会津若松市七日町

八日市　ようかいち　近江鉄道。滋賀県東近江市八日市浜野町
十日町　とおかまち　JR飯山線・北越急行。新潟県十日町市丑
廿日市　はつかいち　JR山陽本線。広島県廿日市市駅前

23．両地名をとった駅名
岸里玉出　きしのさとたまで　南海電鉄。大阪市西成区玉出東
喜連瓜破　きれうりわり　大阪市営地下鉄谷町線。平野区喜連
島氏永　しまうじなが　名鉄名古屋本線。愛知県稲沢市島町（下り）と一宮市氏永（上り）の境界
野江内代　のえうちんだい　大阪市営地下鉄谷町線。都島区内代町
原木中山　ばらきなかやま　東京地下鉄東西線。千葉県船橋市本中山七丁目
雲雀丘花屋敷　ひばりがおかはなやしき　阪急宝塚本線。兵庫県宝塚市雲雀丘一丁目
浮間舟渡　ふきまふなど　JR埼京線。東京都北区浮間四丁目
鷲塚針原　わしづかはりばら　えちぜん鉄道三国芦原線。福井市川合鷲塚町

24．駅名が由来の町名
池田　いけだ　JR根室本線。中川郡池田町東一条
大倉山　おおくらやま　東急東横線。横浜市港北区大倉山一丁目
行徳　ぎょうとく　東京地下鉄東西線。千葉県市川市行徳駅前
清荒神　きよしこうじん　阪急宝塚本線。兵庫県宝塚市清荒神
桜上水　さくらじょうすい　京王電鉄。東京都世田谷区桜上水
新小岩　しんこいわ　JR総武本線。東京都葛飾区新小岩一丁目
新横浜　しんよこはま　JR・横浜市営地下鉄。港北区新横浜
鈴蘭台　すずらんだい　神戸電鉄。神戸市北区鈴蘭台北町一丁目
聖蹟桜ヶ丘　せいせきさくらがおか　京王電鉄京王線。東京都多摩市関戸一丁目
　＊聖蹟＋桜ヶ丘　桜ヶ丘は駅周辺の桜の名所に由来し，桜ヶ丘は駅の南部に位置。聖蹟は明治天皇の御狩場に由来するが，地名としては存在しない。
美章園　びしょうえん　JR阪和線。大阪市阿倍野区美章園一丁目
蛍池　ほたるがいけ　阪急宝塚本線・大阪高速鉄道（大阪モノレール）。大阪府豊中市蛍池中町三丁目

25．食文化に関連する語が入った駅名
姶良　あいら　JR日豊本線。鹿児島県姶良市西餅田
鮎喰　あくい　JR徳島線。徳島県徳島市南島田町四丁目
安食　あじき　JR成田線。千葉県印旛郡栄町安食
味鋺　あじま　名鉄小牧線。愛知県名古屋市北区東味鋺

味美　あじよし　名鉄小牧線。愛知県春日井市西本町(にしほんまち)
飯給　いたぶ　小湊鉄道。千葉県市原市飯給
青梅　おうめ　JR青梅線。東京都青梅市本町
大甕　おおみか　JR常磐線。茨城県日立市大みか町二丁目
柿生　かきお　小田急電鉄。神奈川県川崎市上麻生五丁目
狩留家　かるが　JR芸備線。広島市安佐北区狩留家町
禾生　かせい　富士急行大月線。山梨県都留市古川渡(ふるかわど)
葛　くず　近鉄吉野線。奈良県御所市戸毛
葛生　くずう　東武鉄道佐野線。栃木県佐野市葛生東
介良通（電停）　けらどおり　とさでん交通後免線。高知市高須本町
糀谷　こうじや　京浜急行空港線。東京都大田区西糀谷四丁目
古賀茶屋　こがんちゃや　西鉄甘木線。福岡県久留米市宮ノ陣町八丁島(まち)
御器所　ごきそ　名古屋市営地下鉄。昭和区御器所通三丁目
木場茶屋　こばんちゃや　JR鹿児島本線。薩摩川内市木場茶屋町(せんだい)
胡麻　ごま　JR山陰本線。京都府南丹市日吉町胡麻
昆布　こんぶ　JR函館本線。北海道磯谷郡蘭越(らんこしちょう)町
昆布盛　こんぶもり　JR根室本線。北海道根室市昆布盛
雑餉隈　ざっしょのくま　西鉄天神大牟田線。福岡市博多区麦野
白子　しろこ　近鉄名古屋線。三重県鈴鹿市白子駅前
膳所　ぜぜ　JR東海道本線。滋賀県大津市馬場二丁目
茶所　ちゃじょ　名鉄名古屋本線。岐阜市加納八幡町
天下茶屋　てんがちゃや　南海電鉄・大阪市営地下鉄。西成区岸里
苦竹　にがたけ　JR仙石線。宮城県仙台市宮城野区苦竹一丁目
飯山満　はさま　東葉高速鉄道。千葉県船橋市飯山満町二丁目
糒　ほしい　平成筑豊鉄道伊田線。福岡県田川市糒
万能倉　まなぐら　JR福塩線。広島県福山市駅家町万能倉
御厨　みくりや　松浦鉄道西九州線。長崎県松浦市御厨町
三毛門　みけかど　JR日豊本線。福岡県豊前市三毛門
実籾　みもみ　京成電鉄本線。千葉県習志野市実籾
餅原　もちばる　JR日豊本線。宮崎県北諸県郡三股(みまたちょう)町餅原
梨郷　りんごう　山形鉄道フラワー長井線。山形県南陽市竹原
和食　わじき　土佐くろしお鉄道。高知県安芸郡芸西村和食

26. 植物名が入った駅名

藍本　あいもと　JR福知山線。兵庫県三田市藍本
粟生　あお　JR加古川線・北条鉄道北条線・神戸電鉄粟生線。兵庫県小野市粟生町

粟生津　あおうづ　JR越後線。新潟県燕市下粟生津
菖蒲池　あやめいけ　近鉄奈良線。奈良市あやめ池南二丁目
稲梓　いなずさ　伊豆急行。静岡県下田市落合
稲枝　いなえ　JR東海道本線。滋賀県彦根市稲枝町
稲子　いなこ　JR身延線。静岡県富士宮市下稲子
櫟本　いちのもと　JR桜井線。奈良県天理市櫟本町
麻植塚　おえづか　JR徳島線。徳島県吉野川市鴨島町牛島
柏原　かいばら　JR福知山線。兵庫県丹波市柏原町柏原
柏原　かしわばら　JR東海道本線。滋賀県米原市柏原
柏原　かしわら　JR関西本線・近鉄道明寺線。大阪府柏原市
蒲池　かばいけ　名鉄常滑線。愛知県常滑市蒲池町
蒲池　かまち　西鉄天神大牟田線。福岡県柳川市蒲生(がもう)
萱島　かやしま　京阪本線。大阪府寝屋川市萱島本町
栢山　かやま　小田急電鉄小田原線。神奈川県小田原市栢山
桔梗　ききょう　JR函館本線。北海道函館市桔梗町3丁目
楠久　くすく　松浦鉄道西九州線。佐賀県伊万里市山代町楠久
樟葉　くずは　京阪本線。大阪府枚方市楠葉花園町(ひらかた)
欅平　けやきだいら　黒部峡谷鉄道。富山県黒部市黒部
桑折　こおり　JR東北本線。福島県伊達郡桑折町南半田(こおり)
蚕桑　こぐわ　山形鉄道フラワー長井線。西置賜郡白鷹町高玉(たかだま)
虎杖浜　こじょうはま　JR室蘭本線。白老郡白老町(まち)虎杖浜
小菅　こすげ　東武鉄道伊勢崎線。東京都足立区足立二丁目
胡麻　ごま　JR山陰本線。京都府南丹市日吉町胡麻角上
菰野　こもの　近鉄湯の山線。三重県三重郡菰野町菰野
昆布　こんぶ　JR函館本線。北海道磯谷郡蘭越町
菅尾　すがお　JR豊肥本線。大分県豊後大野市三重町浅瀬
鈴蘭台　すずらんだい　神戸電鉄。神戸市北区鈴蘭台北町
槻木　つきのき　東北本線・阿武隈急行。宮城県柴田町槻木新町
榴ケ岡　つつじがおか　JR仙石線。仙台市宮城野区榴岡五丁目
栂・美木多　とが・みきた　泉北高速鉄道線。堺市南区桃山台二丁
楡木　にれぎ　東武鉄道日光線。栃木県鹿沼市楡木町(まち)
野蒜　のびる　JR仙石線。宮城県東松島市野蒜字北余景
榛原　はいばら　近鉄大阪線。奈良県宇陀市榛原萩原
萩生　はぎゅう　JR米坂線。山形県西置賜郡飯豊町萩生(にしおきたま)(いいで)
蓮　はちす　JR飯山線。長野県飯山市蓮
常陸青柳　ひたちあおやぎ　JR水郡線。茨城県ひたちなか市枝川

姫松（電停）　ひめまつ　阪堺電軌上町線。大阪市阿倍野区帝塚山
三松　みつまつ　JR小浜線。福井県大飯郡高浜町東三松
美濃青柳　みのやなぎ　養老鉄道。岐阜県大垣市青柳町
椋野　むくの　錦川鉄道錦川清流線。山口県岩国市美川町南桑
樅山　もみやま　東武鉄道日光線。栃木県鹿沼市樅山町
柳津　やないづ　名鉄竹鼻線。岐阜市柳津町梅松一丁目
山吹　やまぶき　JR飯田線。長野県下伊那郡高森町山吹
柚須　ゆす　JR篠栗線。福岡県糟屋郡粕屋町柚須
葭川公園　よしかわこうえん　千葉都市モノレール。中央区中央
蓬田　よもぎた　JR津軽線。青森県東津軽郡蓬田村阿弥陀川
梨郷　りんごう　山形鉄道フラワー長井線。山形県南陽市竹原
蓮花寺　れんげじ　三岐鉄道北勢線。三重県桑名市蓮花寺
蕨岱　わらびたい　JR函館本線。北海道山越郡長万部町蕨岱

27. 動物名が入った駅名

海鹿島　あしかじま　銚子電鉄。千葉県銚子市小畑新町
鰺ヶ沢　あじがさわ　JR五能線。青森県西津軽郡鰺ヶ沢町
猪田道　いだみち　伊賀鉄道伊賀線。三重県伊賀市依那具
鶯巣　うぐす　JR飯田線。長野県下伊那郡天龍村平岡
鵜住居　うのすまい　JR山田線。岩手県釜石市鵜住居町
馬立　うまたて　小湊鉄道。千葉県市原市馬立
大鰐　おおわに　弘南鉄道大鰐線。青森県南津軽郡大鰐町
鰍沢口　かじかざわぐち　JR身延線。山梨県市川三郷町黒沢
象潟　きさかた　JR羽越本線。秋田県にかほ市象潟町家の後
鵠沼　くげぬま　江ノ島電鉄。神奈川県藤沢市鵠沼松が岡一丁目
特牛　こっとい　JR山陰本線。山口県下関市豊北町神田字大場ヶ迫
犀潟　さいがた　JR信越本線・北越急行ほくほく線。新潟県上越市大潟区犀潟
鮫　さめ　JR八戸線。青森県八戸市鮫町
鴫野　しぎの　JR片町線・大阪市営地下鉄。大阪市城東区鴫野
洗馬　せば　JR中央本線。長野県塩尻市宗賀洗馬
鶴来　つるぎ　北陸鉄道石川線。石川県白山市鶴来本町４丁目
鳥栖　とす　JR鹿児島本線・長崎本線。佐賀県鳥栖市京町
虎姫　とらひめ　JR北陸本線。滋賀県長浜市大寺町細田
鯰田　なまずた　JR筑豊本線。福岡県飯塚市鯰田
馬喰町　ばくろちょう　JR総武本線。東京都中央区日本橋馬喰町
初田牛　はったうし　JR根室本線。北海道根室市初田牛

東犀川三四郎　ひがしさいがわさんしろう　平成筑豊鉄道田川線。福岡県京都郡みやこ町犀川続命院(ぞくみょういん)

緋牛内　ひうしない　JR石北本線。北海道北見市端野町(たんの)緋牛内

鵯越　ひよどりごえ　神戸電鉄有馬線。神戸市兵庫区里山町

鰭ヶ崎　ひれがさき　流鉄流山線。千葉県流山市鰭ヶ崎

蛍池　ほたるがいけ　阪急宝塚本線・大阪高速鉄道（大阪モノレール）。大阪府豊中市蛍池中町(なかまち)三丁目

馬出九大病院前　まいだしきゅうだいびょういんまえ　福岡市東区馬二丁目。福岡市地下鉄箱崎線。　＊地下鉄の駅名では日本一長い（16文字）。

馬下　まおろし　JR磐越西線。新潟県五泉市馬下

馬替　まがえ　北陸鉄道石川線。石川県金沢市馬替3丁目

馬来田　まくた　JR久留里線。千葉県木更津市真里(まり)

馬路　まじ　JR山陰本線。島根県大田市仁摩町馬路

馬田　まだ　西鉄甘木線。福岡県朝倉市馬田

馬流　まながし　JR小海線。長野県南佐久郡小海町東馬流

馬庭　まにわ　上信電鉄。群馬県高崎市吉井町馬庭

馬堀海岸　まぼりかいがん　京浜急行本線。神奈川県横須賀市馬堀町三丁目

鵡川　むかわ　JR日高本線。北海道勇払郡むかわ町末広(ちょう)

八鹿　ようか　JR山陰本線。兵庫県養父(やぶ)市八鹿町八鹿

28. 神仏に関連した駅名

猪名寺　いなでら　JR福知山線。兵庫県尼崎市猪名寺二丁目

今宮戎　いまみやえびす　南海電鉄。大阪市浪速区敷津東三丁目

胡町（電停）　えびすちょう　広島電鉄。広島市中区鉄砲町・幟町

黄檗　おうばく　JR奈良線・京阪　宇治線。京都府宇治市五ケ庄

大江山口内宮　おおえやまぐちないく　京都丹後鉄道宮福線。京都府福知山市大江町内宮

帯解　おびとけ　JR桜井線。奈良市今市町

蚕ノ社　かいこのやしろ　嵐電嵐山本線。右京区太秦森ヶ前町

香椎神宮　かしいじんぐう　JR香椎線。福岡市東区香椎六丁目

香椎宮前　かしいみやまえ　西鉄貝塚線。福岡市東区千早五丁目

上ノ太子　かみのたいし　近鉄南大阪線。羽曳野市飛鳥

来宮　きのみや　JR伊東線。静岡県熱海市福道町

清荒神　きよしこうじん　阪急宝塚本線。兵庫県宝塚市清荒神

車折神社　くるまざきじんじゃ　嵐電嵐山本線。右京区嵯峨中又町

月江寺　げっこうじ　富士急行大月線。山梨県富士吉田市緑ケ丘

斎宮　さいくう　近鉄山田線。三重県多気郡明和町斎宮
紫香楽宮跡　しがらきぐうし　信楽高原鐵道。滋賀県甲賀市信楽町牧
甚目寺　じもくじ　名鉄津島線。愛知県あま市甚目寺郷浦
崇禅寺　そうぜんじ　阪急京都本線。大阪市東淀川区柴島一丁目
大聖寺　だいしょうじ　JR北陸本線。石川県加賀市熊坂町
田県神社前　たがたじんじゃまえ　名鉄小牧線。小牧市久保一色
道成寺　どうじょうじ　JR紀勢本線。和歌山県御坊市藤田町藤井
布忍　ぬのせ　近鉄南大阪線。大阪府松原市北新町一丁目
梅津寺　ばいしんじ　伊予鉄道高浜線。愛媛県松山市梅津寺町
宝積寺　ほうしゃくじ　JR東北本線・烏山線。栃木県塩谷郡高根沢町宝積寺
祝園　ほうその　JR片町線。京都府相楽郡精華町祝園
松尾寺　まつのおでら　JR小浜線。京都府舞鶴市吉坂
水間観音　みずまかんのん　水間鉄道水間線。大阪府貝塚市水間
妙典　みょうでん　東京地下鉄東西線。千葉県市川市富浜一丁目
門戸厄神　もんどやくじん　阪急今津線。兵庫県西宮市下大市東町
売布神社　めふじんじゃ　阪急宝塚本線。兵庫県宝塚市売布
鹿王院　ろくおういん　嵐電嵐山本線。右京区嵯峨北堀町

29. 人名由来の駅名

由来の記載がない駅名は第1章に掲載。

浅野　あさの　JR鶴見線。横浜市鶴見区末広町。浅野財閥の創設者で鶴見臨港鉄道の設立者の浅野総一郎（1848～1930）に因む。

安針塚　あんじんづか　京浜急行本線。神奈川県横須賀市長浦町

安善　あんぜん　JR鶴見線。横浜市鶴見区安善町一丁目

安立町（電停）　あんりゅうまち　阪堺電軌阪堺線。大阪市住吉区

池田　いけだ　JR根室本線。北海道中川郡池田町東一条。旧因幡国鳥取藩主家池田氏第14代当主池田仲博（1877～1948）が開設した池田農場内に明治37年（1904）に設置されたことに因む。なお、町名は、町制施行の大正15年（1926）7月、池田駅の名をとった。駅名から町名が誕生したケースは極めて少ないようである。

池田園　いけだえん　JR函館本線（通称：砂原支線）。亀田郡七飯町軍川。明治30年（1897）北海道庁を退職した池田醇がこの付近一帯を大沼公園に付随して公園化することを計画したことから、その功績を称え、命名された。

石狩月形　いしかりつきがた　JR札沼線（学園都市線）。樺戸郡月形町月形。明治14年（1881）、明治政府が北海道に初めて設置した樺戸集治監典獄（刑務所長）として赴任し、当地の開発に尽力した月形　潔（1846～1894）に因む。集治監とは重罪人を収容した監獄。

第 2 章　難読駅名（珍しい駅名などを含む）の分類　**189**

石狩沼田　いしかりぬまた　JR 留萌本線。雨竜郡沼田町北 1 条 3 丁目。明治 27 年（1894）入植して開拓の基礎を作った富山県出身の沼田喜三郎（1834 〜 1923）に因む。

出雲神西　いずもじんざい　JR 山陰本線。島根県出雲市東神西町

一志　いちし　（JR 東海）名松線。三重県津市一志町八太

大和田　おおわだ　JR 留萌本線。北海道留萌市大和田 3 丁目。大和田炭砿の所有者大和田荘七（1857 〜 1947）の寄付により，石炭運搬を目的に開設された。

大川　おおかわ　JR 鶴見線。神奈川県川崎市川崎区大川町。「日本の製紙王」と呼ばれた大川平三郎（1860 〜 1936）に因む。

小俣　おまた　JR 両毛線。栃木県足利市小俣町

小柳　おやなぎ　北陸鉄道石川線。石川県白山市小柳町

風早　かざはや　JR 呉線。広島県東広島市安芸津町風早

上金田　かみかなだ　平成筑豊鉄道伊田線。福岡県福智町金田

上ノ太子　かみのたいし　近鉄南大阪線。羽曳野市飛鳥

辛島町（電停）　からしまちょう　熊本市電。中央区新市街 7 丁目（直ぐ近くが辛島町）。この電停の西に西辛島町（電停）（同区辛島町）がある。＊当時の熊本市長・辛島格（1854 〜 1913）が市街地を分断していた練兵場の移転に，尽力したことに由来。

吉備真備　きびのまきび　井原鉄道井原線。岡山県倉敷市真備町

久下村　くげむら　JR 加古川線。兵庫県丹波市山南町谷川字弓貫

河野原円心　こうのはらえんしん　智頭急行智頭線。兵庫県赤穂郡上郡町河野原

香櫨園　こうろえん　阪神本線。兵庫県西宮市松下町

五郎　ごろう　JR 予讃線。愛媛県大洲市五郎。旧大洲藩のおかかえ陶工五郎に因むという。

佐伯　さいき　JR 日豊本線。大分県佐伯市駅前二丁目

左京山　さきょうやま　名鉄名古屋本線。名古屋市緑区左京山

三見　さんみ　JR 山陰本線。山口県萩市三見

鹿討　しかうち　JR 富良野線。空知郡中富良野町中富良野

治良門橋　じろえんばし　東武鉄道桐生線。群馬県太田市成塚町

鈴木町　すずきちょう　京浜急行大師線。神奈川県川崎市川崎区鈴木町。鈴木商店（味の素の前身）の創業者，鈴木三郎助（1868 〜 1931）に因む。

摂待　せったい　三陸鉄道北リアス線。岩手県宮古市田老字摂待

妹尾　せのお　JR 宇野線（瀬戸大橋線）。岡山市南区東畦

千頭　せんず　大井川鐵道。静岡県榛原郡川根本町千頭

泰澄の里　たいちょうのさと　福井鉄道福武線。福井市浅水町

忠海　ただのうみ　JR 呉線。広島県竹原市忠海中町一丁目

中納言（電停） ちゅうなごん　岡山電気軌道東山本線。岡山市中区中納言町・小橋町二丁目

鶴見小野　つるみおの　JR鶴見線。横浜市鶴見区小野町。江戸末期〜明治初期，地主の小野高義・鱗之助の父子がこの一帯の新田開発を行ったことに因むという。

永山　ながやま　JR宗谷本線。北海道旭川市永山1条19丁目。北海道の開拓に貢献した薩摩藩出身の永山武四郎（1837〜1904）に因む。

仁木　にき　JR函館本線。北海道余市郡仁木町北町1丁目。明治12年（1879）現在の徳島県吉野川市から仁木竹吉ら117戸・480人が集団で入植したことに因む。

西和田　にしわだ　JR根室本線（花咲線）。北海道根室市西和田。この地は，明治19年（1886）に屯田兵第二大隊長・和田正苗の率いる福井県・石川県・新潟県・山形県・鳥取県の士族220戸が開拓に入ったことから，和田村と呼ばれた。村内の東部を「東和田」，西部を「西和田」と称し，当駅が「西和田」に所在することに由来。

信木　のぶき　JR三江線。広島県安芸高田市高宮町佐々部中信木。

東犀川三四郎　ひがしさいがわさんしろう　平成筑豊鉄道田川線。福岡県京都郡みやこ町犀川続命院(ぞくみょういん)

美章園　びしょうえん　JR阪和線。大阪市阿倍野区美章園一丁目

比羅夫　ひらふ　JR函館本線。北海道虻田郡倶知安町(ちょう)比羅夫

藤山　ふじやま　JR留萌本線。北海道留萌市藤山町。小樽を根拠地に海運事業を始め，各地の漁場や農場経営，採掘業など，多角的な事業展開を行った藤山要吉（1851〜1938）が，この地で農場を開拓したことに因む。

別府　べふ　山陽電鉄本線。兵庫県加古川市別府町(ちょう)朝日町(まち)

方谷　ほうこく　JR伯備線。岡山県高梁市中井町西方(にしがた)

保谷　ほうや　西武鉄道池袋線。東京都西東京市東町三丁目

松任　まっとう　JR北陸本線。石川県白山市相木町(あいのきまち)

宮本武蔵　みやもとむさし　智頭急行。岡山県美作市今岡。付近に宮本武蔵（1584〜1645）の生誕地の伝承があるという。

武蔵白石　むさししらいし　JR鶴見線。神奈川県川崎市川崎区白石町。日本鋼管の創業者・白石元治郎(もとじろう)（1867〜1945）に因む。すでに東北本線や函館本線などに白石駅があったことから，「武蔵」を冠した。

和気　わけ　JR山陽本線。岡山県和気郡和気町福富

30. 東北地方のアイヌ語由来とみられる駅名

　北海道の駅名はほとんどがアイヌ語地名に由来すると言っても過言ではないが，東北地方にもアイヌ語地名に由来するとみられる駅名も下記の通り少なくない。

第2章　難読駅名（珍しい駅名などを含む）の分類　**191**

◇青森県

撫牛子　ないじょうし　JR奥羽本線。青森県弘前市撫牛子一丁目

大沢内　おおざわない　津軽鉄道。青森県北津軽郡中泊町

乙供　おっとも　青い森鉄道。青森県上北郡東北町上笹橋

野辺地　のへじ　JR大湊線・青い森鉄道。青森県上北郡野辺地町

階上　はしかみ　JR八戸線。青森県三戸郡階上町道仏

吹越　ふっこし　JR大湊線。青森県上北郡横浜町吹越

艫作　へなし　JR五能線。青森県西津軽郡深浦町艫作

三厩　みんまや　JR津軽線。青森県東津軽郡外ヶ浜町三厩東町

◇岩手県

石鳥谷　いしどりや　JR東北本線。岩手県花巻市石鳥谷町好地

いわて沼宮内　いわてぬまくない　JR東日本・IGRいわて銀河鉄道。岩手県岩手郡岩手町江刈内

上米内　かみよない　JR山田線。岩手県盛岡市上米内

吉里吉里　きりきり　JR山田線。岩手県上閉伊郡大槌町吉里吉里

厨川　くりやがわ　いわて銀河鉄道。岩手県盛岡市厨川一丁目

小鳥谷　こずや　いわて銀河鉄道。岩手県二戸郡一戸町小鳥谷

宿戸　しゅくのへ　JR八戸線。岩手県九戸郡洋野町種市

摂待　せったい　三陸鉄道北リアス線。岩手県宮古市田老字摂待

千厩　せんまや　JR大船渡線。岩手県一関市千厩町千厩

磯鶏　そけい　JR山田線。岩手県宮古市磯鶏石崎

唐丹　とうに　三陸鉄道南リアス線。岩手県釜石市唐丹町

似内　にたない　JR釜石線。岩手県花巻市上似内

◇宮城県

愛子　あやし　JR仙山（せんざん）線。宮城県仙台市青葉区愛子中央一丁目

川渡温泉　かわたびおんせん　JR陸羽東線。宮城県大崎市鳴子温泉

小牛田　こごた　JR東北本線。宮城県遠田郡美里町藤ケ崎町

女川　おながわ　JR石巻線。宮城県牡鹿郡女川町女川浜

曽波神　そばのかみ　JR石巻線。宮城県石巻市鹿又字曽波神前

野蒜　のびる　JR仙石線。宮城県東松島市野蒜

亘理　わたり　JR常磐線。宮城県亘理郡亘理町道同田西

◇秋田県

笑内　おかしない　秋田内陸縦貫鉄道。秋田県北秋田市阿仁笑内

鹿渡　かど　JR奥羽本線。秋田県山本郡三種町鹿渡

象潟　きさかた　JR羽越本線。秋田県にかほ市象潟町家の後

米内沢　よないざわ　秋田内陸縦貫鉄道。秋田県北秋田市米内沢

◇山形県
左沢　あてらざわ　JR左沢線。山形県西村山郡大江町左沢
五十川　いらがわ　JR羽越本線。山形県鶴岡市五十川
及位　のぞき　JR奥羽本線。山形県最上郡真室川町及位
女鹿　めが　JR羽越本線。山形県飽海郡遊佐町吹浦字女鹿
遊佐　ゆざ　JR羽越本線。山形県飽海郡遊佐町遊佐
◇福島県
郷戸　ごうど　JR只見線。福島県河沼郡柳津町郷戸
神俣　かんまた　JR磐越東線。福島県田村市滝根町神俣
勿来　なこそ　JR常磐線。福島県いわき市勿来町関田

31．同一路線の連続3駅が，それぞれ全て県が異なる駅名
① JR東北本線の栗橋（埼玉県），古河（茨城県），野木（栃木県）
② JR肥薩線の矢岳（熊本県），真幸（宮崎県），吉松（鹿児島県）

32．日本一短い駅名，長い駅名
津　つ　（JR東海）・（近鉄）・伊勢鉄道。三重県津市羽所町
南阿蘇水の生まれる里白水高原（14字）　みなみあそみずのうまれるさとはくすいこうげん（22字）　南阿蘇鉄道高森線。熊本県阿蘇郡南阿蘇村中松
＊読み仮名数では，鹿島臨海鉄道大洗鹿島線（茨城県鹿嶋市角折）の長者ヶ浜潮騒はまなす公園前（13字）駅（ちょうじゃがはましおさいはまなすこうえんまえ，22字）も日本一。
＊南阿蘇鉄道高森線（17.7km）は平成28年4月の「熊本地震」で大被害を受け，運休を余儀なくされていたが，同年7月31日に高森駅から中松駅までの約7kmの区間で運転が再開された。

33．反対駅名
- **葉木　はき**　JR肥薩線。熊本県八代市坂本町葉木
  木葉　このは　JR鹿児島本線。熊本県玉名郡玉東町木葉
- **出目　いずめ**　JR予土線。愛媛県北宇和郡鬼北町出目
  目出　めで　JR小野田線。山口県山陽小野田市小野田字目出
- **保谷　ほうや**　西武鉄道池袋線。東京都西東京市東町三丁目
  谷保　やほ　JR南武線。東京都国立市谷保
- **道上　みちのうえ**　JR福塩線。広島県福山市神辺町字道上
  上道　あがりみち　JR境線。鳥取県境港市中野町字下駒ケ坪
  上道　じょうとう　JR山陽本線。岡山市東区中尾

第2章　難読駅名（珍しい駅名などを含む）の分類　193

34. 余部（歴史用語）に由来するとみられる駅名
余部　よべ　JR姫新線。兵庫県姫路市青山北一丁目
余戸　ようご　伊予鉄道郡中線。愛媛県松山市余戸中6丁目
餘部　あまるべ　JR山陰本線。兵庫県美方郡香美町香住区余部
余目　あまるめ　JR羽越本線・羽越西線。山形県庄内町余目
天見　あまみ　南海電鉄高野線。大阪府河内長野市天見

35. 国府に由来するとみられる駅名
国府多賀城　こくふたがじょう　JR東北本線。宮城県多賀城市浮島
国府台　こうのだい　京成電鉄本線。千葉県市川市市川三丁目
府中　ふちゅう　京王電鉄京王線。東京都府中市宮町一丁目
国府津　こうづ　JR東海道本線・JR御殿場線。神奈川県小田原市国府津四丁目。JRの境界駅。
飛騨国府　ひだこくふ　JR高山本線。岐阜県高山市国府町広瀬町
国府　こう　名鉄名古屋本線・豊川線。愛知県豊川市久保町葉善寺
国府宮　こうのみや　名鉄名古屋本線。愛知県稲沢市松下一丁目
北府　きたご　福井鉄道福武線。福井県越前市北府2丁目
国府　こくふ　JR山陰本線。兵庫県豊岡市日高町上石字高屋
下府　しもこう　JR山陰本線。島根県浜田市下府町
府中　ふちゅう　JR福塩線。広島県府中市府川町
防府　ほうふ　JR山陽本線。山口県防府市戎町一丁目
国分　こくぶ　JR予讃線。香川県高松市国分寺町国分
府中　こう　JR徳島線。徳島市国府町府中
古国府　ふるごう　JR久大本線。大分市古国府
豊後国分　ぶんごこくぶ　JR久大本線。大分市国分
国府（電停）　こくぶ　熊本市電。中央区水前寺公園・国府一丁目

36. 合成地名が由来の駅名
味美　あじよし　名鉄小牧線・東海交通事業城北線。愛知県春日井市
吾桑　あそう　JR四国土讃線。高知県須崎市吾井郷甲
五十市　いそいち　JR日豊本線。宮崎県都城市久保原町
稲枝　いなえ　JR東海道本線。滋賀県彦根市稲枝町
大三　おおみつ　近鉄大阪線。三重県津市白山町二本木
小塩江　おしおえ　JR水郡線。福島県須賀川市塩田字小玉
川越富洲原　かわごえとみすはら　近鉄名古屋線。三重県川越町

貴生川　きぶかわ　JR草津線・信楽高原鐵道信楽線・近江鉄道本線。滋賀県甲賀市水口町虫生野

神志山　こうしやま　JR紀勢本線。三重県南牟婁郡御浜町下市木

佐志生　さしう　JR日豊本線。大分県臼杵市佐志生

武豊　たけとよ　JR武豊線。愛知県知多郡武豊町金下

豊科　とよしな　JR大糸線。長野県安曇野市豊科

七飯　ななえ　JR函館本線。北海道亀田郡七飯町

日立木　にったき　JR常磐線。福島県相馬市赤木字上原田

日代　ひしろ　JR日豊本線。大分県津久見市網代字平地

上枝　ほずえ　JR高山本線。岐阜県高山市下切町

三柿野　みかきの　名鉄各務原線。岐阜県各務原市蘇原三柿野町

瑞江　みずえ　東京都営地下鉄新宿線。江戸川区瑞江二丁目

御代田　みよた　しなの鉄道。長野県北佐久郡御代田町御代田

吉野生　よしのぶ　JR予土線。愛媛県北宇和郡松野町吉野

37．難読駅名が多くある路線

函館本線　桔梗，七飯，仁山，渡島砂原，掛澗，尾白内，落部，野田生，国縫，長万部，蕨岱，熱郛，蘭越，比羅夫，倶知安，然別，銭函，発寒，妹背牛

札沼線　知来乙，札比内，晩生内，札的，於札内，下徳富

宗谷本線　比布，紋穂内，恩根内，咲来，音威子府，筬島，問寒別，雄信内

五能線　風合瀬，驫木，追良瀬，艫作

東武日光線　新大平下，合戦場，家中，楡木，樅山，板荷，下小代

上信電鉄　馬庭，神農原，南蛇井，千平，下仁田

外房線　誉田，土気，八積，東浪見，太東，浪花，御宿，上総興津，行川アイランド，太海，南三原

成田線　我孫子，新木，木下，安食，下総松崎，滑河，下総神崎，小見川，椎柴

銚子電鉄　本銚子，笠上黒生，海鹿島，犬吠，外川

いすみ鉄道　上総東，新田野，小谷松，総元

小湊鉄道　海士有木，馬立，飯給

久留里線　祇園，上総清川，馬来田，下郡，小櫃，久留里

アルピコ交通　下新，北新・松本大学前，新村，三溝，渕東

大井川鐵道　五和，大和田，抜里，地名，千頭

飯田線　駄科，唐笠，温田，為栗，鶯巣，大嵐，水窪，出馬

富山地方鉄道　開発，大川寺，岩峅寺，千垣，本宮，下段

福井鉄道　北府，大土呂，泰澄の里，浅水，江端，花堂，中角

樽見鉄道　本巣，木知原，谷汲口，神海，鍋原，日当，水鳥

第2章 難読駅名（珍しい駅名などを含む）の分類

三岐鉄道北勢線　蓮花寺，在良，穴太，麻生田，阿下喜
京福電鉄　鹿王院，車折神社，帷子ノ辻，蚕ノ社，西院，御室仁和寺
片町線　鴫野，放出，住道，河内磐船，四条畷，祝園
阪神本線　千船，杭瀬，大物，鳴尾，久寿川，香櫨園，青木，御影
近鉄南大阪線　河堀口，布忍，恵我ノ荘，土師ノ里，上の太子
南海高野線　岸里玉出，帝塚山，中百舌鳥，天見，学文路，上古沢
桜井線（万葉まほろば線）　京終，帯解，櫟本，巻向，畝傍
紀勢本線　相可，新鹿，神志山，太地，周参見，紀伊日置，朝来，芳養，南部
和歌山線　千旦，布施屋，粉河，名手，中飯降，隅田，掖上，御所
和歌山電鐵　神前，竈山，吉礼，伊太祈曽，山東
山陰本線　養父，八鹿，香住，鎧，餘部，久谷，諸寄，居組
一畑電車　遥堪，川跡，美談，旅伏，布崎，湖遊館新駅
錦川鉄道　守内かさ神，南河内，行波，北河内，椋野，南桑，柳瀬
香椎線　香椎，長者原，酒殿，新原，宇美
唐津線　相知，厳木，小城
松浦鉄道　三代橋，黒川，蔵宿，金武，楠久，久原，調川，御厨，中田平，江迎鹿町，真申，相浦，上相浦，皆瀬
島原鉄道　古部，神代町，多比良町，大三東，三会
日豊本線　朽網，苅田，新田原，中山香，大神，大在，佐志生，日代，浅海井
日南線　田吉，折生迫，飫肥，大堂津，榎原，日向大束，志布志
指宿枕崎線　郡元，宇宿，慈眼寺，喜入，二月田，指宿，頴娃
広島電鉄　猿猴橋町，銀山町，胡町，皆実町二丁目，皆実町六丁目
とさでん交通　咥内，菜園場町，介良通，鹿児，小篭通，後免町
熊本市電　杉塘，段山町，蔚山町，九品寺交差点，国府，神水・市民病院前
鹿児島市電　神田，唐湊，中郡，郡元，宇宿一丁目

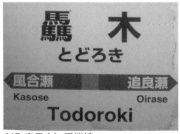

（JR東日本）五能線

引用参考文献　（　）は文献名の略

『国土地理院　2万5千分1地図閲覧サービス』
『国土地理院　【試験公開】標高がわかる Web 地図』
『全国鉄道旅行』アイドマ編集室（外岡実）編　昭文社　平成 28 年
『郵便番号検索』（Web）日本郵便株式会社
『三省堂全訳読解古語辞典』鈴木一雄ほか編　三省堂　平成 10 年
『新版　漢語林』鎌田　正・米山寅太郎　大修館書店　平成 12 年
『国字の位相と展開』笹原宏之　三省堂　平成 19 年
『何でも読める難読漢字辞典』三省堂編修所編　平成 7 年
『日本史用語辞典』日本史用語辞典編集委員会編　柏書房　平成 2 年
『コンサイス人名辞典―日本編―』上田正昭ほか監修　三省堂編修所編　三省堂　昭和 57 年
『大日本地名辞書　増補版　1〜8巻』（『大日本地名』）吉田東伍　富山房　昭和 55 年
『日本地名学研究』中島利一郎　日本地名学研究所　昭和 34 年
『日本地名大事典　各巻』渡辺正ほか編　朝倉書店　昭和 50 年
『日本歴史地名大系　各巻』平凡社　昭和 54 〜平成 17 年
『角川日本地名大辞典　各巻』（『角川・○○』）角川書店　昭和 56 〜平成 3 年
『日本地名索引　上・下』金井弘夫編　アボック社　昭和 56 年
『日本地名辞典　市町村編』山口恵一郎編　東京堂出版　昭和 53 年
『日本地名基礎辞典』池田末則編　日本文芸社　昭和 55 年
『日本地名大百科』浮田典良ほか監修　小学館　平成 8 年
『最新全国市町村名事典』三省堂編修所編　三省堂　平成 18 年
『市町村名変遷辞典補訂版』地名情報資料室　楠原祐介責任編集　東京堂出版　平成 6 年
『柳田國男全集　20　地名の研究』（ちくま文庫）柳田國男　筑摩書房　平成 2 年
『地名の語源』（角川小事典）鏡味完二・鏡味明克．角川書店　昭和 52 年
『地名語源辞典』（『山中・語源』）山中襄太　校倉書房　昭和 53 年
『続・地名語源辞典』山中襄太　校倉書房　昭和 54 年
『日本地名語源事典』（『吉田・語源』）吉田茂樹　新人物往来社　昭和 56 年
『古代地名語源辞典』楠原佑介ほか編　東京堂出版　昭和 56 年
『地名用語語源辞典』楠原佑介・溝手理太郎編　東京堂出版　昭和 58 年
『日本地名ルーツ辞典』（『ルーツ辞典』）池田末則・丹羽基二監修　創拓社　平成 4 年
『地名の由来を知る事典』武光　誠　東京堂出版　平成 9 年
『難読駅名』日本放送協会　昭和 12 年

『趣味の駅名事典』福岡　葉留路（はるじ）　六月社　昭和 39 年
『駅名美学』上巻　木代次（こうづき・きよじ）東京書籍社　昭和 41 年
『国鉄駅名全百科』（コロタン文庫：36）　小学館　昭和 54 年
『私鉄駅名全百科』（コロタン文庫：65）　小学館　昭和 56 年
『駅長さんの書いた駅名ものがたり』（『駅長駅名』）広島鉄道管理局　駅名ものがたり企画委員会編著　東洋出版　昭和 52 年
『JR・第三セクター全駅名ルーツ事典』（『JR・第三セ』）村井利夫　東京堂出版　平成 17 年
『大阪「駅名」の謎』谷川彰英　祥伝社　平成 21 年
『京都　奈良「駅名」の謎』谷川彰英　祥伝社　平成 21 年
『名古屋「駅名」の謎』谷川彰英　祥伝社　平成 24 年
『難読・誤読駅名の事典』浅井建爾　東京堂出版　平成 25 年
『難読地名辞典』山口恵一郎・楠原佑助編　東京堂出版　昭和 55 年
『難読・異読地名辞典』楠原佑介編　東京堂出版　平成 11 年
『難読姓氏・地名大事典』（『丹羽・難読』）丹羽基二　新人物往来社　平成 18 年
『アイヌ語入門ーとくに地名研究者のためにー』知里真志保（ちり・ましほ）　北海道出版企画センター　昭和 61 年
『地名アイヌ語小辞典』知里真志保　北海道出版企画センター　昭和 59 年
『アイヌ語地名解　北海道地名の起源』更科源蔵　北書房　昭和 41 年
『金田一京助全集　第 6 巻アイヌ語 II』金田一京助全集編集委員会編　三省堂　平成 5 年
『アイヌ語地名資料集成』（高倉新一郎・知里真志保・更科源蔵・河野広道『北海道駅名の起源』《札幌鉄道管理局，昭和 29 年版を底本に新たに組み直した》，金田一京助『北奥地名考』など収録）山田秀三監修　佐々木利和編　草風館　昭和 63 年
『北海道の地名　アイヌ語地名の研究　山田秀三著作集別巻』（『山田・アイヌ』）草風館　平成 12 年
『東北・アイヌ語地名の研究』山田秀三　草風館　平成 5 年
『東北六県アイヌ語地名辞典』（『東北六県』）西鶴（にしつる）定嘉　国書刊行会　平成 7 年
『萱野　茂のアイヌ語辞典』萱野（かやの）茂　三省堂　平成 8 年
『日本アイヌ地名考』（『山本・アイヌ』）山本直文　昭和 40 年
『岩手のアイヌ語地名』小島俊一　岩手日報社　平成 9 年
『岩手の地名百科—語源・方言・索引付き大事典』芳門申麓（よしかど・しんろく）　岩手日報社　平成 9 年
『宮城県地名考：地方誌の基礎研究』菊地勝之助　宝文堂　昭和 45 年
『埼玉県地名誌：名義の研究』韮塚一三郎　北辰図書　昭和 45 年

『千葉市の町名考』和田茂右衛門　加曾利貝塚友の会　昭和45年
『横浜の町名』横浜市市民局住居表示課編　横浜市役所　平成8年
『信州地名の由来を歩く』谷川彰英　KKベストセラーズ　平成25年
『岐阜県地理地名事典』岐阜地理学会，岐阜県高等学校地理教育研究会編著　地人書房　昭和43年
『大阪難読地名がわかる本』(『大阪難読』)創元社編集部編　創元社　平成15年
『兵庫県の難読地名がわかる本』(『兵庫難読』)　神戸新聞総合出版センター　平成18年
『地名伝承論　大和古代地名辞典』池田末則　名著出版　平成2年
『奈良　地名の由来を歩く』谷川彰英　KKベストセラーズ　平成22年
『岡山地名事典』岡山地名事典刊行会　日本文教出版　昭和49年
『山口県地名考』『続・山口県地名考』高橋文雄　山口県地名研究所　昭和53・54年
『気候地名をさぐる』吉野正敏　学生社　平成9年
『気候地名集成』吉野正敏　古今書院　平成13年
『日本全河川ルーツ大辞典』(『河川辞典』)村石利夫編著　竹書房　昭和54年
『河川大事典』日外アソシエーツ株式会社編　日外アソシエーツ　平成3年
そのほか

第1章の駅名索引

北海道

相内　あいのない……144
赤平　あかびら……124
麻生　あさぶ……18
厚岸　あっけし……144
厚床　あっとこ……132
安平　あびら……20
阿分　あふん……136
安足間　あんたろま……120
幾寅　いくとら……150
鵜苫　うとま……34
大麻　おおあさ……140
大狩部　おおかりべ……126
大谷地　おおやち……116
筬島　おさしま……6
長都　おさつ……86
於札内　おさつない……88
納内　おさむない……146
渡島砂原　おしまさわら
　……124
長万部　おしゃまんべ……128
尾白内　おしろない……112
晩生内　おそきない……18
大楽毛　おたのしけ……114
音威子府　おといねっぷ
　……20
落部　おとしべ……58
雄信内　おのっぷない……20
恩根内　おんねない……20
掛澗　かかりま……150
金華　かねはな……110
桔梗　ききょう……86
木古内　きこない……84
北一已　きたいちやん……14
倶知安　くっちゃん……110
国縫　くんぬい……20
黄金　こがね……150
五十石　ごじっこく……128
虎杖浜　こじょうはま……112
昆布盛　こんぶもり……100
咲来　さっくる……20

札弦　さっつる……30
札的　さってき……142
札比内　さっぴない……90
鹿討　しかうち……90
然別　しかりべつ……34
標茶　しべちゃ……40
占冠　しむかっぷ……8
下徳富　しもとっぷ……102
白老　しらおい……138
節婦　せっぷ……106
銭函　ぜにばこ……34
近文　ちかぶみ……94
秩父別　ちっぷべつ……20
知来乙　ちらいおつ……34
遠浅　とあさ……50
問寒別　といかんべつ……20
東雲　とううん……80
十弗　とおふつ……140
利別　としべつ……108
十三里　とみさと……140
七飯　ななえ……14
新冠　にいかっぷ……72
仁山　にやま……108
熱郛　ねっぷ……20
野花南　のかなん……90
野田生　のだおい……50
野幌　のっぽろ……94
信砂　のぶしゃ……80
抜海　ばっかい……100
発寒　はっさむ……20
初田牛　はったうし……8
浜厚真　はまあつま……40
早来　はやきた……118
緋牛内　ひうしない……20
比布　ぴっぷ……20
美唄　びばい……98
美馬牛　びばうし……52
比羅夫　ひらふ……128
美留和　びるわ……20
古山　ふるさん……20
別当賀　べっとが……36

別保　べっぽ……112
母恋　ぼこい……80
幌向　ほろむい……48
増毛　ましけ……104
真布　まっぷ……32
丸瀬布　まるせっぷ……42
稀府　まれっぷ……20
御崎　みさき……100
南弟子屈　みなみてしかが
　……20
鵡川　むかわ……148
女満別　めんべつ……132
妹背牛　もせうし……20
紋穂内　もんぽない……20
安牛　やすうし……144
止別　やむべつ……104
呼人　よびと……132
蘭越　らんこし……96
蘭留　らんる……32
留辺蘂　るべしべ……20
礼受　れうけ……122
和寒　わっさむ……32
蕨岱　わらびたい……142

青森県

追良瀬　おいらせ……50
大沢内　おおざわない……84
大蛇　おおじゃ……140
大平　おおだい……64
乙供　おっとも……76
風合瀬　かそせ……10
小川原　こがわら　88
鮫　さめ……136
千年　ちとせ……88
轟木　とどろき……22
苫米地　とまべち……82
撫牛子　ないじょうし……6
新里　にさと……66
野辺地　のへじ……90
階上　はしかみ……46
左堰　ひだりせき……108

深郷田　ふこうだ……10
吹越　ふっこし……78
艫作　へなし……2
松木平　まつきたい……112
三厩　みんまや……14
蓬田　よもぎた……122

岩手県
青笹　あおざさ……138
安比高原　あっぴこうげん……144
石鳥谷　いしどりや……122
いわて沼宮内　いわてぬまくない……144
有家　うげ……36
鵜住居　うのすまい……52
江釣子　えづりこ……86
大更　おおぶけ……88
上有住　かみありす……74
上米内　かみよない……60
吉里吉里　きりきり……116
区界　くざかい……66
厨川　くりやがわ……70
猊鼻渓　げいびけい……76
花原市　けばらいち……30
小鳥谷　こずや……74
宿戸　しゅくのへ……38
巣子　すご……56
摂待　せったい……48
千厩　せんまや……16
磯鶏　そけい……92
立川目　たてかわめ……94
唐丹　とうに……108
似内　にたない……76
墓目　ひきめ……54
平田　へいた……44
堀内　ほりない……102
陸中門崎　りくちゅうかんざき……30
和賀仙人　わかせんにん……130

宮城県
愛子　あやし……6

逢隈　おおくま……122
奥新川　おくにっかわ……86
女川　おながわ……72
佳景山　かけやま……46
鹿又　かのまた……148
川渡温泉　かわたびおんせん……60
下馬　げば……34
小牛田　こごた……22
越河　こすごう……4
鹿折唐桑　ししおりからくわ……96
清水浜　しずはま……48
曽波神　そばのかみ……82
槻木　つきのき……86
躑躅ヶ岡　つつじがおか……64
東名　とうな……44
苦竹　にがたけ……68
野蒜　のびる……68
前谷地　まえやち……82
渡波　わたのは……146
亘理　わたり……42

秋田県
笑内　おかしない……20
鹿渡　かど……60
象潟　きさかた……114
金浦　このうら……52
生田　しょうでん……36
神代　じんだい……150
土深井　どぶかい……92
鑓見内　やりみない……8
米内沢　よないざわ……74

山形県
左沢　あてらざわ……8
余目　あまるめ……136
荒砥　あらと……62
五十川　いらがわ……86
羽前金沢　うぜんかねざわ……144
羽前前波　うぜんぜんなみ……128
置賜　おいたま……84

蚕桑　こぐわ……68
小波渡　こばと……28
寒河江　さがえ……30
三瀬　さんぜ……70
高擶　たかたま……22
鼠ヶ関　ねずがせき……28
及位　のぞき……34
萩生　はぎゅう……18
吹浦　ふくら……104
乱川　みだれがわ……110
女鹿　めが……26
遊佐　ゆざ……72
梨郷　りんごう……30

福島県
会津荒海　あいづあらかい……92
会津坂下　あいづばんげ……130
安子ヶ島　あこがしま……144
安積永盛　あさかながもり……138
磐城常葉　いわきときわ……148
磐城塙　いわきはなわ……136
小塩江　おしおえ……82
小野新町　おのにいまち……146
神俣　かんまた……62
郷戸　ごうど……84
桑折　こおり……52
上戸　じょうこ……74
勿来　なこそ……64
七ヶ岳登山口　ななつがたけとざんぐち……130
七日町　なぬかまち……140
日立木　にったき……80
船引　ふねひき……104
本名　ほんな……76
舞木　もうぎ……122
本宮　もとみや……106
門田　もんでん……106
谷田川　やたがわ……72

茨城県

潮来　いたこ⋯130
入地　いれじ⋯60
瓜連　うりづら⋯42
大甕　おおみか⋯70
神立　かんだつ⋯60
古河　こが⋯82
西金　さいがね⋯142
常澄　つねずみ⋯66
礒波ノ江　とばのえ⋯66
中舟生　なかふにゅう⋯10
新治　にいはり⋯108
額田　ぬかだ⋯80
延方　のぶかた⋯90
常陸青柳　ひたちあおやぎ⋯134
常陸大子　ひたちだいご⋯12
涸沼　ひぬま⋯132
水海道　みつかいどう⋯124
結城　ゆうき⋯70

栃木県

県　あがた⋯138
板荷　いたが⋯44
市塙　いちはな⋯128
男鹿高原　おじかこうげん⋯114
小俣　おまた⋯140
合戦場　かっせんば⋯88
葛生　くずう⋯52
小塙　こばな⋯6
下小代　しもごしろ⋯98
下野大沢　しもつけおおさわ⋯106
大谷向　だいやむこう⋯92
中三依温泉　なかみよりおんせん⋯94
楡木　にれぎ⋯94
文挾　ふばさみ⋯38
宝積寺　ほうしゃくじ⋯96
壬生　みぶ⋯98
真岡　もおか⋯118
茂木　もてぎ⋯104
樅山　もみやま⋯102
野州山辺　やしゅうやまべ⋯148

群馬県

相老　あいおい⋯138
阿左美　あざみ⋯138
伊勢崎　いせさき⋯142
祖母島　うばしま⋯42
大胡　おおご⋯116
神農原　かのはら⋯110
上神梅　かみかんばい⋯48
上牧　かみもく⋯140
神戸　ごうど⋯58
後閑　ごかん⋯64
治良門橋　じろえんばし⋯68
千平　せんだいら⋯138
沢入　そうり⋯62
土合　どあい⋯150
南蛇井　なんじゃい⋯28
新里　にいさと⋯126
新川　にっかわ⋯92
水上　みなかみ⋯120
湯檜曽　ゆびそ⋯22
渡瀬　わたらせ⋯34

埼玉県

吾野　あがの⋯30
石原　いしわら⋯124
越生　おごせ⋯18
男衾　おぶすま⋯6
小前田　おまえだ⋯110
加須　かぞ⋯102
川口元郷　かわぐちもとごう⋯150
小手指　こてさし⋯22
高麗　こま⋯84
今羽　こんば⋯66
指扇　さしおうぎ⋯58
幸手　さって⋯54
白久　しろく⋯150
新河岸　しんがし⋯102
波久礼　はぐれ⋯30
仏子　ぶし⋯2
松久　まつひさ⋯120
三郷　みさと⋯96
明覚　みょうかく⋯150
毛呂　もろ⋯132
吉川美南　よしかわみなみ⋯12

千葉県

海鹿島　あしかじま⋯136
安食　あじき⋯4
我孫子　あびこ⋯144
海士有木　あまありき⋯128
新木　あらき⋯128
飯給　いたぶ⋯2
市川真間　いちかわまま⋯90
犬吠　いぬぼう⋯122
巌根　いわね⋯148
馬立　うまたて⋯42
鬼越　おにごえ⋯114
小櫃　おびつ⋯60
小見川　おみがわ⋯88
御宿　おんじゅく⋯136
笠上黒生　かさがみくろはえ⋯12
上総興津　かずさおきつ⋯10
木下　きおろし⋯4
求名　ぐみょう⋯44
久留里　くるり⋯28
国府台　こうのだい⋯64
五香　ごこう⋯54
小谷松　こやまつ⋯66
逆井　さかさい⋯78
作草部　さくさべ⋯80
椎柴　しいしば⋯8
酒々井　しすい⋯40
下総神崎　しもうさこうざき⋯10
下総松崎　しもうさまんざき⋯102
下郡　しもごおり⋯96

太東　たいとう……92
都賀　つが……30
外川　とかわ……130
土気　とけ……26
豊四季　とよしき……64
東浪見　とらみ……10
那古船形　なこふなかた……104
浪花　なみはな……66
滑河　なめがわ……80
行川アイランド　なめがわアイランド……112
成東　なるとう……26
西登戸　にしのぶと……26
新田野　にったの……146
飯山満　はさま……8
初富　はつとみ……64
原木中山　ばらきなかやま……56
干潟　ひがた……134
日向　ひゅうが……112
鰭ヶ崎　ひれがさき……106
総元　ふさもと……50
二和向台　ふたわむこうだい……98
太海　ふとみ……78
誉田　ほんだ……8
馬来田　まくた……28
松飛台　まつひだい……80
三門　みかど……102
三咲　みさき……80
南三原　みなみはら……28
実籾　みもみ……96
妙典　みょうでん……108
六実　むつみ……86
本銚子　もとちょうし……72
八街　やちまた……76
八積　やつみ……72
八柱　やばしら……100
莇川公園　よしかわこうえん……136
四街道　よつかいどう……106

東京都
青海　あおみ……136
軍畑　いくさばた……36
浮間舟渡　うきまふなど……130
荏原中延　えばらなかのぶ……134
青梅　おうめ……132
大島　おおじま……118
御徒町　おかちまち……88
小作　おざく……8
河辺　かべ……88
上野毛　かみのげ……58
唐木田　からきだ……58
九品仏　くほんぶつ……6
糀谷　こうじや……66
小菅　こすげ……102
古里　こり……24
新馬場　しんばんば……86
雑色　ぞうしき……74
等々力　とどろき……98
舎人　とねり……110
馬喰町　ばくろちょう……106
日向和田　ひなたわだ……12
布田　ふだ……26
福生　ふっさ……18
分倍河原　ぶばいがわら……96
保谷　ほうや……78
瑞江　みずえ……24
百草園　もぐさえん……142
矢口渡　やぐちのわたし……132
谷保　やほ……120

神奈川県
安針塚　あんじんづか……142
安善　あんぜん……58
入生田　いりうだ……44
柿生　かきお……18
風祭　かざまつり……62
栢山　かやま……36
鵠沼　くげぬま……92
弘明寺　ぐみょうじ……142
国府津　こうづ……80
強羅　ごうら……90
尻手　しって……32
社家　しゃけ……34
善行　ぜんぎょう……140
反町　たんまち……106
富水　とみず……82
新羽　にっぱ……78
能見台　のうけんだい……92
登戸　のぼりと……134
秦野　はだの……102
原当麻　はらたいま……24
逸見　へみ……38
蒔田　まいた……106
馬堀海岸　まぼりかいがん……108
三ツ境　みつきょう……14
南万騎が原　みなみまきがはら……16
六会日大前　むつあいにちだいまえ……14
谷峨　やが……70
矢向　やこう……120

山梨県
石和温泉　いさわおんせん……120
内船　うつぶな……50
鰍沢口　かじかざわぐち……52
禾生　かせい……18
金手　かねんて……48
月江寺　げっこうじ……38
国母　こくぼ……82
四方津　しおつ……14
波高島　はだかじま……80

長野県
明科　あかしな……44
安茂里　あもり……130
鶯巣　うぐす……58
渕東　えんどう……138
姨捨　おばすて……112

第1章の駅名索引

替佐　かえさ…2
鼎　かなえ…16
神畑　かばたけ…58
冠着　かむりき…48
唐笠　からかさ…64
北新・松本大学前　きたにい・まつもとだいがくまえ…142
毛賀　けが…110
小海　こうみ…98
三溝　さみぞ…52
沢渡　さわんど…54
三才　さんさい…140
為栗　してぐり…24
下新　しもにい…62
十二兼　じゅうにかね…92
洗馬　せば…40
駄科　だしな…46
千国　ちくに…86
都住　つすみ…38
豊科　とよしな…150
南木曽　なぎそ…28
新村　にいむら…140
贄川　にえかわ…2
温田　ぬくた…68
柏矢町　はくやちょう…106
蓮　はちす…16
羽場　はば…144
一日市場　ひといちば…12
馬流　まながし…38
美里　みさと…100
南小谷　みなみおたり…28
宮田　みやだ…72
御代田　みよた…108
牟礼　むれ…98
夜間瀬　よませ…22

静岡県
網代　あじろ…148
伊豆北川　いずほっかわ…118
出馬　いずんま…24
稲子　いなこ…148
稲梓　いなずさ…84
大嵐　おおぞれ…2
大和田　おわだ…62
函南　かんなみ…4
来宮　きのみや…36
五和　ごか…66
地名　じな…36
城西　しろにし…26
須津　すど…82
千頭　せんず…134
抜里　ぬくり…74
水窪　みさくぼ…48
三ヶ日　みつかび…108
用宗　もちむね…70

新潟県
粟生津　あおうづ…88
五十島　いがしま…16
岩原スキー場前　いわっぱらスキーじょうまえ…144
越後寒川　えちごかんがわ…12
青海　おうみ…84
小木ノ城　おぎのじょう…110
小島谷　おじまや…120
小千谷　おぢや…116
親不知　おやしらず…126
勝木　がつぎ…74
鹿瀬　かのせ…70
北条　きたじょう…142
鯨波　くじらなみ…114
頸城大野　くびきおおの…10
下条　げじょう…98
犀潟　さいがた…110
咲花　さきはな…102
新発田　しばた…104
新関　しんせき…92
水原　すいばら…32
土底浜　どそこはま…76
豊栄　とよさか…80
新崎　にいざき…146
能生　のう…18
羽生田　はにゅうだ…108
日出谷　ひでや…52
馬下　まおろし…34
八色　やいろ…98
矢作　やはぎ…140
来迎寺　らいこうじ…34
礼拝　らいはい…30

富山県
油田　あぶらでん…42
雨晴　あまはらし…6
生地　いくじ…42
石動　いするぎ…8
岩峅寺　いわくらじ…22
越中三郷　えっちゅうさんごう…16
越中八尾　えっちゅうやつお…12
荻布　おぎの…84
荻生　おぎゅう…76
下立　おりたて…60
開発　かいほつ…24
経田　きょうでん…74
欅平　けやきだいら…94
下段　しただん…42
城端　じょうはな…56
大川寺　だいせんじ…90
出平　だしだいら…44
千里　ちさと…128
滑川　なめりかわ…104
不二越　ふじこし…126
婦中鵜坂　ふちゅううさか…12
本宮　ほんぐう…134
六渡寺　ろくどうじ…118

石川県
動橋　いぶりはし…4
宇野気　うのけ…58
大河端　おこばた…72
小柳　おやなぎ…60
蚊爪　かがつめ…70
上諸江　かみもろえ…110
倶利伽羅　くりから…94
四十万　しじま…28

大聖寺　だいしょうじ……88
千路　ちじ……16
津幡　つばた……76
鶴来　つるぎ……42
能瀬　のせ……80
羽咋　はくい……8
日御子　ひのみこ……44
馬替　まがえ……40
松任　まっとう……22
免田　めんでん……72

福井県
青郷　あおのごう……126
足羽　あすわ……134
浅水　あそうず……146
越前開発　えちぜんかいほつ……146
越前新保　えちぜんしんぼ……146
越前富田　えちぜんとみだ……146
越前花堂　えちぜんはなんどう……10
江端　えばた……130
王子保　おうしお……118
大土呂　おおどろ……86
勝原　かどはら……50
北府　きたご……142
小舟渡　こぶなと……52
小和清水　こわしょうず……10
志比堺　しいざかい……78
新疋田　しんひきだ……84
泰澄の里　たいちょうのさと……92
武生　たけふ……18
十村　とむら……66
轟　どめき……16
中角　なかつの……76
新田塚　にったづか……108
計石　はかりいし……80
花堂　はなんどう……46
番田　ばんでん……52
保田　ほた……120

発坂　ほっさか……76
三国港　みくにみなと……100
水居　みずい……40
三松　みつまつ……106
湯尾　ゆのお……74
鷲塚針原　わしづかはりばら……136

岐阜県
相生　あいおい……18
打保　うつぼ……134
江吉良　えぎら……30
大外羽　おおとば……120
苧ヶ瀬　おがせ……30
各務ヶ原　かがみがはら……118
北神戸　きたごうど……44
下呂　げろ……88
顔戸　ごうど……22
神海　こうみ……54
古虎渓　ここけい……110
木知原　こちぼら……24
古井　こび……6
木尾　こんの……54
坂祝　さかほぎ……4
新可児　しんかに……146
須賀　すか……56
関下有知　せきしもうち……128
谷吸口　たにぐみぐち……68
茶所　ちゃじょ……34
手力　てぢから……148
鍋原　なべら……64
羽場　はば……26
母野　はんの……50
日当　ひなた……24
広神戸　ひろごうど……52
不破一色　ふわいしき……148
上枝　ほずえ……6
三柿野　みかきの……148
水鳥　みどり……82
美濃青柳　みのやなぎ……130
焼石　やけいし……132

柳津　やないづ……134
湯の洞温泉口　ゆのほらおんせんぐち……118

愛知県
愛知御津　あいちみと……136
逢妻　あいづま……138
相見　あいみ……96
阿久比　あぐい……30
上ゲ　あげ……26
味鋺　あじま……4
味美　あじよし……144
新瑞橋　あらたまばし……146
石刀　いわと……32
内海　うつみ……122
上挙母　うわごろも……136
永覚　えかく……56
老津　おいつ……88
大曽根　おおぞね……122
乙川　おっかわ……62
尾頭橋　おとうばし……10
男川　おとがわ……116
小幡　おばた……114
楽田　がくでん……30
烏森　かすもり……84
蒲池　かばいけ……150
上小田井　かみおたい……134
上社　かみやしろ……72
苅安賀　かりやすか……76
神戸　かんべ……144
吉良吉田　きらよしだ……88
車道　くるまみち……64
国府　こう……88
国府宮　こうのみや……80
河和　こうわ……84
御器所　ごきそ……78
木津用水　こつようすい……12
五ノ三　ごのさん……138
古見　こみ……76
御油　ごゆ……56

左京山　さきょうやま……114
栄生　さこう……18
猿投　さなげ……56
四郷　しごう……46
七宝　しっぽう……148
島氏永　しまうじなが……70
甚目寺　じもくじ……106
勝幡　しょばた……148
大山寺　たいさんじ……80
高岳　たかおか……118
高師　たかし……68
田県神社前　たがたじんじゃまえ……106
武豊　たけとよ……114
千種　ちくさ……68
知立　ちりゅう……94
道徳　どうとく……148
常滑　とこなめ……90
成岩　ならわ……2
富貴　ふき……56
二ツ杁　ふたついり……14
布袋　ほてい……22
美合　みあい……44
三河三谷　みかわみや……148
八草　やくさ……72
八事　やごと……36
呼続　よびつぎ……118
六輪　ろくわ……104

三重県

阿下喜　あげき……138
阿漕　あこぎ……138
朝熊　あさま……130
新鹿　あたしか……146
穴太　あのう……124
在良　ありよし……62
家城　いえき……40
伊賀神戸　いがかんべ……136
伊賀上津　いがこうづ……132
一身田　いしんでん……14
五十鈴川　いすずがわ……16

伊勢奥津　いせおきつ……132
伊勢八太　いせはた……142
伊勢治田　いせはった……12
猪名道　いだみち……122
一志　いちし……116
市部　いちべ……126
依那古　いなこ……122
内部　うつべ……24
相可　おうか……144
麻生田　おうだ……146
大三　おおみつ……62
大矢知　おおやち……120
小古曽　おごそ……84
小俣　おばた……70
加佐登　かさど……56
加太　かぶと……70
河芸　かわげ……64
川越富洲原　かわごえとみすはら……128
河曲　かわの……6
川原町　かわらまち……114
楠　くす……16
漕代　こいしろ……2
神志山　こうしやま……118
五知　ごち……82
菰野　こもの……124
斎宮　さいくう……56
白子　しろこ……40
新正　しんしょう……116
鈴鹿サーキット稲生　すずかサーキットいのう……146
大安　だいあん……102
高角　たかつの……82
千里　ちさと……46
柘植　つげ……4
鼓ヶ浦　つづみがうら……90
外城田　ときだ……10
長太ノ浦　なごのうら……66
新居　にい……112
丹生川　にゅうがわ……70
久居　ひさい……54
二見浦　ふたみのうら……112

平津　へいづ……106
保々　ほぼ……130
益生　ますお……110
三里　みさと……102
箕田　みだ……50
海山道　みやまど……8
山城　やまじょう……96
蓮花寺　れんげじ……132

滋賀県

安曇川　あどがわ……8
穴太　あのお……6
油日　あぶらひ……144
尼子　あまご……60
稲枝　いなえ……150
愛知川　えちがわ……82
柏原　かしわばら……114
貴生川　きぶかわ……18
甲賀　こうか……68
信楽　しがらき……90
紫香楽宮跡　しがらきぐうし……92
膳所　ぜぜ……58
勅旨　ちょくし……32
和邇　わに……22

京都府

安栖里　あせり……30
荒河かしの木台　あらがかしのきだい……146
石原　いさ……24
太秦　うずまさ……2
梅迫　うめざこ……94
黄檗　おうばく……22
大江山口内宮　おおえやまぐちないく……116
御室仁和寺　おむろにんなじ……126
蚕ノ社　かいこのやしろ……64
笠置　かさぎ……110
帷子ノ辻　かたびらのつじ……62
上夜久野　かみやくの……12

辛皮　からかわ……58
烏丸　からすま……70
烏丸御池　からすまおいけ……124
公庄　ぐじょう……72
久津川　くつかわ……90
車折神社　くるまざきじんじゃ……46
栗田　くんだ……4
蹴上　けあげ……112
興戸　こうど……40
胡麻　ごま……94
木幡　こわた……140
西院　さい……26
西院（阪急）さいいん……142
四所　ししょ……114
東雲　しののめ……102
下夜久野　しもやくの……114
墨染　すみぞめ……54
中書島　ちゅうしょじま……90
富野荘　とのしょう……40
椥辻　なぎつじ……6
東向日　ひがしむこう……26
祝園　ほうその……80
松尾寺　まつのおでら……96
御陵　みささぎ……4
三室戸　みむろど……14
向島　むかいじま……100
向日町　むこうまち……32
山家　やまが……72
山城青谷　やましろあおだに……150
洛西口　らくさいぐち……26
鹿王院　ろくおういん……36

大阪府
天見　あまみ……128
安立町　あんりゅうまち……116
今宮戎　いまみやえびす……140
恵我ノ荘　えがのしょう……132
大阪上本町　おおさかうえほんまち……118
恩智　おんぢ……44
柏原　かしわら……112
堅下　かたしも……100
交野市　かたのし……8
上ノ太子　かみのたいし……116
萱島　かやしま……136
河内天美　かわちあまみ……110
河内磐船　かわちいわふね……102
河内堅上　かわちかたかみ……84
神崎川　かんざきがわ……64
上牧　かんまき……6
私市　きさいち……6
岸里玉出　きしのさとたまで……38
伽羅橋　きゃらばし……22
孝子　きょうし……2
喜連瓜破　きれうりわり……10
樟葉　くずは……74
柴島　くにじま……4
郡津　こうづ……58
近義の里　こぎのさと……62
粉浜　こはま……52
河堀口　こぼれぐち……76
沢良宜　さわらぎ……78
鴫野　しぎの……124
信太山　しのだやま……10
十三　じゅうそう……14
俊徳道　しゅんとくみち……92
正雀　しょうじゃく……50
新家　しんげ……38
吹田　すいた……150
住道　すみのどう……54
清児　せちご……6
摂津富田　せっつとんだ……112
千林　せんばやし……70
崇禅寺　そうぜんじ……84
高師浜　たかしのはま……146
淡輪　たんのわ……50
千船　ちぶね……86
出来島　できじま……142
帝塚山　てづかやま……52
天下茶屋　てんがちゃや……36
天満　てんま……64
道明寺　どうみょうじ……80
栂・美木多　とが・みきた……16
富木　とのき……112
富田　とんだ……68
名越　なごせ……78
日本橋　にっぽんばし……124
額田　ぬかた……124
布忍　ぬのせ……2
野江内代　のえうちんだい……112
箱作　はこつくり……68
土師ノ里　はじのさと……78
放出　はなてん……4
美章園　びしょうえん……130
枚岡　ひらおか……4
枚方市　ひらかたし……48
深日町　ふけちょう……146
蛍池　ほたるがいけ……108
牧落　まきおち……150
水間観音　みずまかんのん……120
御幣島　みてじま……30
弥刀　みと……38
水無瀬　みなせ……40
南方　みなみかた……150
南巽　みなみたつみ……104
箕面　みのお……100
百舌鳥　もず……16
森小路　もりしょうじ……134
八戸ノ里　やえのさと……14

山中渓　やまなかだに……134

兵庫県
相生　あいおい……90
藍那　あいな……90
藍本　あいもと……126
粟生　あお……18
英賀保　あがほ……8
網引　あびき……124
網干　あぼし……130
甘地　あまじ……132
餘部　あまるべ……124
居組　いぐみ……126
石生　いそう……18
板宿　いたやど……116
猪名寺　いなでら……48
有年　うね……4
畦野　うねの……60
太市　おおいち……120
青木　おおぎ……84
長　おさ……16
押部谷　おしべだに……62
尾上の松　おのえのまつ……114
小林　おばやし……62
柏原　かいばら……6
上郡　かみごおり……74
唐櫃台　からとだい……46
苅藻　かるも……74
神野　かんの……48
絹延橋　きぬのべばし……122
清荒神　きよしこうじん……30
杭瀬　くいせ……70
久下村　くげむら……90
久寿川　くすがわ……128
久谷　くたに……126
上月　こうづき……116
河野原円心　こうのはらえんしん……132
香呂　こうろ……100
香櫨園　こうろえん……22
御着　ごちゃく……50

木幡　こばた……68
逆瀬川　さかせがわ……96
坂越　さこし……68
佐用　さよ……26
三田　さんだ……74
飾磨　しかま……60
志染　しじみ……38
夙川　しゅくがわ……8
洲先　すざき……84
鈴蘭台　すずらんだい……148
西神南　せいしんみなみ……28
大開　だいかい……64
大物　だいもつ……24
谷上　たにがみ……96
垂水　たるみ……78
鼓滝　つづみがたき……150
手柄　てがら……38
天和　てんわ……42
砥堀　とほり……66
生瀬　なまぜ……76
鳴尾　なるお……138
新井　にい……78
新野　にいの……136
仁川　にがわ……124
西宮名塩　にしのみやなじお……92
仁豊野　にぶの……28
二郎　にろう……64
播磨徳久　はりまとくさ……10
比延　ひえ……26
東鴉崎　ひがしはしさき……22
雲雀丘花屋敷　ひばりがおかはなやしき……138
鵯越　ひよどりごえ……108
平福　ひらふく……56
別府　べふ……108
的形　まとがた……122
御影　みかげ……102
箕谷　みのたに……102
名谷　みょうだに……150

武庫之荘　むこのそう……118
妻鹿　めが……98
売布神社　めふじんじゃ……12
諸寄　もろよせ……72
門戸厄神　もんどやくじん……12
八家　やか……40
厄神　やくじん……8
社町　やしろちょう……96
養父　やぶ……24
夢前川　ゆめさきがわ……120
八鹿　ようか……14
余部　よべ……104
鎧　よろい……16

奈良県
菖蒲池　あやめいけ……146
櫟本　いちのもと……40
一分　いちぶ……14
浮孔　うきあな……134
畝傍　うねび……4
大阿太　おおあだ……118
忍海　おしみ……58
帯解　おびとけ……84
京終　きょうばて……4
葛　くず……16
御所　ごせ……4
佐味田川　さみたがわ……126
信貴山下　しぎさんした……98
志都美　しずみ……10
前栽　せんざい……72
当麻寺　たいまでら……66
平城山　ならやま……32
新ノ口　にのくち……10
榛原　はいばら……24
平端　ひらはた……150
平群　へぐり……78
巻向　まきむく……78
耳成　みみなし……98

六田　むだ……14
結崎　ゆうざき……30
掖上　わきがみ……30

和歌山県
朝来　あっそ……4
伊太祈曽　いだきそ……150
印南　いなみ……142
笠田　かせだ……62
加太　かだ……142
竈山　かまやま……126
上古沢　かみこさわ……126
学文路　かむろ……6
紀伊日置　きいひき……148
吉礼　きれ……68
神前　こうざき……48
粉河　こかわ……56
冷水浦　しみずうら……30
周参見　すさみ……30
隅田　すだ……52
千旦　せんだ……84
太地　たいじ……62
道成寺　どうじょうじ……28
中飯降　なかいぶり……42
名手　なて……22
芳養　はや……52
布施屋　ほしや……10
南部　みなべ……28
六十谷　むそた……16

鳥取県
青谷　あおや……130
上道　あがりみち……140
余子　あまりこ……130
因幡社　いなばやしろ……120
江尾　えび……118
大篠津町　おおしのづちょう……122
上菅　かみすげ……86
国英　くにふさ……58
郡家　こおげ……4
湖山　こやま……126
生山　しょうやま……142

末恒　すえつね……54
大山口　だいせんぐち……64
智頭　ちず……106
根雨　ねう……42
博労町　ばくろうまち……104
土師　はじ……26
八東　はっとう……134
隼　はやぶさ……54
伯耆大山　ほうきだいせん……12
御来屋　みくりや……44
武庫　むこ……98
用瀬　もちがせ……144
八橋　やばせ……14
若桜　わかさ……130

島根県
秋鹿町　あいかまち……42
明塚　あかつか……128
出雲神西　いずもじんざい……122
出雲八代　いずもやしろ……46
五十猛　いそたけ……16
揖屋　いや……92
石見都賀　いわみつが……138
石見簗瀬　いわみやなぜ……122
因原　いんばら……118
宇都井　うづい……38
敬川　うやがわ……48
大田市　おおだし……88
乙原　おんばら……44
亀嵩　かめだけ……114
川跡　かわと……60
木次　きすき……34
来待　きまち……34
木路原　きろはら……66
久代　くしろ……48
口羽　くちば……52
久手　くて……68
江津　ごうつ……60
江平　ごうびら……64

湖遊館新駅　こゆうかんしんえき……128
鹿賀　しかが……146
下府　しもこう……32
宍道　しんじ……82
周布　すふ……144
旅伏　たぶし……46
千金　ちがね……32
都野津　つのづ……32
日原　にちはら……98
布崎　ぬのざき……96
波子　はし……78
波根　はね……126
日登　ひのぼり……132
本俣賀　ほんまたが……104
馬路　まじ……38
美談　みだみ……6
三保三隅　みほみすみ……140
八川　やかわ……120
安来　やすぎ……100
湯里　ゆさと……70
温泉津　ゆのつ……8
遙堪　ようかん……148

岡山県
足立　あしだち……140
石蟹　いしが……32
伊部　いんべ……38
大元　おおもと……74
邑久　おく……58
刑部　おさかべ……2
長船　おさふね……86
香登　かがと……40
吉備真備　きびのまさび……112
清音　きよね……42
神目　こうめ……82
古見　こみ……56
上道　じょうとう……38
妹尾　せのお……144
寒河　そうご……40
建部　たけべ……86
丹治部　たじべ……28

玉柏　たまがし⋯88
中納言　ちゅうなごん⋯140
知和　ちわ⋯50
新郷　にいざと⋯48
野馳　のち⋯34
迫川　はざかわ⋯76
八浜　はちはま　110
備中呉妹　びっちゅうくれせ⋯110
備中神代　びっちゅうこうじろ⋯126
備中高梁　びっちゅうたかはし⋯48
備中箕島　びっちゅうみしま⋯108
日生　ひなせ⋯2
福渡　ふくわたり⋯108
方谷　ほうこく⋯82
三石　みついし⋯110
美袋　みなぎ⋯2
美作千代　みまさかせんだい⋯122
弓削　ゆげ⋯140
和気　わけ⋯132

広島県
安芸幸崎　あきさいざき⋯12
阿品　あじな⋯144
安登　あと⋯58
伊賀和志　いかわし⋯46
井原市　いばらいち⋯46
駅家　えきや⋯36
胡町（電停）えびすちょう⋯120
猿猴橋町（電停）えんこうばしちょう⋯116
大乗　おおのり⋯74
小奴可　おぬか⋯44
海田市　かいたいち⋯126
風早　かざはや⋯114
銀山町（電停）かなやまちょう⋯52
上戸手　かみとで⋯112

狩留家　かるが⋯50
神辺　かんなべ⋯98
吉舎　きさ⋯26
玖波　くば⋯58
甲立　こうたち⋯66
甲奴　こうぬ⋯86
香淀　こうよど⋯66
式敷　しきじき⋯96
下和知　しもわち⋯124
上下　じょうげ⋯106
白木山　しらきやま⋯104
忠海　ただのうみ⋯44
近田　ちかた⋯88
長谷　ながたに⋯114
仁方　にがた⋯80
入野　にゅうの⋯92
信木　のぶき⋯94
比婆山　ひばやま⋯104
万能倉　まなぐら⋯32
道上　みちのうえ⋯100
三次　みよし⋯104
三良坂　みらさか⋯106
向洋　むかいなだ⋯96
油木　ゆき⋯74

山口県
厚狭　あさ⋯138
阿知須　あじす⋯144
厚保　あつ⋯42
綾羅木　あやらぎ⋯136
生野屋　いくのや⋯134
居能　いのう⋯136
梅ヶ峠　うめがとう⋯132
大河内　おおかわち⋯120
大歳　おおとし⋯74
小月　おづき⋯70
於福　おふく⋯44
梶栗郷台地　かじくりごうだいち⋯56
北河内　きたごうち⋯142
岐波　きわ⋯42
黄波戸　きわど⋯52
玖珂　くが⋯54
下松　くだまつ⋯54

神代　こうじろ⋯62
特牛　こっとい⋯2
厚東　ことう⋯26
三見　さんみ⋯48
守内かさ神　しゅうちかさがみ⋯134
周防佐山　すおうさやま⋯112
長門峡　ちょうもんきょう⋯144
通津　つづ⋯94
富海　とのみ⋯40
南桑　なぐわ⋯66
幡生　はたぶ⋯18
埴生　はぶ⋯54
藤生　ふじゅう⋯32
戸田　へた⋯102
防府　ほうふ⋯128
三谷　みたに⋯128
南河内　みなみごうち⋯116
美祢　みね⋯50
椋野　むくの⋯120
目出　めで⋯100
柳瀬　やなぜ⋯130
行波　ゆかば⋯72
湯ノ峠　ゆのとう⋯136
四辻　よつつじ⋯14

徳島県
鮎喰　あくい⋯24
新野　あらたの⋯106
牛島　うしのしま⋯148
麻植塚　おえづか⋯8
大歩危　おおぼけ⋯82
木岐　きき⋯38
北河内　きたがわち⋯138
府中　こう⋯2
小歩危　こぼけ⋯28
宍喰　ししくい⋯148
勝瑞　しょうずい⋯46
中田　ちゅうでん⋯68
牟岐　むぎ⋯8
撫養　むや⋯96

香川県

池戸　いけのべ……44
榎井　えない……40
挿頭丘　かざしがおか……40
神前　かんざき……38
鬼無　きなし……36
公文明　くもんみょう……64
香西　こうざい……116
国分　こくぶ……78
讃岐財田　さぬきさいだ……12
讃岐牟礼　さぬきむれ……112
陶　すえ……16
丹生　にぶ……18
羽間　はざま……142
引田　ひけた……48
房前　ふさざき……128
八十場　やそば……36
栗林　りつりん……36

愛媛県

浅海　あさなみ……130
出目　いずめ……22
伊予出石　いよいずし……12
伊予寒川　いよさんがわ……136
大街道　おおかいどう……128
上一万　かみいちまん……136
立間　たちま……66
壬生川　にゅうがわ……18
梅津寺　ばいしんじ……90
波止浜　はしはま……94
八多喜　はたき……50
春賀　はるか……54
二名　ふたな……42
松前　まさき……76
務田　むでん……54
余戸　ようご……70
吉野生　よしのぶ……18

高知県

吾桑　あそう……140
薊野　あぞうの……48
浮鞭　うきぶち……126
荷稲　かいな……62
角茂谷　かくもだに……112
甲浦　かんのうら……88
日下　くさか……142
介良通（電停）けらどおり……100
咥内（電停）こうない……36
小篭通（電停）こごめどおり……42
後免　ごめん……94
菜園場町（電停）さえんばちょう……54
新改　しんがい……32
宿毛　すくも……54
土佐一宮　とさいっく……10
土佐久礼　とさくれ……10
奈半利　なはり……76
波川　はかわ……68
半家　はげ……2
和食　わじき……26

福岡県

穴生　あのお……124
一貴山　いきさん……14
宇島　うのしま……92
宇美　うみ……134
永犬丸　えいのまる……96
大城　おおき……60
小波瀬西工大前　おばせにしこうだいまえ……132
遠賀川　おんががわ……116
香椎　かしい……56
香椎宮前　かしいみやまえ……110
春日原　かすがばる……88
金田　かなだ……98
蒲池　かまち……86
上金田　かみかなだ……130
香春　かわら……62
苅田　かんだ……64

企救丘　きくがおか……34
朽網　くさみ……52
鞍手　くらて……60
九郎原　くろうばる……14
桂川　けいせん……58
古賀茶屋　こがんちゃや……40
木屋瀬　こやのせ……46
西戸崎　さいとざき……26
酒殿　さかど……50
雑餉隈　ざっしょのくま……54
三ヶ森　さんがもり……84
鹿家　しかか……38
下山門　しもやまと……102
城野　じょうの……94
白木原　しらきばる……56
新田原　しんでんばる……24
陣原　じんのはる……24
新原　しんばる……68
周船寺　すせんじ……56
大入　だいにゅう……44
太刀洗　たちあらい……86
田主丸　たぬしまる……44
旦過　たんが……44
筑前大分　ちくぜんだいぶ……12
筑前垣生　ちくぜんはぶ……12
筑前前原　ちくぜんまえばる……112
筑前山家　ちくぜんやまえ……34
筑豊香月　ちくほうかつき……94
長者原　ちょうじゃばる……86
築城　ついき……24
天道　てんとう……78
唐の原　とうのはる……100
都府楼南　とふろうみなみ……110
鯰田　なまずた……126
西新　にしじん……28
野芥　のけ……46
端間　はたま……106

原田　はるだ……24
原町　はるまち……56
東犀川三郎　ひがしさいがわさんしろう……124
開　ひらき……16
豊前松江　ぶぜんしょうえ……36
ふれあい生力　ふれあいしょうりき……128
別府　べふ……38
糒　ほしい……6
馬出九大病院前　まいだしきゅうだいびょういんまえ……132
勾金　まがりかね……42
馬田　まだ……50
御井　みい……48
三毛門　みけかど……98
三潴　みずま……14
三沢　みつさわ……98
三苫　みとま……22
美夜古泉　みやこいずみ……46
姪浜　めいのはま……100
柚須　ゆす……104
油須原　ゆすばる……74
渡瀬　わたぜ……36

佐賀県
相知　おうち……134
小城　おぎ……60
金武　かなたけ……58
厳木　きゅうらぎ……34
楠久　くすく……100
久原　くばら……60
黒川　くろごう……70
蔵宿　ぞうしゅく……148
鳥栖　とす……106
中原　なかばる……24
波瀬　はぜ……66
三代橋　みだいばし……96
三間坂　みまさか……120
夫婦石　めおといし……140

長崎県
相浦　あいのうら……132
赤迫　あかさこ……92
諫早　いさはや……118
市布　いちぬの……118
現川　うつつがわ……22
江迎鹿町　えむかえしかまち……84
小江　おえ……26
大三東　おおみさき……26
小串郷　おぐしごう……114
皆瀬　かいぜ……58
上相浦　かみあいのうら……114
神代町　こうじろまち……72
高田　こうだ……76
神田　こうだ……50
古部　こべ……66
佐々　さざ……90
銭座町（電停）ぜんざまち……36
彼杵　そのぎ……48
多比良町　たいらまち……124
調川　つきのかわ……34
中田平　なかたびら……96
西木場　にしこば……28
早岐　はいき……2
南風崎　はえのさき……28
日宇　ひう……54
東田平　ひがしたびら……28
本川内　ほんかわち……122
真申　まさる……32
三会　みえ……98
三河内　みかわち……108
御厨　みくりや……78

熊本県
有佐　ありさ……116
一武　いちぶ……116
宇土　うと……120
海浦　うみのうら……122
蔚山町（電停）うるさんまち……32

網田　おうだ……82
大野下　おおのしも……86
大畑　おこば……2
海路　かいじ……138
木上　きのえ……32
九品寺交差点（電停）くほんじこうさてん……14
神水・市民病院前（電停）くわみず・しみんびょういんまえ……100
国府（電停）こくぶ……56
木葉　このは……76
相良藩願成寺　さがらはんがんじょうじ……100
佐敷　さしき……90
杉塘（電停）すぎども……46
崇城大学前　そうじょうだいがくまえ……114
段山町（電停）だにやままち……46
たのうら御立岬公園　たのうらおたちみさきこうえん……126
田原坂　たばるざか……24
那良口　ならぐち……94
葉木　はき……108
八景水谷　はけのみや……78
松橋　まつばせ……94
三角　みすみ……102
御代志　みよし……72
湯前　ゆのまえ……108

大分県
浅海井　あざむい……138
臼杵　うすき……128
恵良　えら……136
大神　おおが……62
大在　おおざい……82
鬼瀬　おにがせ……146
賀来　かく……60
狩生　かりう……18
杵築　きつき……102
佐伯　さいき……94
佐志生　さしう……22

菅尾　すがお⋯92
杉河内　すぎかわち⋯90
高城　たかじょう⋯108
玉来　たまらい⋯50
光岡　てるおか⋯34
中山香　なかやまが⋯68
日出　ひじ⋯8
日代　ひしろ⋯52
古国府　ふるごう⋯32
豊後国分　ぶんごこくぶ⋯104
向之原　むかいのはる⋯28
湯平　ゆのひら⋯72
暘谷　ようこく⋯116

宮崎県
五十市　いそいち⋯16
内海　うちうみ⋯130
大堂津　おおどうつ⋯124
飫肥　おび⋯56
折生迫　おりゅうざこ⋯18
門川　かどがわ⋯114
小内海　こうちうみ⋯150
佐土原　さどわら⋯94
高原　たかはる⋯46
谷頭　たにがしら⋯92

田吉　たよし⋯70
都農　つの⋯34
土々呂　ととろ⋯74
日向大束　ひゅうがおおつか⋯104
日向沓掛　ひゅうがくつかけ⋯118
日向市　ひゅうがし⋯124
広原　ひろわら⋯80
真幸　まさき⋯36
三股　みまた⋯46
美々津　みみつ⋯134
餅原　もちばる⋯72
榎原　よわら⋯2

鹿児島県
姶良　あいら⋯124
石垣　いしかき⋯122
出水　いずみ⋯142
市来　いちき⋯42
指宿　いぶすき⋯134
入野　いりの⋯116
宇宿　うすき⋯60
頴娃　えい⋯6
開聞　かいもん⋯110
喜入　きいれ⋯74

北俣　きたまた⋯98
錦江　きんこう⋯122
郡元　こおりもと⋯62
木場茶屋　こばんちゃや⋯12
薩摩高城　さつまたき⋯10
慈眼寺　じげんじ⋯68
志布志　しぶし⋯100
白沢　しらさわ⋯104
神田（電停）しんでん⋯60
川内　せんだい⋯88
財部　たからべ⋯36
唐湊（電停）とそ⋯40
中名　なかみょう⋯78
二月田　にがつでん⋯82
生見　ぬくみ⋯4
日当山　ひなたやま⋯82
表木山　ひょうきやま⋯76

沖縄県
安里　あさと⋯138
奥武山公園　おうのやまこうえん⋯118
小禄　おろく⋯86
儀保　ぎぼ⋯50
美栄橋　みえばし⋯38

第1章の駅名索引　213

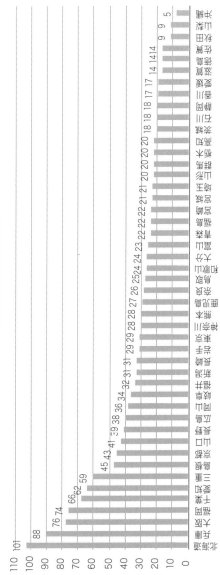

都道府県別難読駅名数

【編者紹介】
西東　秋男（さいとう・ときお）
1938年生まれ．食料問題研究の傍ら，歴史地理学研究

著編書
『クイズで挑戦，地名の宝庫　千葉県の難読地名・珍しい地名　匝瑳市は何と読みますか　関東地方（山梨・長野・静岡県を含む）の難読地名　〈付〉道府県の難読地名・駅名』（筑波書房）
『東北の食と農漁の文化事典』（全国学校図書館協議会選定図書）（筑波書房）
『岡山の食文化史年表』（筑波書房）
『阿波・徳島食文化史年表』
『日本食生活史年表』（日本図書館協会選定図書）（楽游書房）
『平成食文化史年表』（筑波書房）
『年表で読む　日本食品産業の歩み　明治・大正・昭和前期編』（山川出版社）
『食の366日話題事典』（東京堂出版）
『日本食文化人物事典―人物で読む日本食文化史』（筑波書房）
『果物の経済分析』『果物の需給分析』（筑波書房）

論文
「「大豆谷」は何と読みますか　豆の付いた地名考」（「豆類時報」）
「エル・ニーニョ現象と農産物の価格上昇」「加齢と果物需要」
「気象と果物需給」（『日本農業経済学会論文集』所収）
そのほか

難読駅名を楽しむ，和食，糒，飯給は何と読みますか
クイズで挑戦

2016年10月10日　第1版第1刷発行

　編　者　西東　秋男
　発行者　鶴見　治彦
　発行所　筑波書房
　　　　　東京都新宿区神楽坂2-19 銀鈴会館
　　　　　〒162-0825
　　　　　電話　03（3267）8599
　　　　　郵便振替00150-3-39715
　　　　　http://www.tsukuba-shobo.co.jp

定価はカバーに表示してあります

印刷／製本　中央精版印刷株式会社
©Tokio Saito 2016 Printed in Japan
ISBN978-4-8119-0495-5 C0025